قوموں کے لیے خلا میں کھڑے ہیں۔

اثر کے سات پہاڑوں کے لیے 320 اسٹریٹجک دعا کے نکات

چرچ، رہنماؤں، اور اقوام میں خدا کی بادشاہت کے قیام کے لیے شفاعت کی 40 دن کی گھڑی

NATIONS سیریز کے لیے 10 ملین شفاعت کرنے والوں کو متحرک کرنا | 2

کی طرف سے
زکریا گوڈسیگل ؛
امب MO Ogbe ;
سی لاڈی اوگبی

AF762541

کاپی رائٹ © صفحہ

ق وموں کے لیے خلا میں کھڑے ہیں۔
اثر کے سات پہاڑوں کے لیے 320 اسٹریٹجک دعا کے نکات ۔ چرچ، رہنماؤں، اور اقوام میں خدا کی بادشاہی کے قیام کے لیے شفاعت کی 40 دن کی گھڑی
NATIONS سیریز کے لیے 10 ملین شفاعت کرنے والوں کو متحرک کرنا | 2

مصنفین

Zacharias Godseagle
O. Ogbe سفیر پیر
Comfort Ladi اوگبے

پبلشر

زکریا گوڈسیگل اور گوڈسیگل وزارتیں
شائع شدہ: **زکریا گوڈسیگل**

رابطہ کریں - **https://www.otakada.org**
ambassador@otakada.org
ٹیلی فون/SMS +13024922440;
واٹس ایپ +2348032835348

فہرست

صحیفہ نوٹس

جب تک کہ دوسری صورت میں اشارہ نہ کیا گیا ہو، صحیفے کے حوالہ جات عام طور پر استعمال ہونے والے انگریزی تراجم سے لیے گئے ہیں۔ واضح اور عقیدت مند توجہ کے لیے جگہوں پر زور دیا گیا ہے۔

پرنٹنگ کی معلومات

ریاستہائے متحدہ امریکہ میں مطبوعہ
پہلا ایڈیشن

لگن

یہ کتاب سب سے پہلے **خُداوند یسوع مسیح کے لیے وقف ہے** ، جو ابدی اعلیٰ کاہن ہے جو اپنے لوگوں کے لیے مسلسل شفاعت کرتا ہے۔

روح القدس کے شکرگزار میں پیش کیا جاتا ہے ، جس کی رہنمائی، یقین، اور طاقت تمام حقیقی شفاعت کو ممکن بناتی ہے۔

میں اس کام کو دنیا بھر کے بہت سے مومنین کے لیے بھی وقف کرتا ہوں جو کلیسیا اور اقوام کے لیے خلاء میں وفاداری کے ساتھ کھڑے ہیں۔ آپ کی دعائیں، جو اکثر مردوں کو نظر نہیں آتیں اور نہ سُنی جاتی ہیں، خُدا کی طرف سے معلوم اور عزت کی جاتی ہیں۔

آخر میں، یہ کتاب میرے خاندان کے لیے وقف ہے، جن کی حمایت، صبر اور حوصلہ افزائی نے اس اسائنمنٹ کو سالوں تک برقرار رکھا ہے۔

دعا کا بوجھ اٹھانے والے تمام لوگوں کو یہ وسیلہ تقویت بخشے اور بہت سے لوگوں کو زمین پر خدا کے مقاصد کے لیے اٹھنے اور کھڑے ہونے کی ترغیب دے۔

اعترافات

خُدا باپ، خُداوند یسوع مسیح، اور روح القدس کا تہہ دل سے شکرگزار ہوں ، جن کی رہنمائی، رحمت اور طاقت نے گزشتہ بیس سالوں میں شفاعت کی اس تفویض کو برقرار رکھا ہے۔ اس کے فضل اور مسلسل رہنمائی کے بغیر، اس سفر میں سے کوئی بھی ممکن نہ تھا۔

میں اپنے **خاندان** خصوصاً اپنی اہلیہ کا تہہ دل سے مشکور ہوں، جن کی قوت، ایمان اور استقامت 2006 میں اس سفر کا آغاز کرنے والے واقعات کے دوران اس اسائنمنٹ کو جنم دینے کا دروازہ بنی۔ برسوں سے آپ کی حمایت اور صبر مسلسل حوصلہ افزائی کا ذریعہ رہا ہے۔

میں بہت سے **مومنین اور سفارش کرنے والوں کا بھی اعتراف کرتا ہوں** جنہوں نے ایمانداری سے میرے ساتھ دعا کا بوجھ اٹھایا ہے۔ ان میں سے بہت سے افراد دنیا کے لیے غائب اور نامعلوم ہیں، پھر بھی چرچ اور اقوام کے لیے شفاعت کی اس گھڑی کو برقرار رکھنے میں ان کی دعائیں بہت اہم رہی ہیں۔

میری تعریف **پادریوں، چرچ کے رہنماؤں، اور وزارتوں کو بھی جاتی ہے** جو شاگرد بنانے اور یسوع مسیح کی خوشخبری کو آگے بڑھانے کے لیے وفاداری سے محنت کرتے ہیں۔ بادشاہی کے کام کے لیے آپ کی وابستگی مسیح کے جسم کو تحریک اور مضبوط کرتی ہے۔

آخر میں، میں ان تمام لوگوں کا شکریہ ادا کرتا ہوں جو اس گائیڈ کے استعمال کے ذریعے اس دعا میں شرکت کریں گے۔ خُداوند آپ کے ہاتھوں کو مضبوط کرے، آپ کے ایمان کو گہرا کرے، اور آپ کو کلیسیا اور اقوام کے لیے خلاء میں وفاداری کے ساتھ کھڑے ہونے کی طاقت دے۔

سفیر پیر O. Ogbe
زکریا گوڈسیگل

کتاب کے بارے میں - قوموں کے لیے خلا میں کھڑا ہونا

اثر کے سات پہاڑوں کے لیے 320 اسٹریٹجک دعا کے نکات

چرچ، رہنماؤں، اور اقوام میں خدا کی بادشاہت کے قیام کے لیے شفاعت کی 40 دن کی گھڑی

NATIONS سیریز کے لیے 10 ملین شفاعت کرنے والوں کو متحرک کرنا | 2

بیس سال سے زیادہ عرصے سے، شفاعت کے لیے ایک پیشن گوئی کی کال نے چرچ کے لیے ایک منفرد دعا کی تفویض کی شکل دی ہے۔

2006 میں، بحران کے ایک گہرے ذاتی موسم کے دوران جب اس کی اہلیہ کو لندن میں ایک جان لیوا طبی ایمرجنسی سے گزرنا پڑا، **سفیر پیر او اوگبے کو** لارڈ کے ساتھ

گہرا سامنا ہوا۔ بے یقینی اور ہتھیار ڈالنے کے اس لمحے میں ، خداوند نے اس کے دل پر ایک واضح حکم دیا:

قوموں کے رہنماؤں کے لیے دعا کریں جہاں بھی وہ اثر و رسوخ کے پہاڑوں میں موجود ہوں۔"

اس تصادم سے کلیسیا اور اقوام کے لیے شفاعت کی تاحیات تفویض سامنے آئی - خاص طور پر ان لوگوں کے لیے جو **اثر کے سات پہاڑوں میں خدمت کرتے ہیں** :

- مذہب
- خاندان • تعلیم • حکومت • میڈیا اور مواصلات • آرٹس اور ثقافت • کاروبار اور اقتصادیات

یہ دائرے معاشروں اور قوموں کی اقدار، سمت اور فیصلوں کی تشکیل کرتے ہیں۔ جب مومن ان علاقوں کے لیے حکمت عملی کے ساتھ دعا کرتے ہیں، تو وہ زمین کے اندر تبدیلی کے خدا کے کام میں حصہ لیتے ہیں۔

2006 سے شروع ہونے والا ، نماز اور روزے کا یہ مقدس موسم ہر سال **17 مارچ** سے 25 اپریل تک ایمانداری سے منایا جاتا ہے - جو چیز اطاعت کے ذاتی عمل کے طور پر شروع ہوئی وہ آہستہ آہستہ ان مومنین کی شفاعت کی ایک مسلسل گھڑی بن گئی جو چرچ اور اقوام کے لیے دعا کرنے کا بوجھ بانٹتے ہیں۔

اب، **بیس سال بعد** ، یہ کتابچہ اسی تفویض میں دوسروں کی شرکت کے لیے تیار کیا گیا ہے۔ اس کا **50 سے زائد زبانوں** میں ترجمہ بھی کیا جا رہا ہے ، **10 ملین شفاعت کرنے والوں** کی عالمی تحریک کو متحرک کرنے کے وژن کے ساتھ۔

خدا کے جلال کے لیے اس عالمی شفاعتی تحریک کا حصہ بنیں۔

یہ وسیلہ شفاعت کے لیے ایک منظم فریم ورک فراہم کرتا ہے اور اس میں شامل ہیں:

- **320 اسٹریٹجک صحیفے پر مبنی دعائیہ نکات**
- **توجہ مرکوز شفاعت کے 40 دن**
- **ہر دن آٹھ نماز گھڑیاں**
- **قومی اور ثقافتی تبدیلی کے لئے بائبل کی بنیادیں**
- **اثر کے سات پہاڑوں کے لئے ہدف شدہ دعائیں**

یہ دعائیں محض عقیدتی مظاہر نہیں ہیں۔ وہ **سرکاری شفاعت ہیں** — دعائیں جو چرچ کو راہنماؤں، ثقافتوں اور قوموں کے لیے خُدا کے فدیہ کے مقاصد سے ہم آہنگ کرتی ہیں۔

یہ کتابچہ مومنین، شفاعت کرنے والوں، دعائیہ گروہوں، اور گرجا گھروں کو ایک متحد گھڑی میں شامل ہونے کی دعوت دیتا ہے تاکہ:

- کلیسیا پاکیزگی، اتحاد اور روحانی اختیار میں ابھرے گی

اثر و رسوخ کے پہاڑوں کے اس پار کے رہنما خدا کی حکمت کا سامنا کریں گے •
• خوشخبری ان لوگوں تک پہنچے گی جو ابھی تک ایمان نہیں لائے ہیں • اور خدا کی بادشاہی قوموں میں قائم ہو جائے گی

کال آج بھی وہی ہے جو شروع میں تھی:
خلا میں کھڑے ہو جاؤ۔
اور وفادار دعا کے ذریعے، خدا کی مرضی **زمین پر پوری ہو جیسا کہ آسمان پر ہے** -
شالوم۔

زکریا گوڈسیگل
ایمب ۔ ایم او اوگبے
سی لاڈی اوگبے
خدا کی عقاب وزارتیں
https://www.otakada.org
ambassador@otakada.org

ایڈوانس ریڈر کے جائزے

شفاعت کرنے والوں کی آوازیں۔

ق" وموں کے لیے خلاء میں کھڑا ہونا ایک دعائیہ رہنما سے زیادہ ہے - یہ روحانی حکمرانی کے لیے ایک حکمت عملی کا دستور العمل ہے۔ سات پہاڑوں کے لیے ترتیب شدہ گھڑیاں، صحیفے کی بنیادیں، اور ٹارگٹڈ دعائیں اسے "سنجیدہ شفاعت کرنے والوں کے لیے ایک طاقتور ذریعہ بناتی ہیں۔

سینئر پادری اور کنگڈم لیڈر -

ی ہ کتاب دعا میں کئی دہائیوں کی اطاعت کا وزن رکھتی ہے۔ دعائیں جرات مندانہ،" صحیفہ اور پیشن گوئی پر مبنی ہیں۔ یہ مومنوں کو ذاتی ضروریات سے بالاتر ہو کر "اور قوموں کے لیے خدا کے مقاصد کے لیے دعا کرنے کے لیے تیار کرتی ہے۔

عالمی نماز کی تحریک کے رہنما -

ہمیں شاذ و نادر ہی کوئی ایسا دعائیہ وسیلہ ملتا ہے جو گہری روحانی جنگ، قیادت" کے لیے شفاعت، اور عالمی بادشاہی وژن کو یکجا کرتا ہو۔ یہ ہدایت نامہ افراد اور "گرجا گھروں میں یکساں طور پر دعا کی ایک نئی سطح کو روشن کرے گا۔

رسولی وزارت کے رہنما -

ہر دن آٹھ نمازی گھڑیوں کے ساتھ 40 دن کا ڈھانچہ شفاعت کی ایک نظم و ضبط والی" تال پیدا کرتا ہے جو مومنوں کو آسمانی ایجنڈے کے ساتھ ہم آہنگ کرتا ہے۔ یہ دعائیہ "گروپوں اور وزارتوں کے لیے ایک طاقتور ذریعہ ہے۔

شفاعت نماز کے نیٹ ورک کے ڈائریکٹر -

مصنف کی خدا سے ملاقات اور اس تفویض کے لیے دو دہائیوں کی وابستگی اس کتاب"
"کو غیر معمولی اختیار دیتی ہے۔ یہ عملی اور گہرائی سے پیشن گوئی ہے۔
عیسائی قیادت کے سرپرست ۔

ایک ایسے وقت میں جب قومیں انتشار کا شکار ہیں، چرچ کو اس طرح کے رہنما کی"
ضرورت ہے جو مومنوں کو دعا کی قربان گاہ پر واپس بلائیں۔ یہ کام مسیح کے جسم
"کو مؤثر طریقے سے خلا میں کھڑے ہونے کے لیے لیس کرتا ہے۔
بین الاقوامی وزارت کے رہنما ۔

اس گائیڈ میں موجود دعائیں غیر معمولی یا غیر فعال نہیں ہیں۔ یہ سرکاری دعائیں ہیں۔"
کلام میں جڑے ہوئے دلیرانہ اعلانات جو شہروں اور قوموں پر خدا کے مقاصد کو
"جاری کرتے ہیں۔
شفاعتی نماز کوآرڈینیٹر ۔

یہ شفاعت کرنے والوں کے لیے سب سے زیادہ جامع دعائیہ کتابوں میں سے ایک"
ہے جو میں نے دیکھا ہے۔ سات پہاڑوں کے فریم ورک کا نظم و ضبط نماز کی گھڑیوں
"کے ساتھ انضمام غیر معمولی ہے۔
مسیحی مصنف اور نماز کی حکمت عملی ۔

اگر آپ شفاعت کرنے والے، چرچ کے رہنما، یا کسی دعائیہ تحریک کا حصہ ہیں، تو"
"یہ کتاب آپ کی دعائیہ زندگی میں ایک مستقل ساتھی بن جائے گی۔
پادری اور چرچ پلانٹر ۔

صحیفہ کی گہرائی، پیشن گوئی کے اعلانات، اور منظم روزہ اس کو ان لوگوں"
کے لیے ایک سنجیدہ روحانی ذریعہ بناتا ہے جو قوموں کے مستقبل کی تشکیل میں خدا
"کے ساتھ شراکت کرنا چاہتے ہیں۔
عالمی مشن لیڈر -

قوموں کے لیے خلاء میں کھڑا ہونا مومنوں کو اپنے پجاری کردار کی طرف واپس"
بلاتا ہے۔ رہنماؤں، برادریوں اور ثقافتوں کے لیے دعا کرنے کے لیے تاکہ زمین پر
"خدا کی بادشاہت قائم ہو سکے۔
عیسائی معلم -

ی ہ کتاب صرف دعا ہی نہیں سکھاتی۔ یہ شفاعت کو متحرک کرتی ہے۔ یہ دنیا بھر کے"
"مومنین کو چرچ اور اقوام کے لیے چوکیدار کے طور پر اٹھنے کی ترغیب دے گی۔
نماز کی تحریک کا سہولت کار -

دیباچہ

خلا میں کھڑے ہونے کی کال

خ

زندگی میں ایسے لمحات آتے ہیں جب خُدا ہماری زندگی کی عام تال میں خلل ڈالتا ہے اور ہمیں ایسی چیز میں بلاتا ہے جس کا ہم نے کبھی تصور بھی نہیں کیا تھا۔

اکثر وہ لمحات غیر یقینی صورتحال، کمزوری، اور ہتھیار ڈالنے کے درمیان آتے ہیں — ایسے وقت جب ہم تسلیم کرتے ہیں کہ ہماری طاقت ہی کافی نہیں ہے۔

یہ دعائیہ رہنما ایسے ہی لمحے کا ثمر ہے۔

مارچ 2006 میں ، میری خاندانی زندگی کے ایک گہرے چیلنجنگ سیزن کے دوران جب میری بیوی لندن کے ہسپتال میں ایک مشکل ڈیلیوری کا سامنا کر رہی تھی، میں نے روح القدس کی طرف سے ایک اشارے کا تجربہ کیا جو آنے والے سالوں کے دورانیے کو تشکیل دے گا۔

چالیس دن کا روزہ شروع کرنے کے تاثر کے جواب میں —فوری طور پر خود کو ذاتی روحانی مشق سے کہیں زیادہ عظیم چیز قرار دیا۔

نماز کے اس وقت کے دوران، خداوند نے میرے دل پر جو بوجھ ڈالا وہ میرے ذاتی حالات پر مرکوز نہیں تھا۔ اس کے بجائے، جو تاثرات آئے وہ **کلیسیا، اس کے قائدین، اور تمام اقوام میں مسیح کے جسم کی روحانی حالت کی طرف تھے** ۔

ان دعاؤں کی توجہ بار بار ان جگہوں کی طرف اشارہ کرتی ہے جہاں معاشرے میں اثر و رسوخ استعمال کیا جاتا ہے — وہ علاقے جو کمیونٹیز، ثقافتوں اور حکومتوں کی سمت تشکیل دیتے ہیں۔

وقت گزرنے کے ساتھ ساتھ یہ واضح ہو گیا کہ اس کا مقصد ایک بار کا تجربہ نہیں تھا بلکہ شفاعت کی جاری تفویض کا آغاز تھا۔

2006 میں اس پہلے سیزن کے بعد سے ، نماز اور روزہ کی یہ چالیس روزہ گھڑی ہر سال **17 مارچ سے 25 اپریل تک منائی جاتی رہی ہے** ۔

ان سالوں کے دوران تفویض مستقل رہا ہے: چرچ کے لئے خلاء میں کھڑا ہونا، جہاں کہیں بھی وہ اثر و رسوخ کے دائروں میں جہاں ہماری دنیا کو تشکیل دیتے ہیں وہاں قائدین کے لیے دعا کرنا، اور قوموں کے لیے خدا کے مقاصد کو تلاش کرنا۔

جو چیز اطاعت کے ذاتی عمل کے طور پر شروع ہوئی، وہ خدا کے فضل سے، ایک مشترکہ بوجھ بن گئی ہے جو ان مومنین کے لیے اٹھائے گئے ہیں جو کلیسیا اور اقوام کے لیے شفاعت کرنے کے لیے یکساں کال کو سمجھتے ہیں۔

یہ کتاب اس سفر میں ایک سنگ میل کی نمائندگی کرتی ہے۔

جیسا کہ ہم **وفادار شفاعت کے بیس سال کو نشان زد کرتے ہیں** ، یہ دعائیہ گائیڈ دوسروں کو دعا کی اسی گھڑی میں شرکت کرنے میں مدد کرنے کے لیے تیار کیا گیا ہے۔ یہ صحیفے پر مبنی دعائیہ نکات کا ایک منظم فریم ورک فراہم کرتا ہے جسے چالیس دنوں کی توجہ مرکوز شفاعت کے ذریعے مومنین کی رہنمائی کے لیے ڈیزائن کیا گیا ہے۔

میری امید ہے کہ یہ وسیلہ بہت سے لوگوں کو دوسروں کی طرف سے خدا کے سامنے کھڑے ہونے کی طاقت کو دوبارہ دریافت کرنے کی ترغیب دے گا۔

اس کے بعد آنے والے صفحات میں انکاؤنٹر کی کہانی شامل ہے جس نے اس اسائنمنٹ کو شروع کیا۔ اس تجربے نے اس دعائیہ سفر کی سمت کو تشکیل دیا اور مجھے یہ یاد دلاتا رہا کہ خدا اب بھی اپنے لوگوں کو زمین میں اپنے مقاصد کے لیے خلا میں کھڑے ہونے کے لیے بلاتا ہے۔

دُعا ہے کہ یہ گائیڈ دعا کے تئیں آپ کے عزم کو مضبوط کرے، روح القدس کے ساتھ آپ کے تعلقات کو گہرا کرے، اور آپ کو چرچ اور اقوام کے لیے شفاعت کے جاری کام میں شامل ہونے کی ترغیب دے۔

وہ انکاؤنٹر جس نے اسائنمنٹ کا آغاز کیا۔

16 **مارچ، 2006** کو ، میں لندن میں ہسپتال کے کوریڈور کو اوپر نیچے کر رہا تھا۔ میری بیوی کو تین دن سے درد زہ تھا، اور ڈاکٹروں نے ہمیں بتایا تھا کہ اگر صبح تک بچہ قدرتی طور پر نہ آیا تو اس کا سیزرین آپریشن کرنا پڑے گا۔

اس وقت ہمیں معلوم نہیں تھا، میری ساس نے پہلے ہی ایک خواب میں دیکھا تھا کہ شاید میری بیوی ڈیلیوری سے بچ نہ پائے۔ شکر ہے، اس نے تب ہمارے ساتھ اس کا اشتراک نہیں کیا۔

جیسے ہی میں ہسپتال کے دالان میں آگے پیچھے چل رہا تھا، میرے ذہن پر ایک مضبوط تاثر آیا ۔ ایک تاثر اتنا واضح تھا کہ میں اسے نظر انداز نہیں کر سکتا تھا۔ سوچ سادہ لیکن زبردست تھی:

کل سے چالیس روزہ روزہ شروع کریں۔

اگلا دن **17 مارچ 2006 ہوگا** ۔

اس ہدایت نے مجھے چونکا دیا۔ میں نے اس سے پہلے کبھی چالیس دن کا روزہ نہیں رکھا تھا۔ پھر بھی میں جانتا تھا کہ یہ تاثر میرے اپنے خیالات سے نہیں آرہا تھا۔

روح القدس کی حوصلہ افزائی کو پہچاننے کا ایک طریقہ یہ ہے کہ وہ اکثر ہمیں کچھ صحیفائی کام کرنے کی طرف لے جاتا ہے جس کا ہمارے فطری میلان عام طور پر مزاحمت کرتے ہیں۔

جیسا کہ یہ تاثر برقرار رہا، میں نے اپنے خیالات میں خدا کے ساتھ بات چیت شروع کی۔

"اگر میں چالیس دن کے روزے رکھوں " میں نے پوچھا، "میں کس چیز کی نماز پڑھوں گا؟"

جواب میرے ذہن میں نقوش کے طور پر آیا۔ مجھے ایک نوٹ بک لینے اور لکھنا شروع کرنے کی ہدایت کی گئی۔ وہیں ہسپتال کے وارڈ میں میں نے نماز کے بوجھ کو ریکارڈ کرنا شروع کر دیا جو مجھ پر آ رہے تھے۔

میری حیرت کی بات یہ ہے کہ دعائیں میری بیوی کی حالت پر مرکوز نہیں تھیں۔ اس کے بجائے، نقوش پادریوں، گرجا گھروں، اور مسیح کے جسم کے اندر اتحاد پر مرکوز تھے۔

اس وقت میں نے خدا سے درخواست کی۔

"اگر میں یہ چالیس روزہ روزہ مکمل کروں،" میں نے دعا کی، "میں روزہ ختم ہونے سے پہلے آپ سے ملنا چاہوں گا۔"

اس درخواست کا کوئی جواب نہیں آیا۔

میں نے بعد میں سمجھا کیوں.

خدا اپنے منصوبے کے اگلے مرحلے کو ظاہر کرنے سے پہلے اکثر ہماری فرمانبرداری کا انتظار کرتا ہے۔

کلام پاک اس نمونہ کو واضح طور پر ظاہر کرتا ہے۔ جب یوناہ خُدا کی تفویض سے بھاگا، تو خُداوند خاموش رہا جب تک کہ یوناہ فرمانبرداری کے مقام پر واپس نہ آ گیا۔

تبھی بات چیت دوبارہ شروع ہوئی۔

اس چالیس روزہ روزہ کے ختم ہونے سے تین دن پہلے — **22 اپریل 2006 کو صبح 5 بجے — خدا نے** میری درخواست کا جواب دیا۔

میں آدھا جاگ رہا تھا جب ایک ہستی انسانی شکل میں نمودار ہوئی۔ اس کے ہاتھ اس کی پیٹھ کے پیچھے بندھے ہوئے تھے، اور وہ میری طرف آہستہ آہستہ چلتی ہوئی کھڑکی کے راستے لاؤنج میں داخل ہوئی۔

میں اس کی شکل صاف دیکھ سکتا تھا، حالانکہ اس کا چہرہ پوری طرح سے نظر نہیں آ رہا تھا۔

جیسے ہی وہ قریب آیا، میرے ارد گرد کی جگہ زبردست قوت سے ہلنے لگی۔ میرے پیروں کے آس پاس کا علاقہ جیسے جیسے وہ قریب آیا بار بار تحلیل اور اصلاح ہوتا دکھائی دیا۔

جب موجودگی میرے سینے اور سر کے علاقے تک پہنچ گئی تو طاقت اس سے زیادہ تیز ہو گئی جس کا میں نے کبھی تجربہ نہیں کیا تھا۔

اس لمحے کی خام قوت کو بیان کرنا مشکل ہے۔

میں نے وقت کا ٹریک کھو دیا. تصادم کی شدت سے مغلوب ہو کر، میں نے اپنے آپ کو فرش پر لڑھکتے ہوئے پایا، اس سے رکنے اور مجھے بتانے کے لیے کہ وہ مجھ سے کیا کرنا چاہتا ہے۔

اس تجربے نے خدا کے ساتھ ایک گہرے سفر کا آغاز کیا۔

اس ملاقات کے بعد مجھے مسیح کے جسم کے بارے میں خواب اور نظارے ملنا شروع ہوئے۔ ایک وژن میں میں نے خُداوند یسوع کو ایک کمرے میں داخل ہوتے دیکھا، اور اُس کا جسم منقطع دکھائی دیتا تھا - ہر ایک حصہ صرف جلد کی پتلی تاروں سے جڑا ہوا تھا۔

ہر حصہ ایک وزارت کی نمائندگی کرتا تھا۔

ان کے درمیان رابطے کمزور تھے۔

اس وژن نے ایک تکلیف دہ سچائی کو ظاہر کیا: کلیسیا کے اندر تقسیم—مقابلہ، فخر، اور وزارتوں کے درمیان دشمنی—مسیح کے جسم کی وحدت کو کمزور کر رہی تھی۔

جب میں نے رب سے پوچھا کہ میں اس منقطع جسم میں کہاں فٹ ہوں تو اس کا جواب واضح تھا:

"ان گرجا گھروں کی تلاش کریں جو شاگرد بناتے ہیں۔ تعداد سے مت ہٹو۔"

اس لمحے سے، تفویض واضح ہو گیا.

ہر سال، **17 مارچ سے شروع ہو کر 25 اپریل کو ختم ہوتا ہے** ، چالیس روزہ نماز اور روزے کا مشاہدہ کیا جائے گا ۔ کلیسیا، اس کے رہنماؤں اور اقوام کے لیے خلا میں کھڑے ہو کر۔

یہ دعائیہ گائیڈ اس جاری تفویض کا ایک اظہار ہے۔

مصنف کا نوٹ

یہ دعائیہ گائیڈ 2006 میں شروع ہونے والی تفویض کے لیے کئی سالوں کے غور و فکر، دعا اور اطاعت کے ثمرات کی نمائندگی کرتا ہے۔ روزے اور شفاعت کے ذاتی سیزن کے طور پر جو شروع ہوا وہ آہستہ آہستہ ہر سال **17 مارچ سے 25 اپریل تک منایا جانے والا دعا کا ایک بار بار آنے والا وقت بن گیا۔**

وقت گزرنے کے ساتھ، دوسروں نے چرچ، اس کے رہنماؤں اور اقوام کے لیے دعا کرنے کے لیے اس بوجھ میں حصہ لینا شروع کیا۔ دعا کے اس موسم میں حصہ لینے کی خواہش رکھنے والوں کے لیے ایک منظم وسائل فراہم کرنے کی خواہش اس گائیڈ کی ترقی کا باعث بنی۔

اس کتاب میں موجود دعائیں صحیفہ میں جڑی ہوئی ہیں اور اس یقین سے تشکیل دی گئی ہیں کہ شفاعت زمین پر خدا کے ظاہر ہونے والے مقاصد میں ایک اہم کردار ادا کرتی ہے۔ ان کا مقصد مومنوں کو چالیس دن کی گھڑی کے دوران سوچ سمجھ کر اور مستقل طور پر نماز میں مشغول ہونے میں مدد کرنا ہے۔

یہ گائیڈ ان افراد، خاندانوں، دعائیہ گروہوں اور گرجا گھروں کے ذریعے استعمال کیا جا سکتا ہے جو مسیح کے جسم اور اقوام کے لیے خلا میں کھڑے ہونے کی خواہش رکھتے ہیں۔

ہماری دعا ہے کہ ہر وہ قاری جو ان دعاؤں میں مشغول ہوتا ہے خدا کے ساتھ اپنے تعلق میں گہرا اور شفاعت کے عزم میں مزید مضبوط ہو۔

خُداوند اُن سب کو تقویت دے جو اِس اذان کو اُٹھاتے ہیں۔

زکریا گوڈسیگل

ایمب۔ ایم او جی بی ای

خدا کی آواز کو کیسے سنیں۔

پوری کتاب میں، خدا اپنے آپ کو ایک خدا کے طور پر ظاہر کرتا ہے جو اپنے لوگوں سے بات کرتا ہے۔ بائبل کے ابتدائی صفحات سے لے کر یسوع کی وزارت اور کلیسیا میں روح القدس کے کام تک، خدا کی آواز نے ان لوگوں کی رہنمائی، اصلاح اور رہنمائی کی ہے جو اس کے طالب ہیں۔

یسوع نے خود کہا:

"میری بھیڑیں میری آواز سنتی ہیں، اور میں انہیں جانتا ہوں، اور وہ میرے پیچھے چلتی ہیں۔"

یوحنا 10:27—

اس لیے خدا کی آواز سننا چند خاص افراد کے لیے مخصوص نہیں ہے۔ یہ اس تعلق کا حصہ ہے جو خدا اپنے بچوں کے ساتھ رکھنا چاہتا ہے۔

تاہم، خدا کی آواز کو پہچاننا سیکھنے کے لیے روحانی پختگی، عاجزی، اور اس کے کلام کے ساتھ ہم آہنگی کی ضرورت ہوتی ہے۔

خدا کے بولنے کا بنیادی طریقہ

خدا کی بات کرنے کا سب سے واضح اور قابل اعتماد طریقہ **کلام پاک کے ذریعے** ہے۔ خدا کا کلام اس کے کردار، اس کی مرضی اور اس کے مقاصد کو ظاہر کرتا ہے۔ کوئی بھی تاثر، وژن، خواب، یا خیال جو کلام پاک سے متصادم ہو خدا کی طرف سے نہیں ہو سکتا۔

اس وجہ سے مومنوں کو کلام میں جڑے رہنا چاہیے۔

روح القدس کا اندرونی گواہ

روح القدس اکثر اس کے ذریعے بات چیت کرتا ہے جسے بہت سے مومنین **اندرونی گواہ کے طور پر بیان کرتے ہیں**۔ یہ ایک مضبوط یقین، دل پر ایک مستقل تاثر، یا ہدایت کے گہرے احساس کے طور پر ظاہر ہو سکتا ہے جو کلام کے ساتھ ہم آہنگ ہو۔

بعض اوقات یہ تاثرات ایسے خیالات کے طور پر ظاہر ہوتے ہیں جو اچانک ذہن میں آتے ہیں — ایسے خیالات جو خُدا کے کردار اور اُس کے مقاصد سے مطابقت رکھتے ہیں۔

خواب اور وژن

پوری بائبل میں، خدا نے اکثر خوابوں اور خوابوں کے ذریعے بات کی۔ جوزف، ڈینیل، پیٹر، اور پولس سب نے ایسے لمحات کا تجربہ کیا جب خدا نے اپنی مرضی کو اس طرح ظاہر کیا۔

اعمال 2:17 میں، پطرس رسول نے اعلان کیا:

”تمہارے بیٹے اور بیٹیاں نبوّت کریں گے، تمہارے جوان رویا دیکھیں گے اور تمہارے بوڑھے خواب دیکھیں گے۔“

تاہم، ان تجربات کو ہمیشہ کلام پاک کے خلاف آزمایا جانا چاہیے اور دعا کے ذریعے اس کی تصدیق ہونی چاہیے۔

خدا حالات اور لوگوں کے ذریعے بھی بولتا ہے۔

خدا اپنے لوگوں کو حالات، دانشمندانہ مشورے اور دوسرے مومنوں کی خدمت کے ذریعے بھی رہنمائی کر سکتا ہے۔ پادری، روحانی سرپرست، اور بالغ مومن اکثر خدا کی ہدایت کو سمجھنے میں ہماری مدد کرنے میں اہم کردار ادا کرتے ہیں۔

ہر صورت میں، خُدا کا روح ایمانداروں کو کبھی بھی غرور، الجھن، یا ایسے اعمال کی طرف نہیں لے جائے گا جو مسیح کی تعلیمات سے متصادم ہوں۔

جانچنا جو ہم سنتے ہیں۔

کیونکہ روحانی تاثرات کو بعض اوقات غلط فہمی میں ڈالا جا سکتا ہے، کلام پاک مومنوں کی حوصلہ افزائی کرتا ہے کہ وہ جو کچھ حاصل کرتے ہیں اس کی جانچ کریں۔

یوحنا رسول نے لکھا:

محبوب، ہر ایک روح پر یقین نہ کرو بلکہ روحوں کو جانچو کہ وہ خدا کی طرف”
سے ہیں“۔

—1 4:1 یوحنا

تین اہم سوالات تفہیم کی رہنمائی میں مدد کر سکتے ہیں:

• کیا یہ خدا کے کلام سے متفق ہے؟
کیا یہ مسیح کے کردار کی عکاسی کرتا ہے؟ • کیا یہ واضح، امن، اور راستبازی •
لاتا ہے؟

جب یہ عناصر موجود ہوتے ہیں، ایماندار اس اعتماد کے ساتھ آگے بڑھ سکتے ہیں کہ روح القدس ان کی رہنمائی کر رہا ہے۔

خدا کے لیے حساسیت میں اضافہ

خدا کی آواز سننا سیکھنا روحانی ترقی کے سفر کا حصہ ہے۔ جیسا کہ مومن نماز میں وقت گزارتے ہیں، صحیفوں کا مطالعہ کرتے ہیں، اور روح القدس کی رہنمائی پر دھیان دیتے ہیں، ان کی خدا کی ہدایت کو پہچاننے کی صلاحیت واضح ہو جاتی ہے۔

خدا کو سننے کا مقصد غیر معمولی تجربات کا پیچھا کرنا نہیں ہے، بلکہ اس کے ساتھ ایک گہرا رشتہ استوار کرنا اور اس کی مرضی میں وفاداری سے چلنا ہے۔

جب آپ دعا اور شفاعت کے اس موسم میں داخل ہوتے ہیں، روح القدس سے آپ کی رہنمائی کرنے کے لیے، آپ کے دل سے بات کرنے، اور آپ کو خُدا کے ساتھ گہری رفاقت کی طرف لے جانے کے لیے کہیں۔

360-ڈگری روزانہ کی دعائیں، اعلانات، اور روحانی احاطہ

اثر کے سات پہاڑوں کے لیے پورٹل کھولنے اور سیل کرنے کے اعلانات

(10 اسٹریٹجک دعا کی سرگرمیاں)

ماز کا نظام الاوقات

ن

ان دعاؤں کو دو طرح سے استعمال کیا جا سکتا ہے:

روزانہ شفاعت شروع کرنے سے پہلے **آدھی رات کو تمام 10 حصے ایک ساتھ پڑھیں۔**

• **ہر دو گھنٹے میں ایک حصہ دعا کریں** ، دن کی مکمل روحانی گھڑی کا احاطہ کرتے ہوئے۔

تجویز کردہ گھڑی کا ڈھانچہ:

- **AM 12:00 – پورٹل کھلنا اور حصہ 1**
- **AM 2:00 - حصہ 2**
- **AM 4:00 - حصہ 3**
- **صبح 6:00 بجے - حصہ 4**
- **صبح 8:00 بجے - حصہ 5**
- **صبح 10:00 بجے - حصہ 6**
- **PM 12:00 - حصہ 7**
- **PM 2:00 - حصہ 8**
- **شام 4:00 - حصہ 9**
- **شام 6:00 - حصہ 10 (سیلنگ ڈیکلریشنز)**

فرد، کلیسیا، اور اثر کے سات پہاڑوں پر محیط شفاعت پر مہر ثبت کرتے ہیں۔

روزمرہ زندگی میں اطلاق کے لیے پڑھنے، مراقبہ اور غور و فکر کے لیے صحیفے:

لوقا 9:23 - پھر اُس نے اُن سب سے کہا، "اگر کوئی میرے پیچھے آنا چاہے تو وہ اپنے آپ سے انکار کرے، اور روزانہ اپنی صلیب اُٹھائے، اور میرے پیچھے ہو۔

1 تیمتھیس 11-6:14 " لیکن اے خدا کے آدمی، تو ان چیزوں سے بھاگ اور راستبازی، دینداری، ایمان، محبت، صبر، نرمی کا پیچھا کر۔ ایمان کی اچھی لڑائی لڑو، ابدی زندگی کو پکڑو، جس کے لیے آپ کو بلایا بھی گیا تھا اور بہت سے گواہوں کی موجودگی میں اچھے اقرار کا اقرار کیا ہے۔ میں خدا کی نظر میں جو ہر چیز کو زندگی بخشتا ہے اور مسیح یسوع کے سامنے جس نے پونٹیئس پیلاطس کے سامنے اچھے اقرار کا مشاہدہ کیا تھا، آپ سے درخواست کرتا ہوں کہ آپ ہمارے خداوند یسوع مسیح کے ظاہر ہونے تک اس حکم کو بے داغ اور بے عیب مانیں۔

اگر آپ میرے کلام پر قائم رہتے ہیں تو آپ واقعی میرے شاگرد ہیں۔ یوحنا 8:31-

برائی سے مغلوب نہ ہو بلکہ نیکی سے برائی پر قابو پاو -" رومیوں 12:21-

اِسی طرح تم بھی اپنے آپ کو گناہ کی وجہ سے مُردہ سمجھو لیکن ہمارے خُداوند مسیح یسوع میں خُدا کے نزدیک زندہ ہو۔ اس لیے گناہ کو اپنے فانی جسم میں راج نہ کرنے دو کہ تم اس کی خواہشات میں اس کی اطاعت کرو - رومیوں 6:11-12-

لیکن اگر آپ روح کے ذریعہ سے جسم کے اعمال کو مار ڈالتے ہیں تو آپ زندہ رہیں گے - رومیوں 8:13-

لہٰذا، چونکہ مسیح نے جسمانی طور پر دُکھ اُٹھایا ہے، اِس لیے اپنے آپ کو بھی اُسی ذہن سے مسلح کرو، کیونکہ جس نے جسمانی طور پر دُکھ اُٹھایا ہے وہ گناہ سے باز آگیا ہے ... 1 پطرس 4:1-

حصہ 1 - روحانی اتھارٹی کا قیام

باپ، یسوع کے نام پر، جو میرے عقیدے کے مصنف اور ختم کرنے والے ہیں، میں اس خطے اور ہر اس علاقے پر جس پر آپ نے مجھے دائرہ اختیار دیا ہے، اپنے قانونی حق اور تسلط کو قائم کرنے کے لیے اٹھ کھڑا ہوں۔

ڈینیئل 9:4 کے مطابق ، تُو واحد عظیم اور خوفناک خُدا ہے، جو تجھ سے پیار کرنے والوں کے ساتھ اور تیرے احکام پر عمل کرنے والوں کے ساتھ عہد اور رحم کرتا ہے۔

میں خدا سے اپیل کرتا ہوں جس نے **2 تواریخ 16-7:13 میں کہا** :

"اگر میں آسمان کو بند کر دوں کہ بارش نہ ہو، اگر میں ٹڈی کو حکم دوں کہ وہ زمین کو کھا جائے، یا اگر میں اپنے لوگوں میں وبا بھیجوں، اگر میرے لوگ جو میرے نام سے پکارے جاتے ہیں، عاجزی کریں اور دعا کریں، میرا چہرہ تلاش کریں، اور اپنی بُری راہوں سے باز آئیں، تو میں آسمان سے سنوں گا، ان کے گناہوں کو معاف کروں گا، اور ان کی زمین کو شفا بخشوں گا۔"

اب تمہاری آنکھیں کھلی ہوں گی اور تمہارے کان اس دعا کی طرف دھیان دیں گے جو اس جگہ کی جاتی ہے۔

تُو نے اِس گھر کو چُن کر پاک کیا ہے ، تاکہ تیرا نام ہمیشہ رہے گا۔ اور آپ کی آنکھیں اور آپ کا دل ہمیشہ وہاں رہیں گے۔

میں اعلان کرتا ہوں کہ یہ جگہ مقدس ہے۔

میں اپنے جسم کو اپنے نجات دہندہ اور نجات دہندہ یسوع کے بہائے گئے خون کے ذریعے زندہ قربانی کے طور پر پیش کرتا ہوں۔ ان دعاؤں کو اپنے لیے مقدس اور قابل قبول بنائیں۔

میں اپنے گناہوں اور اپنے باپ دادا کے گناہوں کا اعتراف کرتا ہوں۔ ہم پر فضل اور رحمت غالب ہو۔

میں اعلان کرتا ہوں کہ میرے پاس اپنی دعاؤں کے لیے مافوق الفطرت کے دائرے میں جانے کے لیے اور زمینی نہ ہونے کے لیے مفت راستہ ہے۔

میں سپریم کورٹ آف ہیوی سے متفق ہوں۔

میں مسیح یسوع کے ساتھ آسمانی جگہوں پر بیٹھا ہوں۔ لہذا، میں اس طیارے اور دائرے سے جنگ کرتا ہوں۔

میں اعلان کرتا ہوں کہ خدا کا مسح ہر جوئے کو توڑ دیتا ہے، ہر پورٹل کو کھولتا ہے، اور فرشتوں کو تفویض کرتا ہے کہ وہ مجھے تقویت دیں جب میں نئی سطحوں، نئی جہتوں، نئے دائروں اور نئے خطوں میں آگے بڑھتا ہوں۔

آسمانوں میں ایک پیش رفت ہو جائے۔

میں رسولی اور پیشن گوئی کی رگوں میں ٹیپ کرتا ہوں۔
میں شیشے کی چھتیں توڑ دیتا ہوں۔
میں روحانی سلاخوں اور لوہے کی جھلیوں کو توڑتا ہوں۔
میں اعلان کرتا ہوں کہ ایک پیش رفت کی فضا قائم ہے۔
میں روحانی آب و ہوا اور فرمان کو دوبارہ ترتیب دیتا ہوں کہ ہر ہلکی سی گرمی کو خدا کی آگ اور جوش سے بدلنا چاہئے۔

مجھے روح القدس اور آگ سے بپتسمہ دیں۔
جب میں اس دعا میں آگے بڑھتا ہوں تو میرے منہ میں آگ ہو۔
میں شیطانی اور شیطانی ماحول اور آب و ہوا پر اختیار لیتا ہوں جو ثقافتی سرگرمیوں، تقدیر کو بدلنے والی تصویروں، منحوسوں، منحوس الفاظ، جادو ٹونے، مخالف ماحول، خوف، دہشت گردی، رسم، نفرت، نسلی نفرت اور تشدد سے پیدا ہوتا ہے، عیسیٰ کے نام پر۔

میں روحانی آب و ہوا کو بدلنے کا حکم دیتا ہوں۔
اقتصادی آب و ہوا کی تبدیلی۔
سماجی آب و ہوا کی تبدیلی۔ ثقافتی آب و ہوا کی تبدیلی۔ تعلیمی آب و ہوا کی تبدیلی۔
سیاسی آب و ہوا کی تبدیلی۔ کلیسیائی آب و ہوا کی تبدیلی۔

میں حکم دیتا ہوں کہ فضا خدا کے جلال سے معمور ہو جائے۔
ابا، ماحول کو بھر دو۔
ماحول کو اپنے جلال سے بھر دے۔
میں اس ماحول کو تبدیل کرتا ہوں اور اعلان کرتا ہوں کہ یہ اب اس کے لیے موزوں ہے:

میری وزارت ترقی کی منازل طے کرتی ہے۔
میرے رشتے پھلنے پھولنے کے لیے۔میرے بچے پھلنے پھولنے کے لیے۔میرے پیارے پنپنے کے لیے۔میرے کاروبار کو پھلنے پھولنے کے لیے۔میرے خیالات کو پھلنے پھولنے کے لیے۔میری قوم کو پھلنے پھولنے کے لیے۔میری حکومت کو پھلنے پھولنے کے لیے۔میری معیشت کو پھلنے پھولنے کے لیے۔

میں معجزے ہونے کے لیے ایک مافوق الفطرت ماحول قائم کرتا ہوں۔
میں یسوع کے نام پر اور اس کے بہائے گئے خون سے جنگ کرتا ہوں ۔ برہ کا خون جو دنیا کی بنیاد سے پہلے مارا گیا تھا۔
اس کی طرف سے، برائی کو تباہ کرنا ضروری ہے.
اسی وجہ سے خدا کا بیٹا ظاہر ہوا تاکہ وہ تاریکی کے کاموں کو تباہ کرے۔

میں حکم دیتا ہوں اور اعلان کرتا ہوں کہ تاریکی کے کام تباہ ہو جاتے ہیں۔
میں حکم دیتا ہوں کہ میری زندگی پر ہر لعنت پلٹ جائے گی۔
میں یسوع کے نام پر اس خطے پر اندھیرے کی مروجہ اور پائیدار طاقتوں کو توڑتا ہوں۔

میں تیرے کلام کے ذریعے ہر شیطانی روح کو گرفتار کرتا ہوں۔
فرشتوں کے میزبانوں کو میری طرف سے جنگ کرنے کا اختیار دیں۔
میں علاقائی گڑھوں کے خلاف مزاحمت کرتا ہوں۔
میں انا کی الجھنوں کو توڑ دیتا ہوں۔

نفسیاتی جیلوں کے دروازے کھول دے اور ہمیں شرمندگی، شرمندگی، ایذا رسانی اور بدکرداری کی روحوں سے نجات دلائے۔

ہمیں گڑھوں اور غرور کے جذبے سے نجات عطا فرما۔

مجھے بدنامی، جذباتی بلیک میلنگ، سماجی رکاوٹوں، بہکاوے، شیطانی حدود، شیطانی وہم، لت، شیطانی پابندیوں، ثقافتی بندھنوں، ثقافتی گڑھوں، جادوگرنی، روایات، اور مسیح مخالف ثقافتی ماحول سے نجات دلائیں۔

مجھے حدود، معذوری اور رکاوٹوں سے آزاد کر۔

میں پسماندہ، بدنامی، غیر متحرک، دہشت زدہ، خصوصیت، تنقید، برداشت، سنسر، غلط اندازہ، غلط استعمال، یا بدانتظامی سے انکار کرتا ہوں۔

میں احسان کی چادر پہنتا ہوں۔
میں شیطانی محرکات اور نفسیاتی بٹنوں کو ختم کرتا ہوں۔
میں ان کو شارٹ سرکٹ کرتا ہوں۔

حصہ 2 ــ علاقائی پیش رفت

میں شیطانی جبر کے لیے غیر ذمہ دار ہوں۔ میں خون، کلام اور خُدا کے روح سے اس خطے پر اپنا اعلیٰ اختیار قائم کرتا ہوں۔

اس وجہ سے میں آپ کو یاد دلاتا ہوں کہ خدا کا بیٹا اس لیے ظاہر ہوا کہ وہ ابلیس کے کاموں کو تباہ کرے۔ میں حکم دیتا ہوں کہ شیطان کے کام تباہ ہو جاتے ہیں۔ وہ اس خطے پر، میرے محلے پر، میرے جسم پر، میرے خاندان پر، میرے بچوں پر، میرے پیاروں پر، میری وزارت پر، میرے پادری پر، میرے ڈاکٹر اور وکیل پر اور میری حکومت پر تباہ ہو گئے ہیں۔

شیطان کے برے کام تباہ ہو جاتے ہیں۔

میں اعلان کرتا ہوں اور حکم دیتا ہوں کہ خدا کے منصوبے اور مقاصد غالب ہوں گے۔ خدا کا کلام غالب ہے۔ اس کی مرضی غالب ہے۔ میرا پیغمبرانہ مقصد اور تقدیر غالب ہے۔ میرا وژن غالب ہے۔ میرا کاروبار غالب ہے۔ میرے خیالات غالب ہیں۔

میں چار ہوائوں سے پیشینگوئی کرتا ہوں کہ جو چیزیں وقت سے پہلے مر چکی ہیں اور شیطانی سرگرمیوں کی وجہ سے سوکھ گئی ہیں وہ جلد اور زندہ ہو جاتی ہیں۔

میں اعلان کرتا ہوں کہ میری تقدیر کے ٹکڑے ۔ مالی، وزارتی، اور رشتہ دار ۔ ایک ساتھ آتے ہیں۔

میری زندگی ایک ساتھ آتی ہے۔

میرا پیسہ اکٹھا ہوتا ہے۔میرا کاروبار اکٹھا ہوتا ہے۔میرے رشتے اکٹھے ہوتے ہیں۔میرا خاندان اکٹھا ہوتا ہے۔مسیح کا جسم اکٹھا ہوتا ہے۔میری وزارت اکٹھی ہوتی ہے۔میری شادی اکٹھی ہوتی ہے۔میرا خاندان اکٹھا ہوتا ہے۔میرا بجٹ اکٹھا ہوتا ہے۔

ہماری حکومتیں اکٹھی ہیں۔

ہماری قیادت اکٹھی ہے۔

سب کچھ آپ کی مرضی کے مطابق مل کر کام کرتا ہے۔

باپ، میں آپ کا شکریہ ادا کرتا ہوں۔ آپ کے ساتھ کچھ بھی ناممکن نہیں ہے۔

لہذا، باپ، میں حکم دیتا ہوں اور اعلان کرتا ہوں کہ آسمان کے سیلاب کے دروازے کھل گئے ہیں۔

بارش ہونے دو۔

خُدا کی روح، ہمیں تازگی کے اوقات میں لے آئیں جس کا آپ نے وعدہ کیا تھا کہ خُداوند کی حضوری سے آئے گا۔

میں حکم دیتا ہوں اور اعلان کرتا ہوں کہ اب کوئی شیطانی خشک سالی نہیں ہوگی، مزید شیطانی خشکی نہیں ہوگی، مزید تکلیف نہیں ہوگی، مزید بیماری نہیں ہوگی، مزید افسردگی نہیں ہوگی، اور کوئی شیطانی ڈرامہ نہیں ہوگا۔

ہم کتاب کی جلد میں آتے ہیں، جیسا کہ ہمارے بارے میں لکھا گیا ہے۔

ہم خُدا کی قدرت میں آتے ہیں — جوشوا کا خُدا — اور ہم حکم دیتے ہیں اور اعلان کرتے ہیں کہ ہر ناقابلِ تسخیر دیوار کو یسوع کے نام اور اعلیٰ ترین خُدا کی قدرت میں گرنا چاہیے۔

میں رکاوٹوں، رکاوٹوں، رکاوٹوں، اور پتھروں کو توڑ دیتا ہوں۔

میں اعلان کرتا ہوں کہ میں دعوت، مقاصد اور خدا کے منصوبوں میں آگے بڑھ رہا ہوں۔

مسیح کی وجہ اس خطے اور ہر علاقے میں پیش قدمی ہے۔

میں اعلان کرتا ہوں کہ یسوع مسیح خداوند اور بادشاہوں کا بادشاہ ہے۔ خدا کی بادشاہی آ گئی ہے۔ وہ ہر علاقے کا بادشاہ ہے اور اس کی بادشاہی قریب ہے۔

ہم ہر شیطانی گڑھ پر اختیار حاصل کرتے ہیں اور برائی کی رسیوں اور بینڈوں کو توڑ دیتے ہیں۔

ہم برائی کو اس کی غیر قانونی جگہ سے ہٹاتے ہیں اور اپنے اختیارات کی صحیح نشست سنبھال لیتے ہیں۔

ہم پہاڑوں میں شیطانی قربان گاہوں پر اختیار رکھتے ہیں۔

ہم ایلیاہ اور فرمان کی روح میں کھڑے ہیں اور اعلان کرتے ہیں کہ خدا جو آگ سے جواب دیتا ہے - وہی خدا ہے۔

ہم حکم دیتے ہیں کہ خدا کی آگ ہر قربان گاہ کو تباہ کر دیتی ہے۔

ہم حکم دیتے ہیں کہ دشمن کی طاقتوں کو ہماری زندگیوں سے توڑ دیا جائے، ہماری وزارت کو توڑ دیا جائے، ہمارے گھر کو توڑ دیا جائے، ہمارے دماغ کو توڑ دیا جائے، ہمارے تعلقات کو توڑ دیا جائے۔

وہ ہمارے جسم سے، ہماری زندگی سے، ہمارے بچوں سے، ہماری شادی سے، ہمارے شریک حیات سے، ہمارے کاروبار سے، اور ہمارے طریقوں سے ٹوٹے ہوئے ہیں۔

ہم حکم دیتے ہیں اور اعلان کرتے ہیں کہ اب ہماری زندگیوں پر برائی کا کوئی کنٹرول نہیں ہے۔

ہم دشمن کے شیطانی کنٹرول سے آزاد ہو گئے ہیں۔

ہم برے نمونوں سے آزاد ہو جاتے ہیں۔

ہم عیش و عشرت، سحر، تعویذ، جادو کے ٹکڑوں، طلسم، زنجیر، غلامی، ترانے، لت، نسلی لعنت، وراثت کی روح، موت، غربت، بے حسی، ناامیدی، بدسلوکی، بے بسی اور بے نمازی سے آزاد ہو جاتے ہیں۔

ہم حکم دیتے ہیں اور اعلان کرتے ہیں کہ وہ تباہ ہو گئے ہیں۔

جہاں کہیں اور جو بھی چڑیلیں، جنگجو، جادوگر، بابا، اور مذہبی جوڑ توڑ کرنے والے لعنتوں کو چھوڑنے کے لیے رابطے کے نکات کے طور پر استعمال کر رہے ہیں — تصویروں، لباس، بالوں کے تار، ذاتی اشیاء، لباس، پیالے، خاک، خون، جادو

کی گڑیا، قربان گاہیں، تعویذ، پانی، جھاڑو، مرکب کے ذریعے — میں نے یسوع کے نام پر ان کا حکم دیا ہے یا کسی اور چیز پر۔

ہم واقف روحوں کے درمیان رابطے کی لائنوں میں خلل ڈالتے ہیں اور ہماری زندگی میں خدا کے منصوبوں اور مقاصد کو ناکام بنانے کے لیے بنائی گئی غیر قانونی سرگرمیوں کو توڑ دیتے ہیں۔

ہم ہر بری لگاؤ کو توڑنے کا حکم دیتے ہیں۔

ہم ڈوریوں کو توڑنے کا حکم دیتے ہیں۔

ہم ہر گڑھ کو توڑنے کا حکم دیتے ہیں۔

ہم شک، دشمنی، الجھن، خوف، دہشت، الجھن، بے اعتقادی، دھمکی، گناہ اور بدکاری کی روحوں پر اختیار رکھتے ہیں۔

ہم اپنے آپ کو دشمن کے گڑھوں اور تاریک روحانی قوتوں سے آزاد کرتے ہیں جو ہمارے ذہنوں پر بمباری کرتی ہیں۔

باپ، یسوع کے نام پر، جب ہم دعا کے لیے کھڑے ہوتے ہیں، ہم دشمن کے مضبوط قلعوں کو اس طرح توڑتے ہیں:

خدا کا ہاتھ

خدا کی انگلی۔ خدا کا کلام۔ یسوع مسیح کا خون۔ روح القدس کی طاقت۔ خدا کا مسح۔ رسولی مداخلت۔ فرشتوں کی مدد۔

باپ، ہم زربابیل اور ایلیاہ کی روح میں اٹھتے ہیں اور پہاڑوں اور ان کی شیطانی قربان گاہوں پر **فضل، فضل کی بات کرتے ہیں۔**

باپ، انہیں اپنی آگ سے تباہ کر دے۔

حصہ 3 ــ گڑھوں پر غلبہ

ہم اس خطے پر مسیح کی حاکمیت قائم کرتے ہیں۔
میں اعلان کرتا ہوں کہ ان کی طاقتیں اس خطے پر ناپختہ ہیں۔
یسعیاہ 9:6-7 کے مطابق اعلان کرتا ہوں :
"ہمارے لئے ایک بچہ پیدا ہوا ہے، ہمیں ایک بیٹا دیا گیا ہے، اور حکومت اس کے کندھے پر ہوگی؛ اور اس کا نام حیرت انگیز، مشیر، زبردست خدا، ابدی باپ، امن کا شہزادہ کہلائے گا۔ ہمیشہ کے لیے رب الافواج کا جوش اس کو انجام دے گا۔
دروازے ، سر اٹھاؤ ۔
اونچے ہو جاؤ، ابدی دروازے۔ اور جلال کا بادشاہ اندر آئے گا۔
میں آپ کو ایک بار پھر یاد دلاتا ہوں کہ رب کا جوش یہ کام انجام دے گا۔
میرے خدا جیسا کوئی نہیں۔
میرے خدا جیسا کوئی طاقتور نہیں۔
وہ **یہوواہ گبر** ہے ۔

باپ، ہم تیری عبادت کرتے ہیں۔
باپ، ہم تیری تعریف کرتے ہیں۔
ہم کسی دوسرے خدا کے آگے گھٹنے نہیں ٹیکیں گے۔
یہوواہ جیسا کوئی دوسرا خدا نہیں ہے۔
باپ، ہم ہوا کی طاقت کے شہزادے پر اختیار حاصل کرتے ہیں اور یسوع کے نام پر اس خطے پر اپنا اعلیٰ اختیار قائم کرتے ہیں۔
شیطانی جبر، شیطانی مخالفت اور جھوٹے بوجھوں کو ختم کریں۔
اپنے غضب میں ہمارے دشمنوں کی حرکتوں کو پراگندہ کردے، اور اپنے طعنہ میں ان کی تفریق کا بندوبست کر۔
ہم حکم دیتے ہیں اور اعلان کرتے ہیں کہ ہمارے ذہن ہر گڑھ سے آزاد ہیں۔
جسے بیٹا آزاد کرتا ہے وہ واقعی آزاد ہے۔
ہم آسمانوں کو کھولنے کا حکم دیتے ہیں۔
ابا، راستہ صاف کریں اور ہر شیطانی رکاوٹ سے پاک مافوق الفطرت شاہراہیں بنائیں جو ہماری دعاؤں میں رکاوٹ بنیں۔
ہم یسوع کے نام پر ان اداروں کو گرفتار کرتے ہیں جو شیطانی اسمگلنگ کے لیے ذمہ دار ہیں اور مزید رکاوٹ، مداخلت اور مداخلت سے منع کرتے ہیں۔
میں نے آسمان پر پیغمبرانہ اور رسولی دباؤ ڈالا۔
میں ہر شیطانی پورٹل کو کھولنے کا حکم دیتا ہوں۔
پیتل کے دروازے اور لوہے کی سلاخیں - کھولی جائیں۔

ابا، ہر شیطانی پورٹل بند کر دو۔
دشمن کو ان علاقوں تک رسائی نہ دیں جو حدود سے باہر ہیں۔
کوئی شیطانی یا شیطانی تجاوز نہ ہو۔
جیسے جیسے میں آگے بڑھتا ہوں، میں حکم دیتا ہوں اور اعلان کرتا ہوں کہ اس خطے پر ہر مضبوط قلعہ میرے ذہن سے ٹوٹ گیا ہے۔
میں حکم دیتا ہوں اور اعلان کرتا ہوں کہ رب میرے ذہن کو صاف کرتا ہے، روح القدس کو میرے دماغ، روح اور روح تک بلا روک ٹوک رسائی دیتا ہے۔
میں حکم دیتا ہوں کہ مافوق الفطرت بصیرت، پیغمبرانہ انکشافات، لطیف خیالات، تخلیقی ایجادات، الہی الہام، حکمت، یا علم کا کوئی شیطانی اغوا نہیں ہوگا۔
یہ یسوع کے نام پر آزادانہ طور پر بہہ جائیں گے۔
ہر پہاڑ کو نیچا کرنا چاہیے۔
ہر وادی کو اوپر اٹھانا ہوگا۔
ہر ٹیڑھی جگہ کو سیدھا کرنا چاہیے۔
اب میں دانشمندی، حکمت عملیوں، اور خدائی حکمت عملیوں کے ساتھ ایک سطحی جہاز پر آگے بڑھتا ہوں جو مجھے طلب پر دستیاب کرائے گئے ہیں۔
میں حکم دیتا ہوں کہ روحانی پہاڑوں، رشتہ دار پہاڑوں، اور سیاسی پہاڑوں کو منتقل کرنا ضروری ہے۔
میں اس کو توڑتا ہوں جو ناقابل تسخیر اور ناقابل تسخیر ہے۔
میں ناقابل تسخیر دیواروں اور رکاوٹوں کو توڑ کر معجزات کے دائرے میں، مافوق الفطرت کے دائرے میں، اضافہ، فراوانی، خوشحالی، اثر و رسوخ، دولت اور دولت کے دائرے میں داخل ہوتا ہوں۔
میں اعلان کرتا ہوں کہ میں ماضی کے ضدی مسائل اور حالات کو آگے بڑھاتا ہوں، اور ماضی کے ان لچکدار لوگوں کو آگے بڑھاتا ہوں جو سازگار قانونی، اقتصادی اور روحانی مذاکرات کی راہ میں حائل ہوتے ہیں۔
میں آپ کو یسوع کے نام پر خون کی طاقت سے حرکت کرنے کا حکم دیتا ہوں۔
میں شیطانی قربان گاہوں اور وراثت کی آبائی روحوں کی تعمیر کے لئے ذمہ دار دشمن کی طاقت پر اختیار رکھتا ہوں جو میری ترقی میں مداخلت کرتے ہیں اور میری ترقی میں خلل ڈالتے ہیں۔
میں شیطانی رکاوٹوں کے ذریعے اپنا راستہ چلاتا ہوں۔
میں حکم دیتا ہوں اور اعلان کرتا ہوں کہ ہر جیریکو کی دیوار کو نیچے آنا چاہیے۔
میرے پاس میرا مال ہے۔
میں دشمن کے کیمپ سے پیدا ہونے والے مسائل پر اختیار رکھتا ہوں۔
میں الہی، اچانک مداخلت اور معجزات کا حکم دیتا ہوں۔
میں ہر صورتحال اور حالات کو یسوع کے نام پر الہی صف بندی میں آنے کا حکم دیتا ہوں۔

میں ہر لعنت کو پلٹتا ہوں۔
میں اپنے دماغ، اپنی روح اور میری روح میں قانونی طور پر لگائے گئے شیطانی بیجوں کی کھدائی اور پتہ لگاتا ہوں۔
وہ جڑ نہیں پکڑیں گے۔
انہیں انکیوبیٹ، پرورش، پرورش، کھلایا، یا پانی نہیں پلایا جائے گا۔
میں اب ان کو تباہ کرتا ہوں۔
میں صرف وہی حاصل کرتا ہوں جو خدا کے ذہن سے نکلتا ہے:

امید کے بیج۔

ایمان کے بیج، تقدیر کے بیج، طاقت کے بیج، کامیابی اور خوشحالی کے بیج، تقدس کے بیج، نیکی کے بیج، خدا پرستی کے بیج، اخلاقیات کے بیج، اخلاقیات کے بیج۔

میں تمام اسقاط حمل سرگرمیوں کی مزاحمت کرتا ہوں، ان سے گریز کرتا ہوں اور انکار کرتا ہوں۔
میں پوری مدت لے کر جاتا ہوں۔
میں ہر شیطانی حد اور قید سے نکلتا ہوں۔
پیتل کے دروازے اور لوہے کی سلاخیں — روح کی تیز ہواؤں سے اڑا دی جائیں۔
میں محدود حالات سے باہر نکلنے کا انتخاب کرتا ہوں۔
میں اپنے دماغ، اپنی وزارت، اپنی روح، اپنی روح، اپنی تقدیر، اپنے مستقبل، اپنی آواز، اپنے خاندان اور اپنے مالیات پر قید کی طاقت کو توڑتا ہوں۔
میں ٹوٹ جاتا ہوں۔
میں آزاد ہو جاتا ہوں۔
میں اعلان کرتا ہوں اور حکم دیتا ہوں کہ مجھے تقدیر کو بدلنے والی تمام سرگرمیوں، شیطانی پابندیوں اور یسوع کے نام پر عائد کردہ پابندیوں پر اختیار حاصل ہے۔
میں حکم دیتا ہوں کہ ہر شیطانی قید خانہ کھول دیا جائے۔
میں اپنے چرچ کو رہا کرتا ہوں۔
میں اپنے مستقبل کو رہا کرتا ہوں۔
میں اپنی قوم کو رہا کرتا ہوں۔
میں اپنی حکومت کو رہا کرتا ہوں۔
میں اپنے خاندان کو رہا کرتا ہوں۔
میں اپنے بچوں کو رہا کرتا ہوں۔
میں اپنی وزارت جاری کرتا ہوں۔
میں اپنا مسح جاری کرتا ہوں۔
میں اپنا اثر چھوڑتا ہوں۔
میں اپنی ساکھ جاری کرتا ہوں۔

میں اپنا نام جاری کرتا ہوں۔
میں اپنا سکون چھوڑ دیتا ہوں۔
میں اپنی خوشی جاری کرتا ہوں۔
میں اپنی خوشی کو جاری کرتا ہوں۔
میں اپنی صحت کو رہا کرتا ہوں۔
میں اسے یسوع کے نام پر شیطانی قوتوں کے کنٹرول سے رہا کرتا ہوں۔
میں قید سے نکلتا ہوں۔
میں رکاوٹوں کو توڑتا ہوں۔
میں یسوع کے نام پر حدود سے نکلتا ہوں۔
میں نفسیاتی غلامی، جذباتی غلامی، جسمانی غلامی، جنسی غلامی، روحانی غلامی، مالی غلامی، مادوں سے پیدا ہونے والی غلامی، تنظیمی غلامی، انا کی الجھنوں، اور شیطانی غلامی اور بھائی چارے سے آزاد ہوں۔
یسوع کے نام پر۔

حصہ 4 - نجات، چھٹکارا اور نسل

ہر وہ شخص جو میری موت کی سازش کر رہا ہے، جو خفیہ طور پر میری کامیابی کے لیے ناراضگی کا شکار ہے، میں آپ کے دماغ اور روح کو اس گڑھ سے آزاد کرتا ہوں۔

میرا مطالبہ ہے کہ آپ مجھے جانے دیں۔

مجھے اپنے دل سے نکال دو۔

مجھے اپنی روح سے آزاد کر۔ مجھے اپنے دماغ سے آزاد کر۔

میں حکم دیتا ہوں اور اعلان کرتا ہوں کہ بیٹا جسے آزاد کرتا ہے وہ واقعی آزاد ہے۔

اگر میں نے نادانستہ طور پر کسی کو تکلیف پہنچائی ہے یا مایوس کیا ہے، اے باپ، مجھے جرم، معافی، تلخی، نفرت اور بے حسی کے قلعوں سے آزاد کر دے۔

میں اپنی لاعلمی اور نادانی سے توبہ کرتا ہوں۔

میرے ماضی کو میرے مستقبل پر منفی اثر انداز ہونے کی اجازت نہ دیں۔

میں غیر حقیقی توقعات، نفسیاتی قید، سطحی پن، جھوٹی شناختوں، انا کی الجھنوں، روح کے رشتوں، لیبلوں، اور بدنما داغوں سے آزاد ہو جاتا ہوں جو مسیح میں میں کون ہوں کو کمزور کرتے ہیں۔

میں اپنی حقیقی شناخت کا دعویٰ کرتا ہوں۔

میں حکم دیتا ہوں کہ آج ایک نئے دن کا طلوع ہونا ہے۔

میں یسوع مسیح کے خون سے ہر شیطانی جسمانی، جذباتی اور مالی قرض کو منسوخ کرتا ہوں۔

میری جان اور میرے پیاروں، ملازمین، وزارت، کاروبار اور حکومت کی روحوں کو شیطانی بازاروں سے چھڑا دے۔

مجھے یہوداہ کی روح سے آزاد کرو — دوستوں، پیاروں، ساتھیوں، ساتھیوں، کاروباری شراکت داروں، ملازمین، اور ان تمام لوگوں سے جنہوں نے مجھے بیچ دیا ہے۔

باپ، میں حکم دیتا ہوں اور اعلان کرتا ہوں کہ میں آزاد ہو گیا ہوں۔

تم نے مجھے آزاد کر دیا ہے۔

زبور 9:15 ، **زبور 72:14** ، اور **یرمیاہ 14-31:11** کے مطابق ، میں حکم دیتا ہوں کہ میری روح کو یسوع کے خون کے ذریعے شیطانی بازاروں اور انڈر ورلڈ کے چھ خطوں کی طاقتوں سے نجات اور فدیہ دیا گیا ہے۔

میری روح کو یرغمال نہیں بنایا جائے گا۔

اس کا محاصرہ نہیں کیا جائے گا۔

میں مرغیوں کے پھندے سے چھٹکارا پاتا ہوں۔
میں عقاب کی طرح پروں کے ساتھ اوپر چڑھتا ہوں۔
میں یسوع مسیح کے خون کو استعمال کرتا ہوں اور اس کا اطلاق کرتا ہوں، جس نے میری زندگی، تقدیر اور مقصد سے متعلق ہر چیز کا فدیہ دیا ہے۔
مجھے تاوان دیا گیا ہے۔
میرے خاندان کا تاوان لیا گیا ہے۔
میرا مستقبل برباد کر دیا گیا ہے۔
میری مالی امداد کی گئی ہے۔
میں مسیح یسوع میں اپنے مستقبل اور تقدیر کو محفوظ رکھتا ہوں۔
میں اپنے پیاروں، اپنی وزارت، اور مسیح میں اپنی برادری کے مستقبل کو محفوظ رکھتا ہوں۔
میں یسوع کے نام پر اپنے بہن بھائیوں، اپنے بچوں، اپنے پوتے پوتیوں، اپنے خداداد بچوں، بھانجیوں، بھانجوں، آنٹیوں، چچاوں، کزنوں، والدین، دادا دادی، سسرال اور بڑھے ہوئے خاندان کا مستقبل محفوظ کرتا ہوں۔
ان کی روحوں کو انڈرورلڈ کی طاقتوں سے چھڑائیں۔
میں حکم دیتا ہوں اور اعلان کرتا ہوں کہ وہ زنا، جسم فروشی، فحش نگاری، یا اجتماعی تشدد کا شکار نہیں ہوں گے۔
وہ کھانے کی بھیک نہیں مانگیں گے۔
وہ بے گھری یا بے بسی کا تجربہ نہیں کریں گے۔
وہ وقت سے پہلے یا نشے کی وجہ سے نہیں مریں گے۔
وہ اعداد و شمار نہیں بنیں گے یا اسکول چھوڑ دیں گے۔
وہ خدا کی محبت سے بہکائے نہیں جائیں گے۔
ان کی روحوں کو شیطانی بازاروں اور جیلوں سے نکال دو۔
ان کی زندگیوں سے موت کی سزا کو ہٹا دیں اور مسیح یسوع میں زندگی کی روح کو موت کی روح پر فوقیت دیں۔
میں اپنے خون کی لکیر میں موجود لعنتوں کو ویٹو اور ریورس کرتا ہوں۔
ہم حکم دیتے ہیں اور اعلان کرتے ہیں کہ ہمارے خاندان کو پہنچا دیا گیا ہے۔
ہم بتوں، لعنتوں، جادوگرنی کی دعاؤں، خون کی قربانیوں، بری خواہشات، شیطانی طریقے سے طے شدہ شادیاں، شیطان کی دلہنیں، علم نجوم، علم نجوم کے نشانات، تاریک فنون میں چھپنا، اوئیجا بورڈز، جوجو، ووڈو، علم نجوم کے تخمینے، سینسز، یسوع کا نام پڑھنا، چائے کا کارڈ پڑھنا وغیرہ سے آزاد ہوتے ہیں۔
ہم حکم دیتے ہیں اور اعلان کرتے ہیں کہ ہمارا خاندان تاریک فنون سے پاک ہے۔
یسوع کے نام پر سانٹیریا اور ہر طرح کی شیطانی سرگرمی سے آزاد ہیں ۔
باپ، میں آپ کا شکریہ ادا کرتا ہوں کہ آپ ہمیں ہر روز نجات دے رہے ہیں۔

باپ، یسوع کے نام پر اور مسیح کے خون سے ، ہم شیطانی انجیکشن، ہیکس منتر ، اور ہمارے کھانے ، وٹامنز ، پانی اور نسخوں میں رکھے گئے ذخائر کے اثرات کو الٹ دیتے ہیں۔

ہم شیطانی امپلانٹس کے اثرات کو الٹ دیتے ہیں جو لت کا سبب بنتے ہیں، سیلولر اتپریورتنوں، بیماری کے پھیلاؤ، خرابی، معذوری، اسامانیتاوں، بگاڑ، فالج، معذوری، ڈیمنشیا، سستی، بے خوابی، رکی ہوئی نشوونما، پسماندگی، الجھن، دبے ہوئے مدافعتی نظام، ہائپرپولیبی نظام کی خرابی، توجہ کی خرابی، توجہ کی خرابی کینسر، اعضاء کی پیچیدگیاں، ٹیومر، سسٹ، اینیوریزم، پیدائشی نقائص، ولادت میں پیچیدگیاں، اور اچانک اسقاط حمل۔

ہم اسے یسوع کے نام پر الٹ دیتے ہیں۔

باپ، ہم ان تمام معاہدوں اور معاہدوں سے توبہ کرتے ہیں جو ہم نے جان بوجھ کر یا نادانستہ شیطانی روحوں کے ساتھ کیے ہیں۔

ہم شیطانی روحوں اور شیطانی نمائندوں سے مشورہ لینے سے توبہ کرتے ہیں۔

باپ، ہم حکم دیتے ہیں اور اعلان کرتے ہیں کہ ہماری روحوں کے تولیدی اعضاء شیطانی دخول کی ہر شکل سے پاک ہیں۔

باپ، ہم بتوں کے آگے گھٹنے ٹیکنے ، مسیح مخالف ثقافتی تصویروں کے سامنے ، شیاطین کے عقائد کو اپنانے ، اور شیطانی نظریاتی فلسفوں اور مذہبی بدعتوں کو قبول کرنے سے توبہ کرتے ہیں۔

اے باپ، ہمیں اپنی سچائی سے نجات دلا، کیونکہ تیرا کلام سچا ہے۔

ہماری تمام بداعمالیوں، غلط فہمیوں، بددیانتی، بدکاری، عقلیت، بے حسی، اور سخت دلی کو معاف فرما۔

باپ، ہم حکم دیتے ہیں اور اعلان کرتے ہیں کہ شیطان کی ہم میں کوئی جگہ نہیں ہے۔

ہم ان گڑھوں میں سے ہر ایک سے اپنی آزادی کا اعلان کرتے ہیں۔

کلام کے دھونے سے ہمارے ذہنوں کو صاف کریں۔

ہم میں ایک صاف دل پیدا کریں اور ہمارے اندر ایک صحیح روح کو تازہ کریں۔

اے خُداوند، ہماری طاقت اور ہمارے نجات دہندہ، ہمارے منہ کی باتیں اور ہمارے دلوں کا دھیان تیری بارگاہ میں قابلِ قبول ہو۔

ہمارے منہ پر نظر رکھ اور ہمارے ہونٹوں کا دروازہ بند رکھ۔

ہمارے لبوں سے کوئی بُری بات نہ نکلے۔

روح کے پھل کو ہمارے مزاج کی کمزوریوں اور ہمارے جسم کی خرابیوں پر فوقیت دیں۔

بزرگ و برتر کے پوشیدہ مقام میں چھپا لے ۔

اپنے نام کی خاطر ہمیں راستبازی کی راہ پر گامزن کر۔

ہم حکم دیتے ہیں اور اعلان کرتے ہیں کہ ہم دیانتداری سے چلتے ہیں۔

اور جسے بیٹا آزاد کرتا ہے، میں دہراتا ہوں، واقعی آزاد ہے۔

حصہ 5 ۔ ٹوٹتے تعلقات اور لعنت

استثنا 32:13 اور **ایوب 29:6** کے مطابق ، ہمیں زمین کی اونچی جگہوں پر سوار کرائے، کھیتوں کا اضافہ کھائیں، چٹان سے شہد چوسیں، ہمارے قدموں کو مکھن سے دھوئیں، اور چٹان کی چٹان سے تیل بہنے کا باعث بنیں۔

ہم حکم دیتے ہیں اور اعلان کرتے ہیں کہ ہمارا ماضی ماضی ہے، اور ہم مسیح یسوع میں خُدا کی اعلیٰ دعوت کے نشان کی طرف دباتے ہیں۔

ہمیں معاف کر دو ، باپ، بدکاری کے لیے۔ چھپے ہوئے ایجنڈوں سے ہمارے ذہنوں کو دھو ڈالیں۔

ہم حکم دیتے ہیں اور اعلان کرتے ہیں کہ ہمارے پاؤں دشمن کے اس جال سے کھل گئے ہیں جو غلامی، بے حرکتی اور فالج کا سبب بنتا ہے۔

باپ، ہم حکم دیتے ہیں اور اعلان کرتے ہیں کہ ہم اپنے مقصد کو پورا کرنے اور اپنی صلاحیت کو زیادہ سے زیادہ کرنے کے لیے آگے بڑھنے کے لیے آزاد ہیں۔

ہمارا مقابلہ نہیں کیا جا سکتا۔

ہمیں روکا نہیں جا سکتا، ہمیں روکا نہیں جا سکتا، ہمیں روکا نہیں جا سکتا۔

ہمارے علاقے وسیع ہو رہے ہیں۔

ہمیں پسماندہ، بے دخل یا کسی غار میں پیچھے نہیں رکھا جائے گا۔

ہمیں پیچھے نہیں رکھا جائے گا، برداشت نہیں کیا جائے گا، مارا پیٹا جائے گا، درد میں جکڑے جائیں گے، چوٹ میں جکڑے جائیں گے، کڑواہٹ میں جکڑے جائیں گے، یا کفر یا افسردگی میں پھنسے ہوں گے۔

ہمیں ہماری وراثت سے دھوکہ نہیں دیا جائے گا اور نہ ہی ہمیں ترقی اور عروج سے روکا جائے گا۔

آسمانی باپ، مافوق الفطرت خدا، ابراہیم، اسحاق، اور یعقوب کا خدا، عہد سازی اور عہد کی پاسداری کرنے والا خدا، ہمیں پرانے سے نکل کر نئے کی طرف چلنے کا فضل، ہمت اور صلاحیت عطا کرتا ہے۔

تمام نامناسب اور شیطانی روح کے رشتوں اور الجھنوں کو توڑ دیں۔

ہمیں حکمت، بصیرت، اور پرانے عہد کے رشتوں پر دوبارہ گفت و شنید کرنے کی ہدایت عطا کریں۔

ہمیں الہی کھولے ہوئے پورٹلز ظاہر کریں۔

ہمیں اپنی روزانہ کی اسائنمنٹس، ایجنڈا اور ٹائم ٹیبل بتائیں تاکہ ہم صحیح وقت پر کام کر سکیں۔

باپ، ہم اعلان کرتے ہیں کہ کوئی روح اور کوئی فرد ہمیں خُداوند کے وقت سے باہر جانے کا سبب نہیں بنے گا۔

ہم آپ کے الہی وقت اور آپ کے الہی ٹائم ٹیبل کے ساتھ مطابقت پذیر ہیں۔
لہذا، باپ، یسوع کے نام پر اور روح القدس کے اختیار سے، ہم بیکار الفاظ اور اعمال سے وابستہ لعنتوں کو توڑتے ہیں۔
شیطانی آگ بجھائیں۔
شیطانی چکروں کو ریورس کریں۔
ہمیں بے فائدہ اور سحر انگیز رشتوں سے رہائی عطا فرما۔
تمام برے انتظامات کو پلٹ دے۔
ہم ہیرا پھیری اور ہیرا پھیری کرنے والوں کی مزاحمت اور مسترد کرتے ہیں۔
ہم یسوع کے نام پر تخریب کاری کو الٹ دیتے ہیں۔
باپ، ہمیں ان چیزوں، حالات، طرز عمل، ذہنیت، سرگرمیوں، اور لوگوں سے آزاد کرو جنہوں نے ہمیں تنگ کیا، ہم پر پابندیاں لگائیں، ہمیں جکڑ رکھا ہے، ہمیں پٹڑی سے اتارا ہے، ہمیں بھٹکایا ہے، اور ہمیں کنٹرول کیا ہے۔
ہماری جانوں کو شیر کے منہ سے اور سانپ کے زہر سے نجات دے۔
سانپ کی روح کو اپنی آگ سے نیست و نابود کردے، جیسا کہ تو نے بنی اسرائیل کی اس عظیم اور خوفناک بیابان میں رہنمائی کی تھی جہاں آگ کے سانپ اور بچھو رہتے تھے اور جہاں خشک سالی تھی اور پانی نہیں تھا۔
لوقا 10:19 کے مطابق ، میں سانپوں اور بچھوؤں پر اپنا اختیار رکھتا ہوں اور حکم دیتا ہوں کہ ہمیں کوئی نقصان نہیں پہنچے گا۔
ہم ہر شیطانی لگاؤ کو جھاڑ دیتے ہیں۔
باپ، اپنی آگ سے سانپ کی روح کو اس کی چھپی ہوئی چٹانوں سے نکال۔
آپ کی آگ اسے یسوع کے نام پر مکمل طور پر تباہ کر دے۔
باپ، ہم اعلان کرتے ہیں کہ ہم آزاد ہیں۔
یسوع مسیح کے خون کی زہر مخالف طاقت ہمیں سانپ کی روح کی زہریلی سرگرمیوں سے محفوظ رکھے۔
اس کی زہریلی سرگرمیوں کو ہماری زندگیوں اور اپنے پیاروں، ساتھیوں، ملازمین اور وزارتی ساتھیوں کی زندگیوں میں نامرد بنانے کا سبب بنے۔
لیویتھن کے منہ میں ہک ڈالو۔
ہم جانتے ہیں کہ ہم خود اس طاقت کا مقابلہ نہیں کر سکتے۔
آپ **یہوواہ گبور** ، غالب خدا ہیں۔
یسوع کے نام پر ہم آپ سے ان اثرات کو ختم کرنے کے لیے کہتے ہیں جو شیطان نے ہماری برادریوں، ہمارے ممالک اور ہماری قوموں پر ڈالے ہیں۔
ہم ہر ادارے کی فریاد کرتے ہیں۔
باپ، ہم خاندان کے لیے، شادی کے لیے، چرچ کے لیے، اسکولوں کے لیے، اور حکومت کے لیے دعا میں غالب ہیں۔
ہمیں قلعوں سے آزاد کر۔

ہم حکم دیتے ہیں اور اعلان کرتے ہیں کہ ہماری معیشتیں کساد بازاری اور قانونی چارہ جوئی سے پاک ہیں۔

یسوع کے نام پر ہم حکم دیتے ہیں اور اعلان کرتے ہیں کہ ہمارے معاشرے اور کمیونٹیز تشدد، بے روزگاری، ناخواندگی، غربت، بے گھری، عصمت دری، گھریلو تشدد، لاقانونیت، بدکاری، شراب نوشی، منشیات کے استعمال، بگاڑ، سیکولرائزیشن، جادو ٹونے، ثقافتی سرگرمی، شیطانی ٹیکنالوجی، معاشی، سماجی، معاشی، معاشی، معاشی، معاشی، معاشی، بے روزگاری سے پاک ہیں۔ بیماریاں، یہود دشمنی، اسقاط حمل، نفرت کے جرائم، نسلی صفائی، بے حسی، اور شیطانی حماقت۔

باپ، ہم حکم دیتے ہیں اور اعلان کرتے ہیں کہ خاندان شیطانی گھریلو تشدد، بدکاری، بے عملی، بھوک، کمی، شرم، بچوں کے ساتھ بدسلوکی، اور ترک کرنے سے پاک ہیں۔

ہماری شادیاں دھوکہ دہی، زنا، زوجین کے ساتھ بدسلوکی، عہد شکنی، طلاق، اور جذباتی، جسمانی اور مالی ترک کرنے سے پاک ہیں۔

ہمارے کاروبار وائٹ کالر جرائم، دیوالیہ پن، اور گاہکوں اور گاہکوں کے نقصان سے پاک ہیں۔

حصہ 6 - قیادت اور حکومت

ہمارے سکول، کالج اور یونیورسٹیاں جہالت، سیکولر اور انسان دوستی، کج روی، گروہی تشدد، منشیات، غیر قانونی خواہشات، انحراف اور ناخواندگی سے پاک ہیں۔

ہمارے گرجا گھر سمجھوتہ، بدکاری، گنگنا پن، دنیا پرستی، یہود دشمنی، انسانیت پرستی، تفرقہ بازی، ظلم و ستم، مذہبی کنٹرول، فرقہ پرستی، غیر اخلاقی اور غیر اخلاقی معاملات سے پاک ہیں۔

ہماری حکومتیں استبداد، آمریت، بغاوت، لالچ، بدعنوانی، چوری، ظلم، سختی، سختی، بے حسی، تعصب اور تعصب سے پاک ہیں۔

ہم اعلان کرتے ہیں اور حکم دیتے ہیں کہ عادلانہ اور اخلاقی حکومت ظالمانہ حکومت کی جگہ لے لیتی ہے۔

ہم اعلان کرتے ہیں کہ اعلیٰ مقامات اور اعلیٰ عہدوں پر براجمان لوگ جن کا مطلب ہماری بھلائی نہیں ہے، ان کی جگہ وہ لوگ ہوں گے جن کا مطلب ہماری بھلائی ہے۔

ہماری حکومتوں اور دنیاوی رہنماؤں کے لیے صف بندی کریں۔

ہم جانتے ہیں کہ بادشاہوں، ملکہوں، صدروں، نائب صدروں اور وزرائے اعظم کے دل رب کے ہاتھ میں ہیں۔

ہمارے عالمی رہنماؤں کو بچائیں اور ان کے دماغوں اور دلوں کو شیطانی جبر اور بہکاوے سے بچائیں۔

انہیں اپنے ساتھیوں کی طرح سچائی اور ہمدردی کے ساتھ رہنمائی کرنے کی حکمت عطا فرما۔

انہیں اخلاقی اور اخلاقی رہنمائی فراہم کریں۔

ہم مجسٹریٹس، گورنرز، پارلیمنٹس، سینیٹرز، سٹی آفیشلز، کانگریس مین، کانگریس ویمن، ہاؤس نمائندگان، سپریم کورٹ، امن کے جسٹس، پولیس افسران، فائر فائٹرز، ریاستی قانون سازوں، وفاقی اور ریاستی گورنروں، شہر کے منصوبہ سازوں، سیاست دانوں، اور پالیسی سازوں کے لیے دعا کرتے ہیں۔

ہم پکارتے ہیں کہ ہر نظام کو یسوع کے نام پر الہی صف بندی میں لایا جائے۔

ان نظاموں کے ہر پہلو پر الہی صف بندی لائیں:

ماحولیاتی نظام۔

تعلیمی نظام۔معاشی نظام۔ثقافتی نظام۔دفاعی نظام۔روحانی نظام۔طبی نظام۔تفریح کا نظام۔ٹیکنالوجیکل نظام۔حکومتی اور سیاسی نظام۔فلکیاتی نظام۔سائنسی نظام۔

میں حکم دیتا ہوں اور اعلان کرتا ہوں کہ ہمارے محلے، برادریاں، شہر، پارسی، کاؤنٹیاں اور قومیں اٹھیں گی اور چمکیں گی، کیونکہ آپ کا نور آ گیا ہے اور رب کا جلال آپ پر طلوع ہو گیا ہے۔

جیسا کہ ان شہروں، برادریوں اور ممالک کی روحیں خوشحال ہوں گی آپ خوشحال اور اچھی معاشی صحت میں رہیں گے۔

تم اللہ کے احکامات پر عمل کرو۔

آپ ابراہیم، اسحاق اور یعقوب کے خدا کو جانیں گے۔

سمندر کی دولت کو تبدیل کیا جائے گا اور قوموں کی معیشتوں پر مثبت اثر پڑے گا۔

آپ یہوواہ کو جانیں گے، ایک سچا خدا۔

تیرے دروازے قوموں کی دولت حاصل کریں گے۔

آپ کی پرورش کی جائے گی اور رائلٹی کی موجودگی کی پرورش ہوگی۔

کانسی کے بدلے خدا تمہیں سونا دے گا۔

پتھر کے بدلے خدا تمہیں چاندی دے گا۔

تمہارے ملک میں اب تشدد نہیں سنائی دے گا۔

سلامتی تمہارا حاکم اور راستبازی تمہارا حاکم ہو گا۔

تمہیں تباہی اور بربادی کا سامنا نہیں کرنا پڑے گا۔

بحیثیت قوم آپ نہ ٹوٹیں گے اور نہ ہی تباہی آپ کی سرحدوں کے اندر رہے گی۔

بدی اور تاریکی مٹ جائے گی، کیونکہ خُدا آپ کی ابدی روشنی اور آپ کا جلال ہوگا۔

آپ کے دکھ، جدوجہد اور مشکلات کے دن ختم ہونے والے ہیں۔

لوگوں کے دل پھر سے خوش ہوں گے جب وہ اپنی امید خدا پر رکھتے ہیں۔
آپ کی اداسی اور افسردگی کو رب کی خوشی سے بدل دیا جائے گا۔
آپ کی کمی کثرت سے بدل دی جائے گی۔
آپ کے تعصب اور غداری کو متنوع لوگوں اور ثقافتوں کے جشن سے بدل دیا جائے گا۔
خُداوند کا فضل تجھ کو اس طرح گھیرے گا جیسے پانی سمندر کو ڈھانپ لیتا ہے۔
آپ کی سرزمین کے بیٹے اور بیٹیاں بڑھ کر عظیم رہنما، اختراع کرنے والے، ٹریل بلزرز، اور فضیلت، دیانت، دیانت، ساکھ، راستبازی اور اخلاقیات کے معیارات بنیں گے۔

حصہ 7 - ذاتی جنگ

میں بوآ کنسٹرکٹر جیسی قوتوں کا سر کاٹتا ہوں جو گلا گھونٹتے، دم گھٹنے، جمود، دبانے اور کچلنے کی کوشش کرتی ہیں۔

روح کی تلوار کوبرا جیسی روح کا سر کاٹ دے جو اس کی زبان سے ٹکراتی ہے اور وہ سحر انگیزی ، بہکاوے، دہشت، انا کے الجھنوں، ہیرا پھیری، دماغ پر قابو پانے، تقدیر کو بدلنے والی سرگرمیاں، کالا جادو، سفید جادو، جہالت، شیطانیات، نیو ایج موومنٹ، سنٹرکس ، خوابوں، خوابوں، خوابوں کے لیے ذمہ دار ہے۔ دھوکہ، اور ٹوٹا ہوا توجہ۔

خدا کی تمام بھسم کرنے والی آگ ازگر جیسی روح کو تباہ کر دے جو مغلوب ہو جاتی ہے، جھوٹے بوجھ پیدا کرتی ہے، غصہ کرتی ہے اور نعمتوں کو نگل جاتی ہے۔

ہر وہ چیز جسے دشمن نے نگل لیا ہے، مغلوب کیا ہے، یا غصہ کیا ہے، میں اسے تھوکنے، کھانسنے اور چھوڑنے کا حکم دیتا ہوں۔

میں اپنے بچوں کو رہا کرنے کا حکم دیتا ہوں۔
میں حکم دیتا ہوں کہ ہماری شادیاں چھوڑ دی جائیں۔
میں حکم دیتا ہوں کہ ہماری رقم جاری کر دی جائے۔
میں اپنے کاروبار کو چھوڑنے کا حکم دیتا ہوں۔
میں اپنے مواقع کو رہا کرنے کا حکم دیتا ہوں۔
میں حکم دیتا ہوں کہ ہماری دولت چھوڑ دی جائے۔
میں اپنی تقدیر کو رہا کرنے کا حکم دیتا ہوں۔
میں اپنی کامیابی کو رہا کرنے کا حکم دیتا ہوں۔
میں اپنے گھروں کو چھوڑنے کا حکم دیتا ہوں۔
میں اپنے مقصد کو چھوڑنے کا حکم دیتا ہوں۔
میں اپنے معجزات کو جاری کرنے کا حکم دیتا ہوں۔
یسوع کے نام پر، ہماری برکات جاری کریں ۔

باپ، ہم تیری تعریف کرتے ہیں۔
ہم جانتے ہیں کہ آپ ابھی بھی ہماری بات سن رہے ہیں۔
ہم تیری حمد پیش کرنے کے لیے توقف کرتے ہیں۔
ہم آپ کو جلال دیتے ہیں۔

اے خدا، ہم تجھے عزت دیتے ہیں، کیونکہ ہم جانتے ہیں کہ نماز کے بغیر ایسا لگتا ہے جیسے کچھ نہیں ہوتا۔

باپ، ہم دعا کی اعلیٰ طاقت میں اٹھتے ہیں۔
ہم تسلط اور اختیار کی پوزیشن میں بدل جاتے ہیں۔

اے خدا، ہم سننے والوں کے لیے تیرا شکر کرتے ہیں۔
ہم آپ کا شکریہ ادا کرتے ہیں کہ ان کی زندگی کا رخ بدل رہا ہے۔
ہم الٰہی تبدیلی کے لئے آپ کا شکریہ۔
حالات بدل جائیں گے۔
انہیں بدلنا چاہیے۔
باپ، ہم جنت کے تخت کے کمرے سے درخواست کرتے ہیں۔
ہم آپ کا شکریہ ادا کرتے ہیں کہ جیسا کہ ہم دعا میں غالب رہتے ہیں، بائبل میں بہت سے لوگوں نے اپنے دلوں اور روحوں کو اٹھایا کیونکہ وہ سمجھتے تھے کہ اگر آپ مداخلت نہیں کرتے ہیں تو کوئی مداخلت نہیں ہوگی۔
جس طرح بنی اسرائیل نے تجھ سے فریاد کی اور تو نے انہیں نجات دینے والے بھیجے، آج ہم تجھ سے فریاد کرتے ہیں۔
انہیں قبر سے باہر آنے دو۔
انہیں دیواروں سے باہر آنے دو۔
ہم خدا کے بیٹوں کو پکارتے ہیں۔
ہم اُنہیں یسوع کے نام پر رہا کرنے کا حکم دیتے ہیں۔
باپ، یسوع کے نام پر، ہر اس چیز کو چھوڑ دو جسے دشمن نے غیر قانونی طور پر روک رکھا ہے اور روک رکھا ہے۔

روح القدس کی طاقت اور بلندی سے آنے والی طاقت کو سانپ جیسی روح کو تباہ کرنے دیں جو زہریلی آلودگی اور بدنیتی پر مبنی گپ شپ کا سبب بنتی ہے۔
ان کی زبانیں ان کے منہ کی چھت سے چمٹ جائیں۔
یہ جذبہ زہریلے اور زہریلے رشتوں کا سبب بنتا ہے۔
اس سے درد اور تکلیف ہوتی ہے۔
یہ الجھن کا باعث بنتا ہے۔
یہ خوشی، سکون، مالیات، اور قدرتی اور روحانی وسائل کی نکسیر کا سبب بنتا ہے۔
باپ، میں حکم دیتا ہوں اور اعلان کرتا ہوں کہ مزید نکسیر نہیں آئے گی۔
ہماری خوشی کا دامن ہاتھ سے نہیں نکلے گا۔
ہمارا امن ختم نہیں ہو گا۔
ہمارے وسائل کو اب نکسیر نہیں آئے گی۔
زخم کو باندھنا۔
باپ، ہم حکم دیتے ہیں اور اعلان کرتے ہیں کہ بگاڑ، بدگمانی، مایوسی اور تباہی مٹ جاتی ہے۔

ہر قسم کی ہلاکت جو اس روح کی وجہ سے ہوتی ہے—الزامات، بدسلوکی، اور موت—الٹ جاتی ہے۔

میں حکم دیتا ہوں اور اعلان کرتا ہوں کہ یہ الٹ ہے۔

ہم آزاد ہیں۔

ہمارے بچے آزاد ہیں۔

ہمارے پیارے آزاد ہو گئے ہیں۔

ہم ابھی دعا کے ذریعے مداخلت کرتے ہیں۔

ہم یسوع کے نام پر ان روحوں کی سرگرمیوں کو روکتے ہیں۔

باپ، ہم حکم دیتے ہیں کہ ہم اپنے دلوں میں کسی کے لیے تلخی، جھوٹ، حسد، غیبت، حسد، عداوت، یا جرم نہیں رکھیں گے۔

یہ روحیں ہم پر قابو نہیں رکھیں گی۔

ہمیں منفی جذبات سے نجات دلائے۔

باپ، ہم رات کے شکاریوں کے خلاف آتے ہیں - وہ جو اپنے آپ کو چھپاتے ہیں اور وہ جو چھپنے کے لیے چٹانوں کے نیچے پھسل جاتے ہیں، حملے کے صحیح وقت کا انتظار کرتے ہیں۔

ہم ان کے کرداروں سے پردہ ہٹاتے ہیں۔

ہم حکم دیتے ہیں اور اعلان کرتے ہیں کہ چھلاورن، جھوٹ، سوڈالٹی، دوغلے پن اور منافقت کا پردہ فاش ہو گیا ہے۔

یسوع کے نام پر جھوٹ کا پردہ فاش ہو گیا ہے۔

دوغلا پن، دھوکہ دہی کی سرگرمیاں، بے وفائی، اور دھوکہ - ہم آپ کو خدا کی طاقت سے تباہ کر دیتے ہیں۔

ہم حکم دیتے ہیں کہ ہمارے خلاف بننے والا ہر ہتھیار نامرد ہے۔

ہمارے خلاف ہر دھمکی نے خرابی پیدا کی۔

ہر شیطانی معاہدہ کالعدم ہے۔

ہر مہم جوئی ناکام ہو جاتی ہے۔

ہر بری لعنت کو پلٹ کر اس کے موجد کے پاس دو گنا واپس بھیج دیا جاتا ہے۔

ہر روحانی سانپ، بھیڑوں کے لباس میں بھیڑیا، کوے، گدھ، جونک اور ویمپائر یسوع کے نام پر مفلوج ہے۔

حصہ 8 - ذاتی جنگ

باپ، ایناکونڈا جیسی روح کو تباہ کر دو۔

ہمیں عظیم پانیوں، پانی کی روحوں، گہرائیوں کی روحوں اور زیر زمین کی روحوں سے نجات دلائے۔

باپ، ہم حکم دیتے ہیں اور اعلان کرتے ہیں کہ ہم یسوع کے نام پر غم، اداسی، افسردگی، بے بسی، ناامیدی، یا موت میں مغلوب یا غرق نہیں ہوں گے۔

آپ نے ہمیں آزاد کر دیا ہے۔ جسے بیٹا آزاد کرتا ہے وہ واقعی آزاد ہے۔

باپ، اے خدا، ہم تیرا شکر کرتے ہیں۔ ہم باہر آ رہے ہیں۔

ہم اپنی سانسیں نہیں کھو رہے ہیں۔

ہم کنٹرول نہیں کھو رہے ہیں۔

باپ، آپ ہماری زندگیوں کے کنٹرول میں ہیں۔

ہم ایوب کی طرح ہیں۔ ہم کہتے ہیں، "اگرچہ تو ہمیں مار ڈالے، پھر بھی ہم تجھ پر بھروسہ کریں گے،" کیونکہ ہم جانتے ہیں کہ ہمارا نجات دہندہ زندہ ہے۔

اے باپ، اپنی گرج، اولوں اور آگ کے انگاروں سے ہمارے دشمنوں کے دلوں پر دہشت پیدا کر۔

انہیں آگ، بجلی اور جلتے ہوئے فیصلے سے تباہ کر دے۔

اپنے تیروں کو روشن کر اور ان کی راہوں میں روک۔

ان کے زہریلے، دانت نما ہتھیاروں کو ناکارہ بنا دیں۔

ان کے دانت توڑ دو۔

یسوع مسیح کے خون کی اینٹی وائرل طاقت سے ہمیں استثنیٰ عطا کریں۔

سانپ کے انڈوں کو ان کے نکلنے سے پہلے تباہ کر دیں—گھونسلا، حمل، اور اندھیرے کے کام۔

عیسیٰ کے نام پر سانپ جیسی روح کو تباہ کریں۔

ہم حکم دیتے ہیں اور اعلان کرتے ہیں کہ یہاں تک کہ جب یہ روحیں گھونسلے بنانے کی کوشش کرتی ہیں اور اپنے منصوبوں کو انکیوبیٹ کرتی ہیں، ہمیں یہوداہ، ایزبل، اہیتوفیل، ابی سلوم، ہامان، سنبلت ہورونائٹ ، طوبیاہ عمونی، فرعون اور کین کی روحوں سے کوئی نقصان نہیں پہنچے گا۔

ہمارے دشمنوں کی تلوار اُن کے اپنے دلوں کو چھیدنے دو جب وہ اپنی کمانیں جھکاتے ہیں۔

ان کے ہتھیار ناقابل تلافی ٹوٹ جائیں۔

ان کے تیر بکھر جائیں۔

آتش گیر اڑنے والے سانپ کی آگ کو بجھاؤ اور اسے اپنی موت اور تباہی میں گرا دو۔

دشمن کو پیچھے کر دیا جائے اور اس کو الجھایا جائے جو ہماری تکلیف کا منصوبہ بنا رہے ہیں۔

یسوع کے نام پر، دشمن کے سر پر زخم لگائیں اور شریروں کی بالوں والی کھوپڑی کو زخمی کریں۔

وہ اپنی ہی شرارت سے مارا جائے اور پھر کبھی نہ اٹھے۔

لابن کی فریب کار روح جو بازار میں کام کرتی ہے، بے نقاب ہو جائے۔

اسے شرم اور بے عزتی کا لباس پہناؤ جیسا کہ تو نے مجھے اس پر فتح دلائی ہے۔

میں انسانی روحوں پر اختیار رکھتا ہوں جو شیطانی میزبانوں، ہوٹلوں اور مہمان خانوں کے طور پر استعمال ہو رہی ہیں۔ خواہ وہ دوست ہوں، رشتہ دار ہوں، کاروباری شراکت دار ہوں، ساتھی ہوں، روحانی بیٹے اور بیٹیاں ہوں، یا سرپرست ہوں۔

ابا، ان کے دلوں کو بے نقاب کریں۔

ان کے مقاصد اور عزائم کو بے نقاب کریں۔

عیسیٰ کے نام پر جعلی دوستوں، ساتھیوں، ملازمین اور ساتھیوں کو بے نقاب کریں۔

ان کے بہانے کو روک دو۔

ان کی اصل شناخت کو اجاگر کریں۔

ان کے پوشیدہ ایجنڈوں کو بے نقاب کریں۔

ان کی شیطانی اسائنمنٹس کے پیچھے محرک قوتوں کو ظاہر کریں۔

بری پوچھ گچھ، غلطی تلاش کرنے کے مشن، نجومی تخمینے، اور بری تجاویز کو ناکام ہونے دیں۔

انہیں اب یسوع کے نام پر ناکام ہونے دیں۔

باپ، ہم حکم دیتے ہیں اور اعلان کرتے ہیں کہ آپ کا ہاتھ بڑھایا گیا ہے، جس سے شیطانی سروے کرنے والوں اور نگرانی کرنے والوں کی بری نظریں اندھی ہو جائیں گی۔

رشک دشمنی اور مقابلہ کو تباہ.

سازش، ظلم اور غداری کی کمر توڑ دو۔

نابینا شیطانی نگاہ رکھنے والے اور وہ لوگ جو علم نجوم اور مخفی آلات کے ذریعے مداخلت کرتے ہیں۔

سننے والی روحوں کے کان بہرے ہو جائیں۔

ہم مخالف روحوں، قدیم روحوں، چڑچڑاپن کرنے والی روحوں، غیر معقول روحوں، بڑھی ہوئی روحوں، مایوس کن روحوں، انتقامی روحوں، اشتعال انگیز

روحوں، جھوٹ بولنے والی روحوں، منحوس روحوں اور فریب دینے والی روحوں کا مقابلہ کرتے ہیں۔

اسقاط شدہ روحیں، فلستی روحیں اور اموری روحیں تباہ ہو جاتی ہیں۔

ہم دماغ کو بے حس کرنے اور قابو کرنے والی روحوں کے خلاف آتے ہیں اور ان کو ہائی جیک کرنے والے خیالات سے منع کرتے ہیں جو مسیح کے دماغ سے نکلتے ہیں۔

آسمانی بصیرت اور انکشافات جاری ہوں گے۔

تخلیقی خیالات اور دلچسپ ایجادات بہہ جائیں گی۔

حکمت بہہ جائے گی۔

ہمارے جدید تصورات، حکمت عملی، اور حکمت عملی آزادانہ طور پر چلیں گی۔

جن چیزوں کو دشمن نے روکنے کی کوشش کی وہ اب بہہ جائیں گی۔

ہمارے خیالات بہہ جائیں گے۔

ہماری حکمت بہہ جائے گی۔

ہمارے جدید تصورات بہہ جائیں گے۔

ہم یسوع کے نام پر اپنی صنعتوں اور کھیتوں میں جدت طرازی اور فضیلت کے جدید کنارے پر کام کریں گے۔

ہم شیطانی نیٹ ورکس اور اتحاد کو اندھا کر دیتے ہیں۔

ان کی برائی مواصلات کو الجھانے دیں۔

ان کے ذہنوں کو الجھا دیں۔

ان کی زبانیں تقسیم کریں۔

ان کے منصوبوں کو ناکام بنائیں۔

ان لوگوں کو شرمندہ کریں جو یسوع کے نام پر ہماری موت کے خواہاں ہیں۔

زبور 69:22-28 کے مطابق:

ان کی میز ان کے سامنے پھندا بن جائے۔

جو ان کی فلاح و بہبود کے لیے تھا وہ پھندا بن جائے۔

ان کی آنکھوں پر اندھیرا چھا جائے تاکہ وہ دیکھ نہ سکیں۔

ان کی کمر کو مسلسل ہلاتے رہیں۔

ان پر اپنا غضب نازل فرما۔

تیرا غضبناک قہر اُن کو پکڑ لے۔

ان کی بستی ویران ہو جائے۔

کوئی بھی اپنے خیموں، اپنے گھروں، اپنی رہائش گاہوں یا اپنے محلات میں نہ رہے۔

اُن کی بدکرداری میں بدی شامل کر، اور اُنہیں تیری راستبازی میں آنے نہ دے۔

وہ زندوں کی کتاب سے مٹا دیے جائیں اور راست بازوں کے ساتھ نہ لکھے جائیں۔

حصہ 9 - ذاتی پیغمبرانہ اعلانات

میں اپنی زندگی، اپنے اثر و رسوخ، میری وزارت، اپنے کاروبار، میری خوشحالی، اپنے تعلقات اور اپنے مواقع کو تباہ کرنے کے لیے تیار کی گئی ہر پیش رفت کی مزاحمت کرتا ہوں۔

میں شیطانی غلامی سے نکلتا ہوں اور جادو کے خلاف مزاحمت کرتا ہوں۔

باپ، یسوع کے نام پر غیر قانونی روحانی وابستگیوں، عہدوں، معاہدے، ذمہ داریوں اور منتوں کو توڑ دیں۔

میں شیطانی آلودگیوں کو ریورس کرتا ہوں۔

یسوع کے خون کو میری روح اور روح کو پاک اور ناپاک کرنے کا سبب بنائیں۔

آپ کے نام پر میں ہر بری سوچ، نفسیاتی طاقت، پروجیکشن، تجویز، اور حوصلہ شکنی، گمراہ کرنے یا الجھن میں ڈالنے کے لیے بنائے گئے اشارے سے آزاد ہوں۔

بری روحانی منتقلیوں کو تباہ کر دیں۔

غیر قانونی روح کے تعلقات اور انا کی الجھنوں کو منسوخ کریں۔

ہر بے دین کنکشن کو کھولیں اور منقطع کریں۔

مجھے دھو، میں پاک ہو جاؤں گا۔

مجھے شیطانی جذباتی ہیرا پھیری سے آزاد کرو۔

میں تخریب، بہکاوے اور فریب کی روحوں کو ختم کرتا ہوں۔

مجھے مجروح نہیں کیا جائے گا، کم نہیں سمجھا جائے گا، یا کم قدر نہیں کیا جائے گا۔

میں تہمت کے ذریعے کردار کی بے حرمتی کو کالعدم کرتا ہوں۔

میں انجمن کے ذریعہ بری شہرت اور بدنامی کو ریورس کرتا ہوں۔

میں اعلان کرتا ہوں کہ تمام آلودگی یسوع کے خون سے ثابت ہے۔

میں اعلان کرتا ہوں کہ میرا نام ایمانداری، دیانتداری، راستبازی، تقدس، راستبازی اور پاکیزگی سے وابستہ ہے۔

مایوس اور بری پیش گوئی کرنے والوں کے منصوبوں کو ناکام بنائیں۔

باپ، برے احکام کو پلٹ دو۔

ہامان کی روح میں کام کرنے والوں کو مایوس کرو۔

اوور رول اور ویٹو نے شیطانی طور پر قانون سازی، پالیسیاں اور ضوابط کو جنم دیا۔

دشمن کو ان کی تمام تدبیروں، حکمت عملیوں، حربوں، سازشوں اور مکروہ طریقوں سے بے نقاب اور رسوا کرے۔

میں نے مزاحمت کی۔

خدا کی آگ دشمن کی سرگرمیوں کو تباہ کرے۔
جن لوگوں نے شیطانی پھندے اور شیطانی جال بنائے ہیں — ان کے منصوبوں کو باطل اور ان کی ذمہ داریوں کو مایوس ہونے دیں۔
برے ساتھیوں اور اشتراک کاروں کو بے نقاب اور بے نقاب کریں۔
جو میرے خلاف جمع ہوئے ہیں وہ منتشر ہو جائیں اور دوبارہ کبھی جمع نہ ہوں۔
ان کی آنکھوں پر اندھیرا چھا جائے تاکہ وہ دیکھ نہ سکیں۔
ان کے کان بند کر دیے جائیں تاکہ وہ سن نہ سکیں۔
وہ ویران جگہوں میں اپنا رزق تلاش کریں۔
اپنا ہاتھ اُن پر بڑھا اور اُن کو ملامت، بے عزتی اور شرمندگی سے ڈھانپ لے۔
فیصلے کے طوفان اور ناراضگی کے طوفان کے ساتھ ان پر مقدمہ چلائیں۔
انہیں دن کو تیروں سے اور رات کو دہشت سے ڈراؤ۔
اے خدا اُٹھ اور اپنے دشمنوں کو پراگندہ کر دے۔
شیطان کے لیے ہر دروازے اور دروازے کو بند کر دو۔
اسے میری جائیداد تک رسائی سے روک دو۔
رات کو میری آگ اور دن کو میرا دھواں بن جا۔
جب میں اپنی بادشاہی کی تفویض میں آگے بڑھتا ہوں اور اپنے مقصد کو پورا کرتا ہوں تو دشمن مجھے ٹریک یا ٹریس نہ کرے۔
ہر شیطانی ایجنٹ کو جو میری برکات کو تاخیر یا سست کرنے کے لیے تفویض کیا گیا ہے، مایوس، ناکام، اور اپنی ذمہ داریوں کو پورا کرنے سے روکا جائے۔
میری زندگی پر ہر نبی کا کلام اس کے مناسب وقت اور موسم میں ظاہر ہو۔
باپ، میں دہراتا ہوں کہ میرا وقت آپ کے ہاتھ میں ہے۔
مالی مشکلات، ناکامی اور دھچکے سے جڑی ہر شیطانی سرگرمی کو ختم کیا جائے۔
باپ، اس چیز کو مفلوج کر دو جو مجھے عظمت میں جانے سے روکتا ہے۔
یسوع کے نام پر میری مالی، سماجی، جسمانی اور روحانی کامیابیوں کو روکنے والی ہر چٹان اور چٹان کو ہٹا دیں۔
تمام شیطانی کارروائیوں کے اثرات کو بے اثر کر دیں۔
مذاکرات، مشاورت اور تبادلے کی شیطانی میزوں کو اکھاڑ پھینکیں۔
میں اعلان کرتا ہوں کہ ہر برائی کی میز کو الٹ دیا گیا ہے۔
میری ناکامی کے لیے بنائے گئے ہر برے آلے، حکمت عملی اور ٹیکنالوجی کو تباہ کر دیں۔
میں برّہ کے خون اور اپنی گواہی کے لفظ سے فتح پاتا ہوں۔
مسیح کے ذریعے میں نے شیطانی دربانوں اور دروازوں کے رکھوالوں سے گزر کر اپنے راستے کو بلڈوز کیا۔
پیتل کے دروازوں اور لوہے کی سلاخوں کو کاٹ دو۔

روح کی چیزوں کے لیے میری آنکھیں اور کان کھولو۔

روحانی اندھا پن اور بہرا پن اور میری آواز کو خاموش کرنے کی کوشش کرنے والی روحوں کی تفویض کو اکھاڑ پھینکیں اور ان کو ختم کریں۔

میں صیون میں نرسنگے کی طرح اپنی آواز بلند کرتا ہوں تاکہ یہ اعلان کروں کہ یسوع خداوند ہے۔

میں اعلان کرتا ہوں کہ وہ میری زندگی اور اس خطے پر حکمرانی اور حکمرانی کرتا ہے۔

اِسی وجہ سے خُدا کا بیٹا ظاہر ہوا تاکہ وہ دُشمنوں کے کاموں کو تباہ کر دے۔

اپنی موجودگی کی روشنی سے اندھیرے کو چھیدیں — روشنی، حکمت، بصیرت، اور طاقت۔

اندھیرے کو آپ کی تفویض کی تکمیل کو سمجھنے، پکڑنے یا روکنے کی اجازت نہ دیں۔

میں روحانی اندھے پن اور خُدا کی طرف سے سننے کی نااہلی سے وابستہ ہر طاقتور کو کھو دیتا ہوں۔

میں آپ کو ایک نئی تفویض کا پابند کرتا ہوں — یسوع مسیح کے قدموں کی چوکی بننے کے لیے۔

میں جیلوں اور دیواروں کو نیچے آنے کا حکم دیتا ہوں۔

میں ہر مخالف تقدیر، مخالف مقصد، مخالف جذبہ، مخالف الہی، مخالف کامیابی، مخالف خوشحالی، اور مسیح مخالف شیطانی قوت کو توڑتا ہوں۔

تیری قسم، اے خدا، میں ایک لشکر کے ذریعے دوڑتا ہوں۔

آپ کی طرف سے میں لامحدود امکانات اور مواقع کے نئے دائروں میں دیواروں کو چھلانگ لگاتا ہوں — جن کی کوئی حد اور کوئی حدود نہیں ہیں۔

میں ایک امیر جگہ میں اپنا راستہ توڑتا ہوں۔

میں مافوق الفطرت دائرے میں داخل ہوتا ہوں جہاں میں ترقی کرتا ہوں، ترقی کرتا ہوں، اور برقرار رہتا ہوں۔

میں حکم دیتا ہوں اور اعلان کرتا ہوں: میں تجھ میں رہتا ہوں، تجھ میں سانس لیتا ہوں، اور تجھ میں میرا وجود ہے۔

میں اپنے پیغمبرانہ گوشین میں رہتا ہوں۔

اے خدا، میں حکم دیتا ہوں کہ میرے دائرہ اثر کو بڑھا دیا گیا ہے۔

ہر وہ روح جو حادثات، تباہی، اور قبل از وقت موت کا سبب بنتی ہے — خواہ آبی گزرگاہوں، شاہراہوں، یا فضائی راستوں سے — میں اب آپ پر اختیار کرتا ہوں۔

میں آپ کو آسمانی آگ اور آسمانی دھوئیں کے پردے سے باندھتا ہوں۔

میں آپ کو آسمانی آگ اور آسمانی دھوئیں کے پردے سے اندھا کر دیتا ہوں۔

میں حکم دیتا ہوں اور اعلان کرتا ہوں کہ آپ کا شیطانی GPS سسٹم خراب ہو گیا ہے اور ناقابل تلافی طور پر تباہ ہو گیا ہے۔

ہر ناجائز سرگرمی کو یسوع کے نام پر گرفتار کیا جاتا ہے۔
میں اس کے اثرات کو ریورس کرتا ہوں۔
یہوواہ، تُو نے مجھے دشمن کی تمام طاقت پر اختیار دیا ہے۔
آسمان کی بادشاہی کو تشدد کا سامنا کرنا پڑتا ہے، اور متشدد اسے زبردستی چھین لیتے ہیں۔
اِس لیے میرا مال ہے اور اُنہیں زبردستی چھین لیتا ہوں۔

حصہ 10 - نماز اور اختتامی اعلانات پر مہر لگائیں۔

زبور 92:8 اور 14 کے مطابق اعلان کرتا ہوں کہ رب ہمیشہ کے لیے سب سے اعلیٰ ہے -

رب ، تیرے دشمن، تیرے دشمن تباہ ہو جائیں گے۔ بدکاری کے تمام کارکن تتر بتر ہو جائیں گے۔

لیکن میرا سینگ تو جنگلی بیل کے سینگ کی مانند بلند کرے گا۔
مجھے تازہ تیل سے مسح کیا جائے گا۔
،میری آنکھیں میرے دشمنوں پر میری خواہش دیکھیں گی
اور میرے کان ان شریروں کی میری خواہش کو سنیں گے جو میرے خلاف اٹھ کھڑے ہوں گے۔
صادق کھجور کے درخت کی طرح پھلے پھولے گا۔
وہ لبنان میں دیودار کی طرح بڑھے گا۔
وہ جو خُداوند کے گھر میں لگائے گئے ہیں
وہ ہمارے خُدا کے درباروں میں پھلے پھولیں گے۔
وہ بڑھاپے میں بھی پھل لائیں گے۔
وہ تازہ اور پھلتے پھولتے ہوں گے۔

میں اعلان کرتا ہوں کہ میری اوقات تیرے ہاتھ میں ہے۔
لہذا، میں شیطانی چکروں، موسموں، کیلنڈروں اور ٹائم ٹیبلز سے رہا ہوں۔

میں جنت کے ساتھ ہم آہنگ ہوں۔
میں موسم میں ہوں، میں الٰہی ترتیب میں ہوں۔
،میں اچھے وقتوں اور بابرکت لمحات کو متحرک کرتا ہوں
اور میں ان روحوں کو تباہ کرتا ہوں جو برے وقتوں، مشکل وقتوں اور جدوجہد کے اوقات کو کنٹرول کرتی ہیں۔

،چونکہ میرا وقت آپ کے ہاتھ میں ہے
میں حکم دیتا ہوں اور اعلان کرتا ہوں کہ یہ سال اور آنے والے سال دماغ کو اڑا دینے والے مافوق الفطرت واقعات سے بھرے ہوں گے جو میرے لیے بہت خوشی کا باعث ہوں گے۔

- میں شیطانی اینکروں کو ہٹاتا ہوں جو مجھے چکروں میں رکھتے ہیں
غربت، مشکلات، کمی، جدوجہد، دائمی بیماری اور بیماری کے چکر۔
میں ان اینکرز کو اب
کلام، خون اور روح سے تباہ کرتا ہوں۔

میں رب میں لنگر انداز ہوں۔

میں اعلان کرتا ہوں اور حکم دیتا ہوں کہ میری جدوجہد ختم ہو گئی ہے۔
،میں اچانک حیرتوں، مافوق الفطرت اضافہ
رب میں انتہائی خوشی، پائیدار شان، احسان، دولت، دولت، طاقت، اور اثر و رسوخ کا اعلان کرتا ہوں۔

میں ایک نئے سیزن کے لیے مسح کر رہا ہوں۔
پرانی چیزیں ختم ہو گئی ہیں، اور دیکھو، سب چیزیں نئی ہو گئی ہیں.
اس مسح کے ساتھ میں ایک نئے موسم میں داخل ہوتا ہوں
اور طاقت، امن، مکمل پن، توجہ، وزارت میں خوشحالی اور شان کے نئے موسم کا اعلان کرتا ہوں۔
میں اعلان کرتا ہوں کہ میرے سر میں تازہ تیل کی کمی نہیں ہوگی۔
میں یسوع کے نام پر کثافت، مستقل مزاجی اور طاقت میں اضافہ کرتا ہوں۔
میں حکم دیتا ہوں کہ یہ تیل میری زندگی پر منظوری کی مہر کے طور پر کام کرتا ہے۔
یہ میری تائید کرتا ہے۔
یہ مجھے لیس کرتا ہے۔ یہ مجھے بااختیار بناتا ہے۔ یہ میرے لیے جگہ بناتا ہے۔
مجھے بہاؤ میں رہنے کا سبب بنائیں۔
،مجھے یسوع مسیح کے ذریعے پیشن گوئی کی تقدیر اور عظمت میں داخل کر
،جس میں مجھے میراث ملی ہے
اُس کے مقصد کے مطابق پہلے سے مقرر کیا جانا
جو اُس کی مرضی کے مشورے کے مطابق سب کام کرتا ہے۔
میں اس دعا کو یسوع کے نام پر
اور اس کے خون، اس کے کلام اور اس کی روح کی طاقت سے مہر لگاتا ہوں۔
اب اُس کے پاس جو بہت زیادہ، کثرت سے سب سے بڑھ کر کر سکتا ہے جو میں مانگ سکتا ہوں یا
اُس طاقت کے مطابق سوچ سکتا ہوں جو مجھ میں کام کرتی ہے۔
یسوع مسیح کے نام پر،
میں اس سال کو مضبوطی سے ختم کروں گا
اور ہر نئے سال کو بااختیار بنا کر شروع کروں گا۔

آمین آمین اور آمین۔

آٹھ (8) گھڑیوں کو سمجھنا

بائبل مقدس کے صحیفے میں، دعا اور روحانی چوکسی کا تعلق اکثر چوکسی کے مخصوص اوقات سے ہوتا ہے۔

چوکیدار شہروں کی حفاظت، خطرے سے خبردار کرنے اور دن اور رات کے مختلف ادوار میں چوکس رہنے کے لیے تعینات تھے۔

اسی طرح، مومنوں کو روحانی طور پر چوکنا رہنے کے لیے کہا جاتا ہے۔

یسوع نے اپنے شاگردوں کو ہدایت کی:

"جاگتے رہو اور دعا کرو، کہ تم آزمائش میں نہ پڑو۔"

(متی 26:41)

یہ دعائیہ گائیڈ **دعا کی آٹھ گھڑیوں کی ایک تال کی پیروی کرتا ہے**، جو دن بھر کے جان بوجھ کر لمحات کی نمائندگی کرتا ہے تاکہ ہماری توجہ شفاعت میں خدا کی طرف موڑ سکے۔

ان گھڑیوں کو زیادہ دیر تک نماز کی ضرورت نہیں ہوتی۔ یہاں تک کہ ہر گھڑی کے دوران چند توجہ مرکوز منٹ بھی طاقتور بن سکتے ہیں جب مسلسل پیشکش کی جائے۔

پہلی گھڑی - صبح 6:00 بجے

دن کا آغاز۔

یہ گھڑی رب کے لیے دن کو وقف کرنے، ہمارے دلوں کو اس کے مقاصد کے ساتھ ہم آہنگ کرنے اور اس کی رہنمائی کی دعوت دینے کا وقت ہے۔

دوسری گھڑی — صبح 9:00 بجے

دن کی ذمہ داریوں کے لیے حکمت، سمت اور طاقت کے لیے دعا کرنے کا وقت۔

بہت سے مومنین اس گھڑی کا استعمال چرچ میں اور اثر و رسوخ کے پہاڑوں میں رہنماؤں کے لیے دعا کرنے کے لیے کرتے ہیں۔

تیسری گھڑی — دوپہر 12:00 بجے

دوپہر کی شفاعت۔

یہ گھڑی اکثر توقف کرنے اور روحانی طور پر دوبارہ توجہ مرکوز کرنے کا ایک لمحہ بن جاتی ہے، خاندانوں، برادریوں، اور قوموں کو رب کے سامنے اٹھاتی ہے۔

چوتھی گھڑی - 3:00 PM

یہ گھنٹہ روایتی طور پر ابتدائی کلیسیا میں دعا سے منسلک ہے (اعمال 3:1)۔

یہ گھڑی الہی مداخلت اور پیش رفت کے لیے دعا کرنے کا ایک طاقتور وقت ہے۔

پانچویں گھڑی - شام 6:00 بجے

شام کی لگن۔

جیسے جیسے دن بدلتا ہے، یہ گھڑی مومنوں کو تحفظ، بحالی اور امن کے لیے دعا کرنے کی دعوت دیتی ہے۔

چھٹی گھڑی - رات 9:00 بجے

دن کے دوران خدا نے جو کچھ کیا ہے اس پر غور کرنے اور شکر گزاری کا وقت۔

یہ رات کی گھڑیوں میں داخل ہونے سے پہلے چرچ اور اقوام کے لیے دعا کرنے کا بھی وقت ہے۔

ساتویں گھڑی — 12:00 AM

آدھی رات کی نماز۔

پورے کلام میں، آدھی رات اکثر روحانی پیش رفت کا وقت رہی ہے (اعمال 16:25-26)۔

یہ گھڑی گہری روحانی جنگ اور شفاعت کی نمائندگی کرتی ہے۔

آٹھویں گھڑی — صبح 3:00 بجے

استقامت اور پیغمبرانہ دعا کی گھڑی۔

بہت سے شفاعت کرنے والوں نے تاریخی طور پر اس گھڑی کو روحانی حساسیت اور گہری شفاعت کے لیے ایک طاقتور وقت پایا ہے۔

ایک مسلسل گھڑی

جب افراد، گروہ، اور گرجا گھر ان گھڑیوں میں دعا کرتے ہیں، تو نتیجہ **دعا کا ایک مسلسل سلسلہ بن جاتا ہے۔**

یہ نمونہ حزقی ایل 22:30 کی کال کی عکاسی کرتا ہے:

"میں نے ان میں سے ایک ایسے آدمی کی تلاش کی جو ایک دیوار بنائے اور زمین کے لیے میرے سامنے خلا میں کھڑا ہو۔"

جیسا کہ مومنین ان گھڑیوں میں حصہ لیتے ہیں، وہ چرچ اور اقوام کے لیے شفاعت کی ایک بڑی تحریک کا حصہ بن جاتے ہیں۔

تعارف

خلا میں کھڑے ہونے کی کال

پوری کتاب میں، جب بھی خُدا نے قوموں کے معاملات میں مداخلت کی خواہش کی، اُس نے ایسے مردوں اور عورتوں کی تلاش کی جو نماز کے ذریعے خلا میں کھڑے ہوں۔

حزقی ایل نبی نے خدا کے دل کو ریکارڈ کیا جب اس نے کہا:

اور میں نے اُن میں سے ایک آدمی کو ڈھونڈا جو باڑا بنائے، اور زمین کے لیے" میرے سامنے خلا میں کھڑا ہو، تاکہ میں اُسے تباہ نہ کروں، لیکن مجھے کوئی نہیں "ملا۔

حزقی ایل 22:30—

:یہ بیان ایک ابدی روحانی اصول کو ظاہر کرتا ہے

خدا شفاعت کرنے والوں کے ذریعے کام کرتا ہے۔

قوموں کا عروج و زوال ہوتا ہے۔ ثقافتیں بدلتی ہیں۔ طاقت کے نظام معاشروں کی سمت کو متاثر کرتے ہیں۔ پھر بھی ان نظر آنے والی حقیقتوں کے پیچھے زمین میں واقعات کو تشکیل دینے والی روحانی قوتیں ہیں۔

اس وجہ سے، نماز محض ایک عبادتی سرگرمی نہیں ہے۔

دعا زمین کے معاملات میں **خدا کے ساتھ حکومتی شرکت ہے۔**

شفاعت آسمان کو زمینی نظاموں میں مداخلت کی دعوت دیتی ہے۔

اثر و رسوخ کے سات پہاڑ

ہر معاشرے کی تشکیل اثر و رسوخ کے کلیدی دائروں سے ہوتی ہے جو اقدار، ثقافت اور سمت کا تعین کرتے ہیں۔ ان کو اکثر **اثر کے سات پہاڑوں کے طور پر بیان کیا جاتا ہے :**

- مذہب
- خاندان • تعلیم • حکومت • میڈیا اور مواصلات • آرٹس اور ثقافت • کاروبار اور اقتصادیات

یہ پہاڑ اس بات پر اثر انداز ہوتے ہیں کہ لوگ کیسے سوچتے ہیں، کون سے معاشرے جشن مناتے ہیں، اور قوموں پر حکومت کیسے کی جاتی ہے۔

جب یہ دائرے راستبازی سے تشکیل پاتے ہیں تو معاشرے ترقی کرتے ہیں۔ جب ان پر بدعنوانی یا روحانی تاریکی کا غلبہ ہوتا ہے تو پوری نسلیں اس کا خمیازہ بھگتتی ہیں۔

اس وجہ سے، مومنین کو نہ صرف خوشخبری کی تبلیغ کے لیے بلایا جاتا ہے بلکہ **ان اثر و رسوخ کے شعبوں کے لیے حکمت عملی کے ساتھ دعا کرنے کے لیے بھی** کہا جاتا ہے، اور خدا سے سالمیت اور حکمت کے رہنما پیدا کرنے کے لیے کہا جاتا ہے جو نظام کو اس کے مقاصد کے ساتھ ہم آہنگ کریں گے۔

شفاعت کی وزارت

بائبل ایسے افراد کی مثالوں سے بھری پڑی ہے جو دوسروں کی طرف سے خدا کے سامنے کھڑے ہوئے۔

ابراہیم نے سدوم کے لیے شفاعت کی۔

موسیٰ نے اسرائیل کے لیے شفاعت کی۔ دانیال نے یروشلم کی بحالی کے لیے شفاعت کی۔ ایسٹر نے اپنے لوگوں کے تحفظ کے لیے اپنی جان خطرے میں ڈالی۔

سب سے بڑھ کر، یسوع مسیح خود آج شفاعت کی وزارت کو جاری رکھے ہوئے ہیں:

وہ ان کے لیے شفاعت کرنے کے لیے ہمیشہ"
زندہ رہتا ہے۔" —عبرانیوں 7:25

مسیح کے ذریعے، مومنین کو شفاعت کے اس جاری کام میں شرکت کی دعوت دی جاتی ہے۔

پولوس رسول ہمیں یاد دلاتا ہے کہ روح القدس بھی اس بلاوے میں ہماری مدد کرتا ہے:

"روح خود ہمارے لیے آہوں کے ساتھ شفاعت کرتا ہے جو کہ نہیں جا سکتی۔"
رومیوں 8:26—

اس طرح، شفاعت ایک شراکت بن جاتی ہے:

- مومن دعا کرتا ہے
- روح القدس رہنمائی کرتا ہے • اور مسیح باپ کے سامنے شفاعت کرتا ہے۔

چالیس دن کی نماز کی گھڑی

یہ کتابچہ **17 مارچ سے 25 اپریل تک** سالانہ **40 دن کی شفاعت کی گھڑی کے طور پر ڈیزائن کیا گیا ہے** ۔

ساخت میں شامل ہیں:

- **پورٹل کھولنے والی دعا کی سرگرمیاں 10**
- **اسٹریٹجک دعا کے پوائنٹس 320**
- **ہر دن آٹھ نماز گھڑیاں**
- **شفاعت کے لیے صحیفائی بنیادیں**

یہ دعائیں روحانی اختیار قائم کرتی ہیں، مزاحمت کو ختم کرتی ہیں، اور قوموں میں خدا کے مقاصد کو مدعو کرتی ہیں۔

روزے کے ہر دن میں **آٹھ نمازی گھڑیاں شامل ہوتی ہیں** ، جو دن بھر میں مختلف روحانی لمحات کی نمائندگی کرتی ہیں۔

یہ گھڑیاں مومنوں کو روحانی طور پر چوکنا رہنے اور خدا کے مقاصد کے ساتھ منسلک رہنے میں مدد کرتی ہیں۔

شفاعت کرنے والوں کی عالمی تحریک

یہ تفویض صرف ایک شخص یا ایک وزارت کے لیے نہیں ہے۔

خدا مومنوں کا ایک عالمی نیٹ ورک کھڑا کر رہا ہے جو کلیسیا اور اقوام کے لیے شفاعت کا بوجھ اٹھاتے ہیں۔

متعدد زبانوں میں ترجمہ اور دنیا بھر کے مومنین کی شرکت کے ذریعے، وژن **10 ملین سے زیادہ شفاعت کرنے والوں کی ایک عالمی برادری کو متحرک کرنا ہے** جو دعا میں ایک ساتھ کھڑے ہوں گے۔

یہ سفارشی دعا کریں گے:

- کلیسیا کی تطہیر اور اتحاد
- قوموں کی نجات • رہنماؤں کے لیے حکمت • اثر کے سات پہاڑوں میں تبدیلی۔

اس اسائنمنٹ میں آپ کا کردار

چاہے آپ انفرادی طور پر دعا کر رہے ہوں، دعائیہ جماعت کے ساتھ، یا چرچ کی کمیونٹی کے حصے کے طور پر، یہ کتابچہ آپ کو توجہ مرکوز کرنے میں مشغول ہونے میں مدد کے لیے ایک منظم رہنما فراہم کرتا ہے۔

آپ کو دعوت دی جاتی ہے کہ اس دعائیہ گھڑی میں ایمان، عاجزی اور امید کے ساتھ شرکت کریں۔

جب آپ ان صفحات کے ذریعے دعا کرتے ہیں تو یاد رکھیں:

- دعا ماحول کو بدل دیتی ہے۔
- دعا الٰہی مداخلت کو جاری کرتی ہے۔ نماز زمین کو آسمان سے ہم آہنگ کرتی ہے۔

دعوت آج بھی ویسی ہی ہے جس طرح ہمیشہ رہی ہے:

خلا میں کھڑے ہو جاؤ۔

اور وفادار شفاعت کے ذریعے، خدا کی مرضی **زمین پر پوری ہو جیسا کہ آسمان پر ہے۔**

شفاعت کرنے والے کا مینڈیٹ

ابراہیم، موسیٰ، دانیال، یسوع اور روح القدس: خلا میں کھڑا ہونا

پوری کتاب میں، خُدا ایک متواتر نمونہ ظاہر کرتا ہے: جب قومیں تباہی کی طرف بڑھ جاتی ہیں، تو خُداوند اُن لوگوں کی تلاش کرتا ہے جو اُس کے سامنے دعا میں کھڑے ہوں گے۔

حزقی ایل نبی نے اس حقیقت کو رب کی طرف سے ایک طاقتور بیان کے ساتھ پکڑا:

"میں نے ان میں سے ایک آدمی کو ڈھونڈا جو ایک دیوار بنائے اور زمین کے لیے
میرے سامنے خلا میں کھڑا ہو تاکہ میں اسے تباہ نہ کروں۔"
(حزقی ایل 22:30)

شفاعت آسمان اور زمین کے درمیان کھڑے ہونے کا عمل ہے — دوسروں کی طرف سے رحم، انصاف، اور خدا کے مقاصد کے لیے اپیل کرنا۔

بائبل ان لوگوں کی کئی طاقتور مثالیں پیش کرتی ہے جنہوں نے اس کردار کو پورا کیا۔

ابراہیم: ایک شریر شہر کے لیے شفاعت کرنا

ابراہیم، ایمان کا باپ، کتاب میں درج ابتدائی سفارشیوں میں سے تھا۔

پیدائش 18 میں، خُداوند نے ابراہیم پر انکشاف کیا کہ سدوم اور عمورہ کے شہر گہرے بگڑے ہوئے ہیں اور یہ کہ فیصلہ قریب ہے۔

پھر بھی فیصلہ آنے سے پہلے، خدا نے ابراہیم کو یہ جاننے کی اجازت دی کہ وہ کیا کرنے والا ہے۔

"کیا میں ابراہیم سے چھپاؤں جو میں کرنے والا ہوں؟"
(پیدائش 18:17)

خاموش رہنے کے بجائے، ابرہام رحم کی درخواست کرنے کے لیے عاجزی اور دلیری سے آگے بڑھا۔

پیدائش 18:22 ایک قابل ذکر لمحے کو ریکارڈ کرتی ہے:

"لیکن ابراہیم پھر بھی خداوند کے سامنے کھڑا رہا۔"
رب کے سامنے کھڑا ہونا شفاعت کرنے والے کی کرنسی ہے۔
ابراہیم نے خدا کے انصاف اور رحم کی اپیل کرتے ہوئے پوچھا کہ کیا شہر کو بچایا جا سکتا ہے اگر اس کے اندر نیک لوگ مل جائیں۔
پچاس سے شروع ہو کر اور آہستہ آہستہ تعداد کو گھٹا کر دس تک، ابراہیم رحم کی درخواست کرتا رہا۔
ہر درخواست عاجزی کے ساتھ پیش کی گئی:
اب دیکھو، میں جو خاک اور راکھ کے سوا ہوں، نے اپنے اوپر خداوند سے بات"
"کرنے کا کام لیا ہے۔
(پیدائش 18:27)
ابراہیم کی شفاعت سے پتہ چلتا ہے کہ خدا ان لوگوں کو دعوت دیتا ہے جو اس کے ساتھ قریب سے چلتے ہیں دعا کے ذریعہ دنیا کے ساتھ اس کے معاملات میں حصہ لینے کے لئے۔

موسیٰ: ایک باغی قوم کے لیے شفاعت کرنا

شفاعت کی ایک اور طاقتور مثال موسیٰ کی زندگی میں نظر آتی ہے۔
خروج 32 میں، بنی اسرائیل سونے کے بچھڑے کی پوجا کر کے بت پرستی میں پڑ گئے۔ اُن کی بغاوت نے خُداوند کے غضب کو بھڑکا دیا، اور فیصلہ یقینی معلوم ہوا۔
پھر بھی موسیٰ شفاعت کے لیے آگے بڑھا۔
اپنے آپ کو لوگوں سے دور کرنے کے بجائے، موسیٰ نے ان سے شناخت کی اور خدا کے عہد کے وعدوں کی اپیل کی۔
اس نے دعا کی:
خداوند، تیرا غضب تیرے لوگوں پر کیوں بھڑکتا ہے، جنہیں تو بڑی طاقت سے "
"مصر سے نکال لایا ہے؟
(خروج 32:11)
موسیٰ نے رب کو ابراہیم، اسحاق اور اسرائیل کے ساتھ اپنے عہد کی یاد دلائی۔ اس نے قوموں میں خدا کی ساکھ کی اپیل کی اور رحم کی التجا کی۔
اس کی شفاعت کے ذریعے فیصلے کو روکا گیا اور لوگوں کو محفوظ کیا گیا۔
یہ لمحہ شفاعت کے بارے میں کئی سچائیوں کو ظاہر کرتا ہے:
شفاعت کرنے والے ان لوگوں سے شناخت کرتے ہیں جن کے لیے وہ دعا کرتے • ہیں۔
شفاعت کرنے والے خدا کے وعدوں اور کردار سے اپیل کرتے ہیں۔ • شفاعت • تباہی کے بجائے بحالی کی کوشش کرتی ہے۔

ڈینیئل: ایک قیدی قوم کے لیے شفاعت کرنا

صدیوں بعد، قومی بحران کے وقت ایک اور سفارشی ابھرا۔
دانیال اسرائیل کی بابل کی اسیری کے دوران رہتا تھا۔ جب اس نے یرمیاہ کی پیشین گوئیوں کو پڑھا اور سمجھا کہ اسیری کی مدت مکمل ہونے کے قریب ہے تو اس نے دعا اور توبہ کے ساتھ جواب دیا۔
ڈینیل 9:3 اس کی کرنسی کو بیان کرتا ہے:
"پھر میں نے اپنا منہ خداوند خدا کی طرف کیا کہ نماز اور التجا، روزہ، ٹاٹ اور راکھ کے ساتھ درخواست کروں۔"
ڈینیل کی دعا قابل ذکر تھی کیونکہ اس نے خود کو قوم کے گناہوں سے دور نہیں کیا۔
اس کے بجائے، اس نے لوگوں سے شناخت کی اور خدا کے سامنے اپنی ناکامیوں کا اعتراف کیا:

"ہم نے گناہ کیا ہے اور بدکاری کی ہے۔"
(دانیال 9:5)

ڈینیل کی شفاعت نے خدا کی رحمت اور عہد کی وفاداری کی اپیل کی۔
اس کی دعا کے ذریعے، آسمان نے جواب دیا۔ خدا نے جبرائیل فرشتہ کو اسرائیل کے مستقبل اور مسیح کے آنے کے بارے میں وحی کے ساتھ بھیجا تھا۔
ڈینیل کی مثال ظاہر کرتی ہے کہ شفاعت نہ صرف موجودہ حالات بلکہ آنے والی نسلوں کو بھی متاثر کر سکتی ہے۔

یسوع: حتمی شفاعت کرنے والا

جب کہ ابراہیم، موسیٰ اور دانیال شفاعت کی طاقت کا مظاہرہ کرتے ہیں، تاریخ میں سب سے بڑا شفاعت کرنے والا یسوع مسیح ہے۔
یسوع نے اپنی زمینی وزارت کے دوران نہ صرف انسانیت کے لیے دعا کی تھی — وہ آج بھی شفاعت کر رہا ہے۔
کلام پاک کا اعلان ہے:

"وہ ہمیشہ ان کے لیے شفاعت کرنے کے لیے زندہ رہتا ہے۔"
(عبرانیوں 7:25)

صلیب پر اپنی قربانی کے ذریعے، یسوع نے انسانیت کو خدا سے ملایا۔ اپنی جاری شفاعت کے ذریعے، وہ مسلسل باپ کے سامنے مومنوں کی نمائندگی کرتا ہے۔
اس چالیس دن کی گھڑی کے دوران ادا کی جانے والی ہر دعا بالآخر مسیح کی وزارت سے گزرتی ہے۔
دعا پر ہمارا اعتماد ہماری اپنی راستبازی پر نہیں بلکہ یسوع کے مکمل کام پر ہے۔

روح القدس: مومن کے اندر شفاعت کرنا

جب کہ یسوع آسمان میں ہمارے لیے شفاعت کرتا ہے، روح القدس ہماری دعاؤں کو مضبوط کرنے اور رہنمائی کرنے کے لیے مومنین کے اندر کام کرتا ہے۔
صحیفہ سکھاتا ہے کہ مومنوں کو اپنی طاقت میں دعا کرنے کے لیے نہیں چھوڑا جاتا۔ خُدا کی روح دعا میں ہماری مدد کرتی ہے، خاص طور پر ایسے لمحات میں جب الفاظ ناکافی ہوتے ہیں۔
پولس رسول نے لکھا:
اسی طرح روح بھی ہماری کمزوریوں کی مدد کرتا ہے: کیونکہ ہم نہیں جانتے " کہ ہمیں کس چیز کے لیے دعا کرنی چاہیے جیسا کہ ہمیں چاہیے، لیکن روح خود آہوں "کے ساتھ ہماری شفاعت کرتی ہے جو بیان نہیں کی جا سکتی۔
(رومیوں 8:26)
اس کا مطلب یہ ہے کہ شفاعت محض انسانی کوشش نہیں ہے۔ یہ مومن اور خدا کی روح کے درمیان شراکت ہے۔
جب مومنین دعا کرتے ہیں تو روح القدس ان کی دعاؤں کو خُدا کی مرضی سے ہم آہنگ کرتا ہے۔

خدا کے مندر کے طور پر مومن

ص حیفہ یہ بھی ظاہر کرتا ہے کہ ایماندار خود خدا کی رہائش گاہ ہیں۔
پال نے لکھا:
"کیا تم نہیں جانتے کہ تم خدا کا ہیکل ہو اور خدا کا روح تم میں بستا ہے؟"
(کرنتھیوں 3:16 1)
چونکہ خدا کی روح مومنوں کے اندر رہتی ہے، مومن کی زندگی ایک زندہ پناہ گاہ بن جاتی ہے جہاں خدا کے ساتھ رابطہ ہوتا ہے۔
یسوع نے اعلان کیا کہ خدا کا گھر **دعا کا گھر ہے** (متی 21:13)۔
یہ حقیقت عمارتوں اور اجتماعات سے آگے پھیلی ہوئی ہے۔ خدا کے لوگ خود نماز کے زندہ گھر بن جاتے ہیں۔
روح القدس کے مندروں کے طور پر، مومنین اپنے اندر خدا کے ساتھ میل جول کی مسلسل دعوت لے کر جاتے ہیں۔

نماز کا ایک زندہ گھر

جب روح القدس مومنوں کے اندر بستا ہے، تو دعا اب مخصوص لمحات یا مقامات تک محدود نہیں رہتی ہے۔
روح مومن کے اندر خدا کی موجودگی کے بارے میں مسلسل آگاہی پیدا کرتی ہے۔
روح کے ذریعے:

• ہمارے دل دعا کی طرف متوجہ ہوتے ہیں
• ہمارے بوجھ خدا کے مقاصد کے مطابق ہوتے ہیں • ہماری درخواستیں خدا کی مرضی کے مطابق ہوتی ہیں

اس طرح مومن شفاعت کی زندہ گاہ بن جاتا ہے۔

روح خاندانوں کے لیے، گرجا گھروں کے لیے، رہنماؤں کے لیے، اور قوموں کے لیے دعاؤں کی ترغیب دیتی ہے۔

جو دل کے اندر ایک چھوٹے سے اشارے سے شروع ہوتا ہے وہ اکثر خدا کے تخت کے سامنے شفاعت کا ایک طاقتور عمل بن جاتا ہے۔

شفاعت میں شراکت

اس لیے شفاعت کی وزارت میں ایک خوبصورت شراکت داری شامل ہے:

• **یسوع ہمارے لیے باپ کے سامنے شفاعت کرتا ہے۔**
• **روح القدس ہمارے اندر شفاعت کرتا ہے۔**
• **مومن نماز کے ذریعے اطاعت میں جواب دیتے ہیں۔**

اس شراکت کے ذریعے زمین میں خدا کے مقاصد کو آگے بڑھایا جاتا ہے۔

جب مومنین نماز کی اس چالیس روزہ گھڑی میں داخل ہوتے ہیں تو وہ اکیلے نماز نہیں پڑھتے ہیں۔

خدا کی روح ان کے اندر کام کرتی ہے، شفاعت کا بوجھ اٹھانے میں ان کی مدد کرتی ہے۔

اور مسیح خود باپ کے سامنے ابدی سردار کاہن کے طور پر کھڑا ہے، سنتوں کی دعائیں پیش کرتا ہے۔

نماز کا گھر بننے کی اذان

جب آپ روزے اور شفاعت کے اس موسم میں شریک ہوتے ہیں تو یاد رکھیں کہ دعا صرف آپ کی کوئی چیز نہیں ہے۔

یہ اس کا حصہ ہے کہ آپ زندہ خدا کے مندر کے طور پر کون ہیں۔

آپ کے اندر موجود روح القدس آپ کی دعاؤں کی رہنمائی کرنے، آپ کے ایمان کو مضبوط کرنے، اور آپ کے دل کو خُدا کی مرضی سے ہم آہنگ کرنے کے لیے تیار ہے۔

خدا کرے کہ یہ چالیس دن کی گھڑی آپ کے اندر خُداوند کے ساتھ رفاقت کی گہری زندگی کو جگائے۔

اور آپ کی زندگی وہ بن جائے جس کا یسوع نے اعلان کیا تھا کہ خدا کے گھر کو ہمیشہ ہونا چاہئے:

نماز کا گھر۔

اثر و رسوخ کے سات پہاڑ

وہ ہماری دنیا کو کس طرح تشکیل دیتے ہیں۔

پوری تاریخ میں، معاشروں کو اثر و رسوخ کے کلیدی دائروں سے تشکیل دیا گیا ہے جو اس بات کا تعین کرتے ہیں کہ لوگ کس طرح سوچتے ہیں، کیسے رہتے ہیں اور خود پر حکومت کرتے ہیں۔

یہ دائرے اقدار، ثقافت، قوانین، تعلیم، معاشیات اور روحانی سمت کو متاثر کرتے ہیں۔ جب یہ علاقے راستبازی کے ساتھ منسلک ہوتے ہیں تو قومیں پھلتی پھولتی ہیں۔ جب ان پر بدعنوانی، دھوکہ دہی اور ناانصافی کا غلبہ ہوتا ہے تو معاشروں میں الجھن اور زوال کا سامنا ہوتا ہے۔

بہت سے عیسائی رہنماؤں نے ان علاقوں کو **اثر و رسوخ کے سات پہاڑوں کے طور پر بیان کیا ہے** کیونکہ وہ تہذیب کی تشکیل میں اختیار کی سطح اور اثرات رکھتے ہیں۔

شفاعت کرنے والوں کی دعوت صرف افراد کے لیے دعا کرنا نہیں ہے بلکہ ان بااثر ڈھانچوں کی تبدیلی کے لیے دعا کرنا ہے تاکہ قوموں کی زندگی میں خدا کے مقاصد کی عکاسی ہو سکے۔

جب مومن ان پہاڑوں کے لیے حکمت عملی کے ساتھ دعا کرتے ہیں، تو وہ خدا سے درخواست کرتے ہیں کہ وہ اپنی **حکمت، راستبازی، انصاف اور سچائی کو** ان جگہوں پر لے آئے جو معاشرے کی تشکیل کرتے ہیں۔ **سات پہاڑوں میں شامل ہیں:**

1.مذہب (چرچ)
2.خاندان
3.تعلیم
4.حکومت
5.میڈیا
6.آرٹس اینڈ کلچر
7.کاروبار اور معیشت

ہر پہاڑ معاشرے کے کام کرنے کے طریقے پر زبردست اثر و رسوخ رکھتا ہے۔

1. مذہب کا پہاڑ (چرچ)

چرچ کو **معاشرے کا روحانی ضمیر کہا جاتا ہے۔**

جب چرچ مضبوط، دعا گو، اور سچائی پر مبنی ہوتا ہے، تو یہ اخلاقی وضاحت، روحانی رہنمائی، اور دنیا کے لیے امید کا ذریعہ بن جاتا ہے۔

تاہم، جب چرچ کمزور، منقسم، یا مشغول ہو جاتا ہے، تو معاشرہ اکثر اپنا روحانی کمپاس کھو دیتا ہے۔

یسوع نے میتھیو 21:13 میں اعلان کیا:

"میرا گھر نماز کا گھر کہلائے گا۔"

شفاعت کرنے والے چرچ کے لیے دعا کرتے ہیں تاکہ یہ خالص، متحد، بہادر، اور یسوع مسیح کی خوشخبری کے لیے وفادار رہے۔

2. فیملی ماؤنٹین

خاندان **ہر معاشرے کی بنیاد ہے۔**

خاندانوں کے اندر ہی اقدار، شناخت، کردار اور ایمان سب سے پہلے بنتے ہیں۔ صحت مند خاندان مستحکم کمیونٹیز اور مضبوط قومیں پیدا کرتے ہیں۔

جب خاندان ٹوٹ جاتے ہیں، تو نسلیں اکثر عدم استحکام، الجھن اور سمت کے کھو جانے کے ساتھ جدوجہد کرتی ہیں۔

صحیفہ سکھاتا ہے کہ خدا خاندانوں میں بحالی چاہتا ہے:

وہ باپوں کے دلوں کو بچوں کی طرف اور بچوں کے دلوں کو ان کے باپوں کی" "طرف پھیر دے گا۔

(ملاکی 4:6)

شفاعت کرنے والے خاندانوں کے لیے دعا کرتے ہیں کیونکہ آنے والی نسلوں کی صحت ان پر منحصر ہے۔

3. تعلیم کا پہاڑ

تعلیم اس بات کی تشکیل کرتی ہے کہ لوگ کیسے سوچتے ہیں اور مستقبل کے رہنما کیسے بنتے ہیں۔

اسکول، یونیورسٹیاں، اور تعلیمی ادارے پوری نسلوں کے عالمی نظریے کو متاثر کرتے ہیں۔ کلاس رومز میں پڑھائے جانے والے خیالات اکثر ایسی پالیسیاں، ٹیکنالوجیز اور نظام بن جاتے ہیں جو مستقبل کی تشکیل کرتے ہیں۔

اس وجہ سے، مومنین دعا کرتے ہیں کہ سچائی، حکمت اور دیانت سکھانے والوں اور سیکھنے والوں کی رہنمائی کرے گی۔

ڈینیل اور اس کے ساتھیوں نے یہ ظاہر کیا کہ خدائی حکمت سیکھنے کے ماحول کو کیسے متاثر کر سکتی ہے:

"خدا نے انہیں تمام علم اور حکمت میں علم اور ہنر عطا کیا۔"

(دانیال 1:17)

تعلیم کے پہاڑ پر شفاعت طلبا، اساتذہ اور اداروں کے لیے خدا کی حکمت کی تلاش ہے۔

4. گورنمنٹ ماؤنٹین

حکومت قانون کے قیام، انصاف کے تحفظ اور معاشرے میں نظم و نسق برقرار رکھنے کی ذمہ داری اٹھاتی ہے۔

حکومت میں رہنما ایسے فیصلے کرتے ہیں جن سے لاکھوں لوگ متاثر ہوتے ہیں۔ ان کی پالیسیاں معاشیات، قومی سلامتی، سماجی استحکام اور بین الاقوامی تعلقات کو متاثر کرتی ہیں۔

صحیفہ مومنوں کو حکومت کرنے والوں کے لیے دعا کرنے کی ترغیب دیتا ہے:

اس لیے میں نصیحت کرتا ہوں کہ دعائیں، دعائیں، شفاعتیں اور شکر ادا کرنا سب"

"آدمیوں کے لیے؛ بادشاہوں کے لیے اور ان سب کے لیے جو صاحب اختیار ہیں۔

(تیمتھیس 1:2-2 1)

سفارشی حکومتی رہنماؤں کے لیے دعا کرتے ہیں تاکہ راستبازی، انصاف اور حکمت قومی فیصلوں کی رہنمائی کرے۔

5. میڈیا اینڈ انٹرٹینمنٹ ماؤنٹین

میڈیا اور تفریح لوگوں کو معلومات حاصل کرنے اور اپنے اردگرد رونما ہونے والے واقعات کی ترجمانی کرنے کے طریقے کو تشکیل دیتے ہیں۔

ٹیلی ویژن، ریڈیو، ڈیجیٹل پلیٹ فارم، صحافت اور سوشل میڈیا کے ذریعے ایسے بیانیے بنائے جاتے ہیں جو عوامی تاثر اور ثقافتی اقدار کو متاثر کرتے ہیں۔

اپنی پہنچ کی وجہ سے، میڈیا کے پاس یا تو سچائی پھیلانے یا دھوکہ دہی کو بڑھانے کی طاقت ہے۔

مومنین دعا کرتے ہیں کہ سچائی، دیانتداری اور حکمت ان لوگوں کی رہنمائی کرے جو عوام تک بات چیت کرتے ہیں۔

6. آرٹس اینڈ کلچر ماؤنٹین

فنون اور ثقافت تخیل، تخلیقی صلاحیتوں اور معاشروں کے جذباتی اظہار کو متاثر کرتے ہیں۔

موسیقی، فلم، ادب، بصری فنون، اور تفریحی شکلیں لوگ خوبصورتی، اخلاقیات، شناخت اور معنی کو کس طرح دیکھتے ہیں۔

پورے کلام میں، تخلیقی صلاحیتوں کو اکثر خدا کی تمجید کے لیے استعمال کیا جاتا تھا، ہیکل کی تعمیر سے لے کر زبور میں لکھے گئے عبادت کے گیت تک۔

شفاعت کرنے والے دعا کرتے ہیں کہ تخلیقی صلاحیتوں اور ثقافتی اثرات کو سچائی، خوبصورتی اور امید کی عکاسی کے لیے استعمال کیا جائے۔

7. بزنس اینڈ اکانومی ماؤنٹین

کاروباری اور معاشی نظام اس بات کا تعین کرتے ہیں کہ وسائل کی پیداوار، تقسیم اور انتظام کیسے کیا جاتا ہے۔

جب معاشی نظام سالمیت کے ساتھ کام کرتا ہے، تو کمیونٹیز ترقی کرتی ہیں اور مواقع بڑھتے ہیں۔ جب بدعنوانی معاشی نظام پر حاوی ہو جاتی ہے تو اکثر عدم مساوات اور استحصال کا سلسلہ جاری رہتا ہے۔

صحیفہ مومنوں کو یاد دلاتا ہے کہ خُدا خوشحالی اور سرپرستی کے لیے حکمت کا ذریعہ ہے۔

شفاعت کرنے والے دعا کرتے ہیں کہ کاروباری رہنما دیانتداری، انصاف پسندی اور معاشرے کے تئیں ذمہ داری کے احساس کے ساتھ کام کریں گے۔

سات پہاڑوں کے لیے شفاعت کیوں ضروری ہے؟

ان پہاڑوں کے لیے دعا کرنے کا مقصد تسلط یا تسلط نہیں ہے۔ مقصد تبدیلی ہے۔

جب راستبازی ان ڈھانچوں پر اثر انداز ہوتی ہے جو معاشرے کی تشکیل کرتی ہے، تو لوگ زیادہ انصاف، موقع، امن اور اخلاقی وضاحت کا تجربہ کرتے ہیں۔

یسوع نے اپنے پیروکاروں کو دعا کرنا سکھایا:

"تیری بادشاہی آئے۔ تیری مرضی زمین پر پوری ہو جیسا کہ آسمان پر ہے۔"

(متی 6:10)

دعا کے ذریعے، مومنین دنیا کے لیے خدا کے مقاصد میں شریک ہوتے ہیں۔

شفاعت انسانی اثر و رسوخ کے ہر شعبے میں خدا کی حکمت اور حکومت کو دعوت دینے کا ایک طریقہ بن جاتی ہے۔

جب آپ اگلے چالیس دنوں میں دعا کرتے ہیں، تو آپ نہ صرف افراد کے لیے بلکہ **ان ڈھانچوں کے لیے بھی خلا میں کھڑے ہوں گے جو قوموں اور نسلوں کو تشکیل دیتے ہیں۔**

اس دعائیہ گائیڈ کو کیسے استعمال کریں۔

ا س دعائیہ گائیڈ کو **شفاعت کے ایک منظم فریم ورک کے طور پر ڈیزائن کیا گیا ہے** تاکہ مومنین کو کلیسیا، رہنماؤں اور اقوام کے لیے حکمت عملی کے ساتھ دعا کرنے میں مدد ملے۔

اسے **ذاتی طور پر، دعائیہ گروپوں کے اندر، یا کلیسیائی برادریوں کے ذریعے استعمال کیا جا سکتا ہے** جو قوموں کے لیے خلاء میں کھڑے ہونے کی کال محسوس کرتے ہیں۔

گائیڈ کو تین بڑے حصوں میں ترتیب دیا گیا ہے:

1.پورٹل کھولنے اور سیل کرنے کے اعلانات (10 حصے)
40.2 دن کے اسٹریٹجک نماز کے پوائنٹس جو 320 نمازی پوائنٹس پر مشتمل ہیں
3.روزانہ نماز کی آٹھ گھڑیاں - 320 نمازی پوائنٹس

ہر حصہ شفاعت کرنے والے کو اختیار، صف بندی، اور روحانی احاطہ کے ساتھ دعا کے لیے تیار کرنے کے لیے ایک خاص مقصد فراہم کرتا ہے۔

1. پورٹل کھولنے اور سیل کرنے کے اعلانات

روزانہ نماز کے نکات شروع کرنے سے پہلے، کتاب میں **دس پیشن گوئی کی ایکٹیویشن دعائیں دی گئی ہیں** جن کا عنوان ہے:

دعائیہ الفاظ کی ایٹمی طاقت (حصے 1-10)۔

یہ اعلانات کئی مقاصد کو پورا کرتے ہیں:

- مسیح میں روحانی اتھارٹی قائم کریں
- روحانی دائرے میں دعا کے پورٹلز کھولیں • شیطانی مزاحمت اور مداخلت کو توڑیں • شفاعت کرنے والے اور علاقے کے بارے میں پیشن گوئی کے اعلانات جاری کریں
- شفاعت شروع ہونے سے پہلے دعا کے ماحول پر مہر لگائیں

ان اعلانات کی دعا دو طریقوں میں سے کسی ایک طریقے سے کی جا سکتی ہے:

آپشن 1 - آدھی رات کی نماز کی سرگرمی

تمام **دس حصوں کو ایک ساتھ پڑھیں**، دن کے لیے نماز کی گھڑی کھولیں۔

یہ روحانی اتھارٹی قائم کرتا ہے اور دن کی شفاعت کے لیے ماحول تیار کرتا ہے۔

آپشن 2 — دو گھنٹے کی نماز کی گھڑیاں

دن کی روحانی گھڑیوں کا احاطہ کرتے ہوئے **ہر دو گھنٹے میں ایک حصہ** دعا کریں۔

مثال کے طور پر شیڈول:

12:00 AM - 1 حصہ / پورٹل کھلنا

2:00 AM - 24:00 حصہ AM - 36:00 حصہ AM - 48:00 حصہ AM - حصہ
510:00 AM - 612:00 حصہ PM - 72:00 حصہ PM - 84:00 حصہ PM - 84:00 حصہ
PM - (حصہ اعلانات

یہ ڈھانچہ **نماز کی مسلسل کوریج کو برقرار رکھنے میں مدد کرتا ہے۔**

2. 40 دن کی نماز کی گھڑی

اس گائیڈ کا بنیادی مقصد **40 دن کی توجہ مرکوز شفاعت کی مدت ہے** جو ہر سال منایا جاتا ہے:

17 مارچ سے 25 اپریل تک

ان چالیس دنوں کے دوران، مومنوں کو روزہ رکھنے اور دعا کرنے کی ترغیب دی جاتی ہے جیسا کہ رب کی رہنمائی کرتا ہے۔

ہر دن میں شامل ہیں:

- **آٹھ اسٹریٹجک دعائیہ نکات**
- **دو بنیادی صحیفے**
- **اثر کے سات پہاڑوں کے لیے ٹارگٹڈ شفاعت**

چالیس دنوں کے دوران، شفاعت کرنے والا **320 اسٹریٹجک دعائیہ مقامات کی دعا کرے گا۔**

یہ دعائیں روحانی حالات کو متاثر کرتی ہیں:

* چرچ یا مذہبی نظام اور تنظیمیں۔
* میڈیا اور تفریح

کاروبار اور معیشت

خاندان • قومیں • قائدین • ثقافتی نظام •

3. روزانہ کی آٹھ نمازیں

دعائیں **دن کی آٹھ گھڑیوں کے ارد گرد ترتیب دی جاتی ہیں** ، جو مسلسل روحانی چوکنا رہنے کی نمائندگی کرتی ہیں۔

یہ گھڑیاں روایتی طور پر درج ذیل اوقات میں دیکھی جاتی ہیں:

صبح 6:00 صبح

صبح 12:00 شام 3:00 شام 6:00 شام 9:00 شام 12:00 صبح 3:00 بجے 9:00

ان گھڑیوں میں سے ایک کے دوران ہر نماز کے مقام پر دعا کی جاسکتی ہے۔

یہ تال مومنوں کو **دن بھر مسلسل نماز کی کوریج برقرار رکھنے کی اجازت دیتا ہے** -

4. انفرادی طور پر یا اجتماعی طور پر دعا کرنا

اس گائیڈ کو کئی طریقوں سے استعمال کیا جا سکتا ہے:

انفرادی دعا

ایک انفرادی مومن ذاتی عقیدت اور روزے کے دوران گائیڈ کے ذریعے دعا کر سکتا ہے۔

نماز کے گروپس

چھوٹے گروپ نماز کی گھڑیوں کو شرکاء میں تقسیم کر سکتے ہیں، نماز کی مسلسل کوریج کو یقینی بناتے ہوئے

چرچ کی شفاعت

کارپوریٹ روزے کے موسم یا دعائیہ اجتماعات کے دوران چرچ گائیڈ کا استعمال کر سکتے ہیں۔

5. امید کے ساتھ دعا کرنا

جب آپ ان صفحات کے ذریعے دعا کرتے ہیں تو یاد رکھیں کہ شفاعت محض الفاظ کی تلاوت نہیں ہے۔

یہ **دوسروں کی طرف سے خدا کے سامنے کھڑا ہے** -

اس کے ساتھ دعا کریں:

- خدا کے وعدوں پر ایمان
- روح القدس کی رہنمائی کے لیے حساسیت
- یہ توقع کہ خدا قوموں کے معاملات میں مداخلت کرے گا۔

وہی دعوت جس نے اس تفویض کا آغاز کیا تھا آج بھی قائم ہے:

خلا میں کھڑے ہو جاؤ۔

اور وفاداری سے دعا کے ذریعے، خدا کی مرضی **زمین پر پوری ہو جیسا کہ آسمان پر ہے۔**

اقوام کے چوکیداروں کو ایک کال

خدا کے لوگوں کی پوری تاریخ میں، خداوند نے ایسے مردوں اور عورتوں کو اٹھایا ہے جو دوسروں کی طرف سے اس کے سامنے کھڑے ہوئے تھے۔ یہ افراد ہمیشہ بادشاہ، نبی، یا عوامی رہنما نہیں تھے۔ بہت سے لوگ عام مومن تھے جنہوں نے دعا کرنے کے لیے ایک غیر معمولی بوجھ اٹھایا۔

وہ **چوکیدار بن گئے** ۔

ایک چوکیدار چوکس کھڑا ہے جبکہ دوسرے سو رہے ہیں۔ ایک چوکیدار اس کے پہنچنے سے پہلے خطرہ دیکھتا ہے۔ ایک چوکیدار رحم، تحفظ، اور الٰہی مداخلت کے لیے خدا سے فریاد کرتا ہے۔

خُداوند نے حزقی ایل نبی کے ذریعے کہا:

اور میں نے ان میں سے ایک آدمی کی تلاش کی، جو ہیج بنائے اور زمین کے "لیے میرے سامنے خلا میں کھڑا ہو۔"

حزقی ایل 22:30—

خدا آج بھی ایسے لوگوں کو ڈھونڈتا ہے۔

وہ ان لوگوں کو تلاش کرتا ہے جو نہ صرف اپنی ضروریات کے لیے بلکہ کلیسیا کی تقدیر، قوموں کے مستقبل اور معاشروں کی روحانی حالت کے لیے بھی دعا کریں گے۔

یہ دعائیہ گائیڈ ان چوکیداروں میں سے ایک بننے کی دعوت ہے۔

ہو سکتا ہے کہ آپ اکیلے خاموش کمرے میں، دوستوں کے ساتھ دعائیہ جماعت میں، یا چرچ کی کمیونٹی میں نماز پڑھ رہے ہوں۔ اس سے قطع نظر کہ آپ کہاں ہیں، جب آپ ایمان اور اطاعت کے ساتھ دعا کرتے ہیں تو آپ زمین میں خدا کے فدیہ کے کام میں حصہ لیتے ہیں۔

دعا کے ذریعے:

دل نرم ہو جاتے ہیں۔

مضبوط قلعے ٹوٹ جاتے ہیں۔ قائدین الہٰی حکمت سے متاثر ہوتے ہیں۔ اور خدا کے مقاصد قوموں میں آگے بڑھتے ہیں۔

ہر سال 17 مارچ سے 25 اپریل تک نماز کی 40 روزہ گھڑی کے دوران خلاء میں کھڑے ہونے کا عہد کیا ہے ۔

بہت ساری قوموں کے سفارشی ایک مشترکہ بوجھ کے ساتھ مل کر شامل ہو رہے ہیں— چرچ کے لیے، رہنماؤں کے لیے، اور اثر کے سات پہاڑوں کی تبدیلی کے لیے۔

دعائیہ جنگجوؤں کی یہ بڑھتی ہوئی جماعت ایک ساتھ مل کر **دنیا بھر میں لاکھوں شفاعت کرنے والوں کو متحرک کرنے کی کوشش کرتی ہے** جو قوموں کی تقدیر کے لیے خدا کے حضور اپنی آواز بلند کریں گے۔

آپ کو اس کمپنی کا حصہ بننے کے لیے مدعو کیا جاتا ہے۔

جب آپ اس گائیڈ کے ذریعے دعا کرنا شروع کرتے ہیں، یاد رکھیں کہ دعا محض ایک رسم یا مذہبی مشق نہیں ہے۔ دعا خدا کے ساتھ ایک مقدس شراکت ہے۔

روح القدس ہمارے ذریعے دعا کرتا ہے۔

یسوع ہمارے لیے شفاعت کرتا ہے۔ اور باپ اپنے لوگوں کی فریاد سنتا ہے۔

عاجزی، ایمان، اور توقع کے ساتھ ان دعاؤں سے رجوع کریں۔

خُداوند آپ کی روح کو مضبوط کرے، آپ کی سمجھ کو تیز کرے، اور آپ کو خلاء میں وفاداری سے کھڑے ہونے کی طاقت دے۔

کال آج بھی ویسا ہی ہے جیسا کہ ہمیشہ رہا ہے:

دیکھیں اور دعا کریں۔

اور وفادار شفاعت کے ذریعے، خدا کی مرضی **زمین پر پوری ہو جیسا کہ آسمان پر ہے۔**

چالیس دن کی گھڑی میں داخل ہونا

شفاعت کے لیے دل کو تیار کرنا

چالیس دن کی نماز ایک روحانی مشق سے بڑھ کر ہے۔ یہ خدا کے قریب ہونے اور چرچ اور اقوام کے لیے اس کے مقاصد میں حصہ لینے کی دعوت ہے۔

پوری کتاب میں، روزہ اور دعا کے موسم اکثر روحانی پیش رفت، بحالی، اور الٰہی ہدایت کے لمحات سے پہلے ہوتے ہیں۔ یہ موسم ایسے وقت تھے جب خدا کے لوگوں نے اپنے آپ کو عاجز کیا، اس کے چہرے کو تلاش کیا، اور اپنے دلوں کو اس کی مرضی کے ساتھ جوڑ دیا۔

جب آپ اس چالیس دن کی گھڑی میں داخل ہونے کی تیاری کرتے ہیں، تو یہ ضروری ہے کہ اس وقت دل کی صحیح کرنسی کے ساتھ رجوع کریں۔

عاجزی کا وقت

حقیقی شفاعت عاجزی سے شروع ہوتی ہے۔

قوموں، رہنماؤں اور برادریوں کے لیے دعا کرنے سے پہلے، مومنوں کو چاہیے کہ وہ سب سے پہلے اپنے آپ کو خلوص اور کھلے دل کے ساتھ خدا کے سامنے پیش کریں۔

رب نے اعلان کیا:

"اگر میرے لوگ جو میرے نام سے پکارے جاتے ہیں، اپنے آپ کو عاجزی کریں گے، اور دعا کریں گے، اور میرے چہرے کو تلاش کریں گے، اور اپنی بُری راہوں سے باز آئیں گے، تو میں آسمان سے سنوں گا، ان کے گناہوں کو معاف کروں گا، اور ان کی زمین کو شفا دوں گا۔"

(تواریخ 2 7:14)

عاجزی روح القدس کو ہمارے دلوں کی جانچ کرنے اور کسی بھی چیز کو دور کرنے کی اجازت دیتی ہے جو خدا کے ساتھ ہماری رفاقت میں رکاوٹ بن سکتی ہے۔

اس موسم کے دوران، خُداوند سے اپنے دل کو صاف کرنے اور اُس کے تئیں اپنی عقیدت کی تجدید کرنے کے لیے کہیں۔

توبہ کا وقت

شفاعت اکثر توبہ سے شروع ہوتی ہے۔

ڈینیل نے اس کا مظاہرہ اس وقت کیا جب اس نے اسرائیل کی بحالی کے لیے دعا کی۔ اپنی قوم کی ناکامیوں سے خود کو دور کرنے کے بجائے، اس نے رب کے سامنے اپنے گناہوں کا اعتراف کیا۔

"ہم نے گناہ کیا ہے اور بدکاری کی ہے۔"
(دانیال 9:5)

توبہ دل کو اخلاص اور تعظیم کے ساتھ خدا سے رجوع کرنے کے لیے تیار کرتی ہے۔

جب آپ اس چالیس دن کی گھڑی کا آغاز کرتے ہیں، تو خُداوند سے معافی، تجدید، اور روحانی وضاحت مانگنے کے لیے وقت نکالیں۔

صف بندی کا وقت

دعا صرف خدا سے درخواستیں پیش کرنے کے بارے میں نہیں ہے۔ یہ ہمارے دلوں کو اس کے مقاصد کے ساتھ ہم آہنگ کرنے کے بارے میں بھی ہے۔

یسوع نے اپنے شاگردوں کو دعا کرنا سکھایا:

"تیری بادشاہی آئے۔ تیری مرضی زمین پر پوری ہو جیسا کہ آسمان پر ہے۔"
(متی 6:10)

دعا کے اس موسم کے دوران، خُداوند سے اپنے خیالات، خواہشات اور ترجیحات کو اُس کی مرضی کے مطابق کرنے کے لیے کہیں۔

روح القدس کو آپ کی دعاؤں کو چرچ اور اقوام کے لیے خدا کے مقاصد کے مطابق ڈھالنے دیں۔

اتحاد کا وقت

شفاعت خاص طور پر طاقتور ہو جاتی ہے جب مومنین ایک ساتھ مل کر دعا کرتے ہیں۔

ابتدائی کلیسیا نے قابل ذکر کامیابیاں حاصل کیں کیونکہ انہوں نے ایک دل اور ایک مقصد کے ساتھ دعا کی۔

اعمال 12:5 ریکارڈ کرتا ہے:

"پطرس کو جیل میں رکھا گیا تھا، لیکن چرچ کی طرف سے اس کے لیے خدا سے مسلسل دعا کی گئی۔"

متحدہ دعا کے ذریعے، خدا نے مافوق الفطرت مداخلت کو جاری کیا۔

جیسا کہ افراد، دعائیہ گروہ، اور گرجا گھر اس چالیس دن کی گھڑی میں شرکت کرتے ہیں، خدا کی روح مومنین کے درمیان اتحاد کا گہرا احساس پیدا کرے۔

توقع کا وقت

شفاعت مایوسی کا عمل نہیں بلکہ ایمان کا اظہار ہے۔

جب مومنین دعا کرتے ہیں، تو وہ ایک خدا کی دعوت کا جواب دے رہے ہیں جو دعا کو سنتا اور جواب دیتا ہے۔

یرمیاہ 33:3 اعلان کرتا ہے:

"مجھے پکارو، میں تمہیں جواب دوں گا، اور تمہیں وہ عظیم اور زبردست چیزیں دکھاؤں گا جو تم نہیں جانتے۔"

اس چالیس دن کی گھڑی میں امید کے ساتھ داخل ہوں۔

اللہ سے دلوں میں حرکت کرنے کی امید رکھیں۔

الٰہی ملاقاتوں کی توقع کریں۔

بحالی، سمت اور تبدیلی کی توقع کریں۔

ایک مقدس اسائنمنٹ

بیس سالوں سے، 17 مارچ سے 25 اپریل تک دعا کے اس موسم کو چرچ اور اقوام کے لیے شفاعت کے وقف کے طور پر منایا جاتا رہا ہے۔

جو دعا کے لیے ذاتی اذان کے طور پر شروع ہوا تھا وہ اب ہر جگہ مومنین کے لیے اس مقدس کام میں شرکت کی دعوت بن گیا ہے۔

جب آپ اس سفر کا آغاز کرتے ہیں، یاد رکھیں کہ آپ کی دعائیں اہمیت رکھتی ہیں۔

خدا ان لوگوں کی تلاش جاری رکھے گا جو خلا میں کھڑے ہوں گے۔

خدا کرے کہ یہ چالیس روزہ گھڑی آپ کے خدا کے ساتھ تعلق کو گہرا کرے، شفاعت کے لیے آپ کے بوجھ کو مضبوط کرے، اور زمین میں اس کے مقاصد کو جاری کرے۔

اب، آئیے گھڑی شروع کرتے ہیں۔

چالیس روزہ واچ کے لیے بنیادی صحیفے

شفاعت کے ہر موسم کی جڑیں خدا کے کلام میں ہونی چاہئیں۔ دعا اس وقت اختیار حاصل کرتی ہے جب وہ کلام میں نازل کردہ خدا کے وعدوں، مقاصد اور کردار کے مطابق ہوتی ہے۔

مندرجہ ذیل اقتباسات نماز کے اس چالیس روزہ گھڑی کے لیے بائبل کی بنیاد بناتے ہیں۔ یہ صحیفے ہمیں یاد دلاتے ہیں کہ ہم کیوں دعا کرتے ہیں، ہم کیسے دعا کرتے ہیں، اور ہمیں یقین ہے کہ خدا زمین پر کیا کرنا چاہتا ہے۔

جب آپ روزے اور شفاعت کے دنوں میں سفر کرتے ہیں تو اکثر ان حوالوں کی طرف لوٹتے ہیں اور انہیں اپنے ایمان کو مضبوط کرنے اور اپنی دعاؤں کی رہنمائی کرنے دیں۔

خلا میں کھڑے ہونے کی کال

حزقی ایل 22:30

"میں نے ان میں سے ایک آدمی کو ڈھونڈا جو دیوار بنائے اور زمین کے لیے میرے سامنے خلا میں کھڑا ہو تاکہ میں اسے تباہ نہ کروں۔"

خُدا اُن لوگوں کو تلاش کرتا رہتا ہے جو زمین کی طرف سے اُس کے سامنے کھڑے ہوں گے۔

چوکیدار کی ذمہ داری

حزقی ایل 3:18-19

"جب میں شریر سے کہتا ہوں، 'تم ضرور مرو گے،' اور تم اسے کوئی تنبیہ نہیں کرو گے... اس کے خون کا میں تمہارے ہاتھ سے مطالبہ کروں گا۔ پھر بھی اگر تم نے شریر کو خبردار کیا تو تم نے اپنی جان بچائی ہے۔"

شفاعت روحانی نگرانی کی ذمہ داری اٹھاتی ہے۔

خدا کا گھر نماز کے گھر کے طور پر

میتھیو 21:13

"میرا گھر نماز کا گھر کہلائے گا۔"

یسعیاہ 56:7

"میرا گھر تمام قوموں کے لیے دعا کا گھر کہلائے گا۔"

خُدا کی خواہش یہ ہے کہ اُس کے لوگ ایک دعا کرنے والی جماعت بن جائیں جو اُس کی موجودگی میں اقوام کو خوش آمدید کہے۔

مسلسل دعا کی دعوت

لوقا 18:1

"مردوں کو ہمیشہ دعا کرنی چاہیے اور ہمت نہیں ہارنی چاہیے۔"

میتھیو 26:41

"دیکھو اور دعا کرو، ایسا نہ ہو کہ تم آزمائش میں پڑ جاؤ۔"

دعا کے لیے استقامت، چوکسی اور روحانی ہوشیاری کی ضرورت ہوتی ہے۔

شفاعت میں روح القدس کی مدد

رومیوں 8:26

"روح ہماری کمزوریوں میں بھی مدد کرتی ہے... روح خود ہمارے لیے آہوں کے ساتھ شفاعت کرتی ہے جس کا اظہار نہیں کیا جا سکتا۔"

رومیوں 8:34

"مسیح... خدا کے دائیں ہاتھ پر ہے، جو ہمارے لیے شفاعت بھی کرتا ہے۔"

شفاعت کو ہمارے اندر روح القدس اور مسیح کے ذریعہ طاقت حاصل ہے جو باپ کے سامنے ہمارے لئے شفاعت کرتا ہے۔

نماز اور خدمت میں دلیری

اعمال 4:29-30

"اپنے بندوں کو عطا فرما کہ وہ پوری دلیری کے ساتھ تیرا کلام بولیں... کہ تیرے مقدس بندے یسوع کے نام سے نشانیاں اور عجائبات ظاہر ہوں۔"

ابتدائی چرچ نے ہمت اور امید کے ساتھ دعا کی۔

کارپوریٹ دعا کی طاقت

اعمال 12:5

"پطرس کو جیل میں رکھا گیا تھا، لیکن چرچ کی طرف سے اس کے لیے خدا سے مسلسل دعا کی گئی۔"

کارپوریٹ شفاعت نے الٰہی مداخلت جاری کی۔

دعا میں خدا کا انتظار کرنا

لوقا 6:12

"وہ نماز کے لیے پہاڑ پر نکلا، اور ساری رات خدا سے دعا کرتا رہا۔"

زبور 37:7

"رب میں آرام کرو، اور صبر سے اس کا انتظار کرو۔"

سچی شفاعت کے لیے اکثر خدا کا انتظار کرنا پڑتا ہے۔

توبہ اور قومی بحالی

دانی ایل 3:9-4

"میں نے اپنا چہرہ خداوند خدا کی طرف رکھا ہے کہ میں روزے کے ساتھ دعا اور التجا کے ذریعہ درخواست کروں۔"

2 تواریخ 7:14

"اگر میرے لوگ جو میرے نام سے پکارے جاتے ہیں، اپنے آپ کو عاجزی کریں، اور دعا کریں... تو میں آسمان سے سنوں گا اور ان کی زمین کو شفا دوں گا۔"

قومی بحالی اکثر توبہ اور دعا سے شروع ہوتی ہے۔

روحانی جنگ

افسیوں 6:18

"ہر وقت پوری دعا اور دعا کے ساتھ روح میں دعا کرنا۔"

دعا روحانی جنگ میں بنیادی ہتھیاروں میں سے ایک ہے۔

قائدین اور قوموں کے لیے دعا

رومیوں 15:30-31

"میرے لیے خدا سے دعاؤں میں میرے ساتھ مل کر کوشش کرو۔"

2 تھسلنیکیوں 3:1

"ہمارے لیے دعا کرو، کہ خُداوند کا کلام تیزی سے چلے اور جلال پائے۔"

صحیفہ بار بار مومنوں کو رہنماؤں اور انجیل کی ترقی کے لیے دعا کرنے کو کہتا ہے۔

آنے والی خدا کی بادشاہی کے لیے دعا

میتھیو 6:10

"تیری بادشاہی آئے - تیری مرضی زمین پر پوری ہو جیسا کہ آسمان پر ہے۔"

یہ دعا ہر نسل کے لیے شفاعت کا مرکزی فریاد بنی ہوئی ہے۔

بحالی کا خدا کا وعدہ

یرمیاہ 31:11-12

"خداوند نے یعقوب کو چھڑایا اور اس کا فدیہ دیا۔"

خُدا کے مقاصد بالآخر نجات اور بحالی کی طرف لے جاتے ہیں۔

قوموں پر خدا کا اختیار

یسعیاہ 9:6-7

"اس کی حکومت اور امن کے اضافے کا کوئی خاتمہ نہیں ہوگا۔"

مسیح قوموں پر حکمرانی کرتا ہے، اور اُس کی بادشاہی پھیلتی جا رہی ہے۔

حق پرستوں کی فتح

زبور 92:8

"لیکن آپ، خداوند، ابد تک بلندی پر ہیں۔"

آخری فتح اللہ کی ہے۔

شفاعت کے لیے ایک کال

ابراہام سے شہروں کے لیے التجا کرنے سے لے کر، موسیٰ کے اسرائیل کے لیے کھڑے ہونے تک، بحالی کے لیے دانیال کی دعا کرنے تک، یسوع اور روح القدس کی طرف سے جو مومنوں کے لیے شفاعت کرتے ہیں، صحیفہ مسلسل دعا کی طاقت کو ظاہر کرتا ہے۔

یہ چالیس دن کی دعا بائبل کی روایت کو جاری رکھے ہوئے ہے۔

دعا ہے کہ یہ صحیفے آپ کے ایمان کو مضبوط کریں جب آپ چرچ، رہنماؤں اور اقوام کے لیے شفاعت کی اس گھڑی میں داخل ہوں گے۔

40 دن کی اسٹریٹجک جنگ کی دعا

دن 1 - شفاعت کی قربان گاہ کو بلند کرنا

ص

حیفے: حزقی ایل 22:30؛ لوقا 18:1

حزقی ایل 22:30

نیا کنگ جیمز ورژن (NKJV)

"اور میں نے اُن میں سے ایک آدمی کو ڈھونڈا جو دیوار بنائے اور زمین کی طرف سے میرے سامنے خلا میں کھڑا ہو تاکہ میں اُسے تباہ نہ کروں لیکن مجھے کوئی نہیں ملا۔"

پیغام (MSG)

میں نے کسی ایسے شخص کی تلاش کی جو اس سب کے خلاف میرے لیے کھڑا" ہو، شہر کے دفاع کو ٹھیک کرے، میرے لیے کھڑا ہو اور اس زمین کی حفاظت کے لیے خلا میں کھڑا ہو تاکہ مجھے اسے تباہ نہ کرنا پڑے۔

"مجھے کوئی نہیں ملا۔

لوقا 18:1

نیا کنگ جیمز ورژن (NKJV)

"پھر اُس نے اُن سے ایک تمثیل سنائی کہ آدمیوں کو ہمیشہ دعا کرنی چاہیے اور ہمت نہیں ہارنی چاہیے۔"

پیغام (MSG)

"یسوع نے انہیں ایک کہانی سنائی جس سے ظاہر ہوتا ہے کہ ان کے لیے مسلسل دعا کرنا ضروری ہے اور کبھی نہیں چھوڑنا چاہیے۔"

صبح 6 بجے باپ، مجھے ایک ایسے شخص کے طور پر ابھاریں جو خلا میں کھڑا ہو، خلاف ورزیوں کی مرمت کرے، اور روزے کے اس موسم میں روحانی بے راہ روی سے انکار کرے۔

صبح 9 بجے میں اپنی روح، روح اور جسم کو چوکسی شفاعت کی وزارت کے لیے مخصوص کرتا ہوں۔ خلفشار کی ہر قربان گاہ کو گرا دیا جائے۔

دوپہر 12 بجے آپ کے چرچ پر دعا کی آگ کو دوبارہ جلائے جانے دیں جب تک کہ نماز ایک پروگرام بننا بند کر دے اور ایک مسکن بن جائے۔

دوپہر 3 بجے میں نیند، بے حسی اور تاخیر سے معاہدہ توڑتا ہوں۔ مجھے اس وقت تک دعا کرنے کی طاقت ملتی ہے جب تک کہ آسمان جواب نہیں دیتا۔

شام 6 بجے رب، میری زندگی کو بخور کا گھر، رسائی کا دروازہ، اور حلال قربان گاہ بنا دے جہاں آپ کے مقاصد نافذ ہوں۔

رات 9 بجے میرے خاندان، گرجا گھر، شہر اور قوم میں ہونے والی ہر خرابی کو خدا کی رحمت سے ٹھیک کیا جائے کیونکہ میں خداوند کے سامنے کھڑا ہوں۔

صبح 12 بجے میں حکم دیتا ہوں کہ یہ روزہ بغیر طاقت کے رسم نہیں ہو گا۔ یہ روح میں حرکت اور زمین میں ظہور پیدا کرے گا۔

3 بجے اے خُدا، مجھ میں ایک رضامند شفاعت کرنے والا تلاش کر اور میری آواز کو بحالی، بیداری اور نجات کے لیے تیرے سامنے غالب آنے دو۔

دن 2 - چوکنا اور روحوں کا بوجھ

صحیفے: حزقی ایل 3:18-21؛ میتھیو 26:41

حزقی ایل 3:18-21

نیا کنگ جیمز ورژن (NKJV)

"جب میں شریر سے کہتا ہوں، 'تو ضرور مر جائے گا،' اور آپ اسے کوئی تنبیہ نہیں کریں گے، اور نہ ہی اس کی جان بچانے کے لیے شریر کو اس کی بری راہ سے متنبہ کرنے کے لیے بات کریں گے، تو وہی شریر اپنی بدکرداری میں مرے گا؛ لیکن میں اس کے خون کا تیرے ہاتھ سے مطالبہ کروں گا۔

پھر بھی، اگر تُو شرِیر کو تنبیہ کرے اور وہ اپنی شرارت اور بُری راہ سے باز نہ آئے تو وہ اپنی بدکرداری میں مرے گا۔ لیکن تم نے اپنی جان کو بچایا ہے۔

پھر، جب کوئی راست باز اپنی راستبازی سے باز آئے اور بدکاری کرے اور میں اُس کے سامنے ٹھوکر کا راستہ رکھوں تو وہ مر جائے گا۔ کیونکہ تُو نے اُسے تنبیہ نہیں کی، اِس لیے وہ اپنے گناہ میں مر جائے گا، اور اُس کی راستبازی جو اُس نے کی ہے یاد نہیں رکھی جائے گی۔ لیکن میں اس کا خون تیرے ہاتھ سے مانگوں گا۔

پھر بھی اگر آپ راستباز آدمی کو متنبہ کرتے ہیں کہ صادق کو گناہ نہیں کرنا چاہیے اور وہ گناہ نہیں کرتا تو وہ ضرور زندہ رہے گا کیونکہ اس نے تنبیہ کی تھی۔ تم نے بھی اپنی جان چھڑائی ہو گی۔"

پیغام (MSG)

"اگر میں بدکاروں کو خبردار کروں، 'تم موت کے تیز راستے پر ہو!' اور تم بات نہیں کرتے اور اسے اپنے طریقے بدلنے کی تنبیہ نہیں کرتے، بدکار اپنے گناہ میں بے خبر مر جائے گا، اور میں تمہیں ذمہ دار ٹھہراؤں گا۔

لیکن اگر تم نے شریر کو خبردار کیا اور وہ اپنی راہیں بدلنے سے انکار کر دے تو وہ اپنے گناہ میں مر جائے گا لیکن تم نے اپنی جان بچائی ہو گی۔

اور اگر کوئی نیک آدمی نیکی سے منہ موڑے اور غلط کام کرے اور میں اس کے راستے میں رکاوٹ ڈالوں اور وہ مر جائے تو تم ذمہ دار ہو اگر تم نے اسے تنبیہ نہیں کی۔ وہ اپنے گناہ کی وجہ سے مر جائے گا اور جو اچھائی اس نے پہلے کی تھی وہ بے شمار ہو گی۔ اور میں تمہیں ذمہ دار ٹھہراؤں گا۔

لیکن اگر آپ اچھے آدمی کو گناہ نہ کرنے کی تنبیہ کرتے ہیں اور وہ سنتا ہے اور گناہ نہیں کرتا ہے، تو وہ زندہ رہے گا کیونکہ اس نے آپ کی وارننگ کو سنجیدگی سے لیا تھا۔ اور آپ نے اپنی جان بچائی ہوگی۔"

میتھیو 26:41

نیا کنگ جیمز ورژن (NKJV)

"جاگتے رہو اور دعا کرتے رہو، ایسا نہ ہو کہ تم آزمائش میں پڑ جاؤ۔ روح بے شک تیار ہے، لیکن جسم کمزور ہے۔"

پیغام (MSG)

"خبردار رہو؛ نماز میں رہو تاکہ یہ جانتے ہوئے بھی کہ آپ خطرے میں ہیں آزمائش میں نہ بھٹکیں۔ آپ میں سے ایک حصہ ایسا ہے جو بے تاب ہے، خدا میں کسی بھی چیز کے لیے تیار ہے، لیکن ایک اور حصہ ایسا ہے جو آگ میں سوئے ہوئے بوڑھے کتے کی طرح کاہل ہے۔"

صبح 6 بجے باپ، مجھے ایک وفادار چوکیدار بنا دے جو اس وقت خاموش نہیں رہے گا جب تقدیر، خاندان اور قومیں توازن میں لٹک رہی ہوں۔

صبح 9 بجے میں نماز کی جگہ میں لاپرواہی کو مسترد کرتا ہوں۔ مجھے خطرے کے ظاہر ہونے سے پہلے ہی اسے دیکھنے کی سمجھ آتی ہے۔

دوپہر 12 بجے کھوئے ہوئے، پسماندہ، اور روحانی طور پر زخمیوں کا بوجھ مقدس وزن کے ساتھ مجھ پر ڈال دیں۔

دوپہر 3 بجے بے نمازی کا ہر جذبہ جو میری گھڑی کو کمزور کرنے کے لیے تفویض کیا گیا ہے، اپنی گرفت کھو دیں اور یسوع مسیح کے رب کے سامنے جھک جائیں۔

شام 6 بجے میں حکم دیتا ہوں کہ میری آنکھیں کھلی رہیں گی، میرے کان تربیت یافتہ ہوں گے، اور میری روح الہی انتباہات کے لیے ہوشیار رہے گی۔

رات 9 بجے رب، اس گھڑی میں اپنے چرچ کو سمجھوتہ، بہکاوے اور شیطانی دراندازی کے خلاف چوکنا بنائیں۔

12 بجے میں مقدسوں کو نشانہ بنائے جانے والے اندھیرے کے ہر گھات کے خلاف کھڑا ہوں، اور میں پوشیدہ سازشوں کے خلاف الہی مداخلت کا مطالبہ کرتا ہوں۔

صبح 3 بجے باپ، اس روزہ کو میرے چوکیدار کی چادر کو تیز کرنے دیں جب تک کہ میں درستگی، اختیار، اور غالب برداشت کے ساتھ دعا نہ کروں۔

دن 3 - نماز کا گھر بحال ہوا۔

ص

حیفے: متی 21:13؛ یسعیاہ 56:7

میتھیو 21:13

نیا کنگ جیمز ورژن (NKJV)

"اور اُس نے اُن سے کہا،
یہ لکھا ہے کہ میرا گھر دعا کا گھر کہلائے گا، لیکن تم نے اُسے چوروں کا اڈہ بنا دیا ہے۔"

پیغام (MSG)

اس نے کہا، "صحیفہ ہے کہ
میرا گھر دعا کا گھر کہلائے گا،
تم نے اسے چوروں کے ٹھکانے میں تبدیل کر دیا ہے۔"

یسعیاہ 56:7

نیا کنگ جیمز ورژن (NKJV)

"اُن کو بھی مَیں اپنے مقدس پہاڑ پر لاؤں گا،
اور اُن کو اپنے نماز کے گھر میں خوش کروں گا۔ اُن کی سوختنی قربانیاں اور اُن کی قربانیاں میری قربان گاہ پر قبول ہوں گی؛ کیونکہ میرا گھر تمام قوموں کے لیے دعا کا گھر کہلائے گا۔"

پیغام (MSG)

"میں انہیں اپنے مقدس پہاڑ پر لاؤں گا
اور انہیں اپنے نماز کے گھر میں خوشی بخشوں گا۔ وہ پوجا کرنے کے لئے خوش آمدید ہوں گے - اندر کے لوگوں کی طرح، میری قربان گاہ پر بھسم ہونے والی قربانیاں اور قربانیاں لانے کے لئے۔
اوہ ہاں! میرا عبادت گاہ
تمام لوگوں کے لیے عبادت گاہ کے طور پر جانا جاتا ہے۔"

صبح 6 بجے رب، اپنے گھر کو صاف کریں اور سچی دعا، پاکیزگی اور طاقت کے خلاف ہر قسم کی ناپاکی کو دور کریں۔

صبح 9 بجے روحانی بھوک کے ہر چور کو یسوع کے نام پر میری زندگی، میرے گھر اور چرچ سے نکال باہر کیا جائے۔

دوپہر 12 بجے میں حکم دیتا ہوں کہ دعا کی قربان گاہ خدا کی طرف سے مقرر کردہ ہر جماعت، وزارت اور گھرانے میں اٹھے گی۔

3pm ہر تجارتی جذبہ جو عبادت کو خراب کرتا ہے اور مقدس چیزوں کی بے حرمتی کرتا ہے، خدا کی آگ سے پرکھا جائے۔

شام 6 بجے باپ، اپنے لوگوں کی حرمت میں تعظیم، ٹوٹ پھوٹ اور رب کا خوف بحال کریں۔

رات 9 بجے عبادت گاہوں، منبروں اور گھروں کو جلال کے پورٹلز بننے دیں جہاں مسیح تخت نشین ہوتا ہے اور گوشت مسخر کیا جاتا ہے۔

صبح 12 بجے میں ایک ایسی نسل کو بلاتا ہوں جو کارکردگی سے زیادہ آپ کی موجودگی اور تالیوں سے زیادہ آپ کی آواز کو پسند کرتی ہے۔

3am اے خُداوند، اپنے چرچ کو تمام قوموں کے لیے دعا کا گھر بنائیں، اور قربان گاہ سے حیات نو کو پھوٹنے دیں۔

دن 4 - کراہنا جو غالب ہے۔

ص

حیفے: رومیوں 8:26،34؛ لوقا 6:12

رومیوں 8:26

نیا کنگ جیمز ورژن (NKJV)

" اسی طرح روح بھی ہماری کمزوریوں میں مدد کرتا ہے۔ کیونکہ ہم نہیں جانتے کہ ہمیں کس چیز کے لیے دعا کرنی چاہیے، لیکن روح خود آہوں کے ساتھ ہماری شفاعت کرتی ہے جو بیان نہیں کی جا سکتی۔"

پیغام (MSG)

"دریں اثنا، جس لمحے ہم انتظار میں تھک جاتے ہیں، خدا کی روح ہماری مدد کرنے کے ساتھ ساتھ ہے۔ اگر ہم نہیں جانتے کہ کس طرح اور کیا دعا کرنی ہے، تو اس سے کوئی فرق نہیں پڑتا۔ وہ ہمارے اندر اور ہمارے لیے دعا کرتا ہے، ہماری بے زبان آہوں، ہماری دردناک آہوں سے دعا کرتا ہے۔"

رومیوں 8:34

نیا کنگ جیمز ورژن (NKJV)

"وہ کون ہے جو مذمت کرتا ہے؟ یہ مسیح ہے جو مر گیا، اور مزید جی اُٹھا، جو خدا کے دہنے ہاتھ پر ہے، جو ہماری شفاعت بھی کرتا ہے۔"

پیغام (MSG)

31-39 تو، آپ کا کیا خیال ہے؟ اس طرح خدا ہمارے ساتھ ہے، ہم کیسے ہار سکتے ہیں؟ اگر خُدا نے ہمارے لیے ہر چیز کو ترتیب دینے میں، ہماری حالت کو قبول کرنے اور اپنے ہی بیٹے کو بھیج کر اپنے آپ کو بدترین سے بے نقاب کرنے میں ہچکچاہٹ محسوس نہیں کی، تو کیا کوئی اور چیز ہے جو وہ خوشی اور آزادی سے ہمارے لیے نہیں کرے گا؟ اور خدا کے چنے ہوئے میں سے ایک کے ساتھ گڑبڑ کرکے خدا کے ساتھ الجھنے کی ہمت کون کرے گا؟ کون انگلی اٹھانے کی جرات کرے گا؟ وہ جو ہمارے لیے مر گیا — جو ہمارے لیے زندہ کیا گیا! — اس وقت خدا کے حضور ہمارے لیے کھڑا ہے۔ کیا آپ کو لگتا ہے کہ کوئی بھی ہمارے اور ہمارے لیے مسیح کی محبت کے درمیان پچر ڈالنے کے قابل ہو گا؟ کوئی راستہ نہیں ہے! مصیبت نہیں، مشکل وقت نہیں، نفرت نہیں، بھوک نہیں، بے گھر نہیں، دھونس دھمکیاں نہیں، پیٹھ میں چھرا مارنا نہیں، یہاں تک کہ صحیفہ میں درج بدترین گناہ بھی نہیں:

وہ ہمیں سرد خون میں مارتے ہیں کیونکہ وہ آپ سے نفرت کرتے ہیں۔
ہم بطخیں بیٹھے ہیں؛ وہ ہمیں ایک ایک کرکے اٹھا لیتے ہیں۔
اس میں سے کوئی بھی ہمیں پریشان نہیں کرتا کیونکہ یسوع ہم سے پیار کرتا ہے۔
مجھے پورا یقین ہے کہ کچھ بھی نہیں - زندہ یا مردہ، فرشتہ یا شیطانی، آج یا کل، اونچی یا نیچ، سوچنے کے قابل یا ناقابل تصور - بالکل کچھ بھی ہمارے اور خدا کی محبت کے درمیان نہیں آسکتا کیونکہ یسوع ہمارے آقا نے ہمیں گلے لگایا ہے۔

صبح 6 بجے روح القدس، میری کمزوریوں کی مدد کریں اور مجھے انسانی حدود، جذباتی تھکاوٹ اور ذہنی کمزوری سے بالاتر ہوکر دعا کرنا سکھائیں۔

صبح 9 بجے مسیح کی شفاعت میری درخواستوں کو مضبوط کرے جب تک کہ میری دعائیں خدا کی مرضی کے مطابق نہ ہوں۔

دوپہر 12 بجے مجھے دعا میں رہنے کا فضل حاصل ہوتا ہے جب تک کہ الہی لین دین روح میں مکمل نہ ہو جائے۔

دوپہر 3 بجے میری دعائیہ زندگی کے خلاف دشمن کا ہر الزام خدا کے دائیں ہاتھ پر عیسیٰ کی شفاعت سے منسوخ ہو جاتا ہے۔

شام 6 بجے رب، میری آہوں، میرے آنسوؤں، اور میری کراہوں کو اپنے عرش کے سامنے موثر شفاعت میں ترجمہ کریں۔

9pm میں اتھلی دعا کو مسترد کرتا ہوں؛ میں مصیبت کی اتھاہ گہرائیوں میں داخل ہوتا ہوں جہاں بادشاہتیں بدل جاتی ہیں اور قیدیوں کو رہا کیا جاتا ہے۔

صبح 12 بجے ہر بند دروازے سے مزاحمت کرنے والے جوابات ملنے لگیں کیونکہ روح میرے ذریعے شفاعت کرتی ہے۔

صبح 3 بجے باپ، مجھے مروجہ دعا کے اسرار میں اس وقت تک سکھائیں جب تک میں آسمانی زبان سے آسمانی بوجھ نہ اٹھاؤں۔

دن 5 - دباؤ کے تحت دلیری

ص

حیفے: اعمال 29:4-30؛ 2 تھسلنیکیوں 1:3-2

اعمال 29:4-30

نیا کنگ جیمز ورژن (NKJV)

"اب، اے خُداوند، اُن کی دھمکیوں کو دیکھو، اور اپنے بندوں کو عطا کر کہ وہ پوری دلیری کے ساتھ تیرا کلام سنائیں،
شفا دینے کے لیے تیرا ہاتھ بڑھا کر، اور یہ کہ تیرے مُقدّس خادم یسوع کے نام سے نشانیاں اور عجائبات ظاہر ہوں۔"

پیغام (MSG)

اعمال 29:4-31 (وضاحت کے لیے سیاق و سباق)

"اور اب وہ دوبارہ اس پر آ گئے ہیں! ان کی دھمکیوں کا خیال رکھیں اور اپنے خادموں کو اپنے پیغام کی تبلیغ میں بے خوف اعتماد دلائیں،
جیسا کہ آپ نے اپنے مقدس بندے یسوع کے نام پر شفا یابی اور معجزات اور عجائبات میں اپنا ہاتھ بڑھایا ہے۔"

جب وہ نماز پڑھ رہے تھے تو وہ جگہ جہاں وہ مل رہے تھے کانپ اٹھی۔ وہ سب روح القدس سے معمور تھے اور بے خوف اعتماد کے ساتھ خدا کا کلام کہتے رہے۔

2 تھسلنیکیوں 1:3-2

نیا کنگ جیمز ورژن (NKJV)

"آخر میں، بھائیو، ہمارے لیے دعا کریں، کہ خُداوند کا کلام تیزی سے چلے اور جلال پائے، جیسا کہ یہ آپ کے ساتھ ہے
اور ہم بے عقل اور شریر آدمیوں سے نجات پائیں؛ کیونکہ سب ایمان نہیں رکھتے۔"

پیغام (MSG)

2 تھسلنیکیوں 1:3-3 (وضاحت کے لیے سیاق و سباق)

"ایک اور بات، دوستو: ہمارے لیے دعا کریں، دعا کریں کہ ماسٹر کا کلام آسانی سے اُٹھے اور پورے ملک میں ردعمل کی بنیاد پر دوڑ لگا دے، جیسا کہ آپ کے درمیان ہوا ہے۔ اور دعا کریں کہ ہمیں ان بدمعاشوں سے نجات مل جائے جو ہمیں اندر جانے کی کوشش کر رہے ہیں۔ ہر کسی میں ایسا کرنے کی طاقت نہیں ہے۔

لیکن مالک ہمیں کبھی مایوس نہیں کرتا۔ وہ آپ کے ساتھ رہے گا اور آپ کو برائی سے بچائے گا۔"

صبح 6 بجے رب، دشمن کی دھمکیوں کو دیکھ اور اپنے بندوں کو بے خوف بولنے، دعا کرنے اور عمل کرنے کی ہمت عطا فرما۔

صبح 9 بجے میں حکم دیتا ہوں کہ دھمکی مجھے خاموش نہیں کرے گی، اور مزاحمت مجھے کم نہیں کرے گی۔

دوپہر 12 بجے اپنے ہاتھ کو شفا دینے، نجات دلانے اور اپنے کلام کی تصدیق کے لیے ان نشانات کے ساتھ کریں جو یسوع مسیح کو سربلند کرتے ہیں۔

سہ پہر 3 بجے خُداوند کے کلام کو ہمارے گرجا گھروں، شہروں اور اقوام میں تیزی سے چلنے دیں اور ہر شیطانی رکاوٹ کو توڑ دیں۔

شام 6 بجے اپنے لوگوں کو غیر معقول اور شریر لوگوں سے نجات دلائیں جو سچائی، راستبازی اور انصاف کے خلاف جنگ کرتے ہیں۔

رات 9 بجے میں خوف کی کمر توڑتا ہوں اور مسیح کے جسم میں پیدا ہونے کے لیے ہمت، وضاحت، اور رسولی اختیار کا حکم دیتا ہوں۔

12am بادشاہی ترقی کے خلاف تاریکی کا ہر مشورہ خُدا کے دم سے بکھر جاتا ہے۔

صبح 3 بجے باپ، مخالفت کو اپنی شان کے لیے ایک پلیٹ فارم میں بدل دیں اور ظلم و ستم کو خوشخبری کے پھیلاؤ کی خدمت کرنے دیں۔

دن 6 - فرشتہ مداخلت اور مافوق الفطرت رہائی

ص

حیفے: اعمال 5:12-9؛ لوقا 10:19

اعمال 5:12-9

نیا کنگ جیمز ورژن (NKJV)

اس لیے پیٹر کو جیل میں رکھا گیا تھا، لیکن چرچ کی طرف سے اس کے لیے خدا سے مسلسل دعا کی گئی۔

اور جب ہیرودیس اُسے باہر لانے والا تھا تو اُس رات پطرس سو رہا تھا اور دو سپاہیوں کے درمیان دو زنجیروں سے جکڑا ہوا تھا۔ اور دروازے کے سامنے پہرے دار قید خانے کی حفاظت کر رہے تھے۔

اب دیکھو، خُداوند کا ایک فرشتہ اُس کے پاس کھڑا تھا، اور جیل میں روشنی چمکی۔ اور اُس نے پطرس کو پہلو پر مارا اور اُسے اُٹھا کر کہا، ”جلدی اُٹھ!“ اور اس کی زنجیریں اس کے ہاتھوں سے گر گئیں۔

تب فرشتے نے اُس سے کہا، "اپنے آپ کو باندھ اور اپنی جوتیوں پر باندھ لو"۔ اور اس نے کیا۔ اور اُس سے کہا، "اپنا لباس پہن اور میرے پیچھے ہو لے۔

پس وہ باہر نکل کر اس کے پیچھے ہو لیا اور یہ نہیں جانتا تھا کہ جو کچھ فرشتہ نے کیا ہے وہ سچ ہے لیکن سوچا کہ وہ رویا دیکھ رہا ہے۔

پیغام (MSG)

اعمال 5:12-11 (وضاحت کے لیے سیاق و سباق)

ہر وقت جب پیٹر جیل ہاؤس میں سخت پہرے میں تھا، چرچ اس کے لیے انتہائی سختی سے دعا کرتا تھا۔

پھر ہیرودیس کے لیے وقت آیا کہ وہ اسے عوامی مقدمے کے لیے باہر لائے۔ اُس رات اگرچہ پطرس کو دو سپاہیوں کے ساتھ جکڑ دیا گیا تھا، ایک دونوں طرف، اور دروازے پر پہرے دار جگہ پر نظریں جمائے ہوئے تھے، پطرس ایک بچے کی طرح سو گیا۔

اچانک اس کے پہلو میں ایک فرشتہ آیا اور کمرے میں روشنی پھیل گئی۔ فرشتے نے پطرس کو ہلا کر اُٹھایا۔ "جلدی کرو!" انہوں نے کہا۔

ہتھکڑیاں اس کی کلائیوں سے اتر گئیں۔
فرشتے نے کہا کہ کپڑے پہن لو، جوتے پہن لو۔

پیٹر نے کیا۔
"اپنا کوٹ اپنے کندھوں پر ڈالو اور میرے پیچھے چلو۔"
پطرس نے اس کا پیچھا کیا، لیکن یقین نہیں آیا کہ یہ واقعی کوئی فرشتہ ہے۔ اس نے سوچا کہ وہ چیزیں دیکھ رہا ہے۔

لوقا 10:19

نیا کنگ جیمز ورژن (NKJV)

"دیکھو، میں تمہیں سانپوں اور بچھوؤں کو روندنے کا اختیار دیتا ہوں، اور دشمن کی تمام طاقت پر قابو پاتا ہوں، اور کوئی چیز تمہیں نقصان نہیں پہنچا سکتی۔"

پیغام (MSG)

لوقا 18:10-20 (وضاحت کے لیے سیاق و سباق)
یسوع نے کہا، "میں جانتا ہوں، میں نے شیطان کو گرتے دیکھا، آسمان سے بجلی کی چمک۔

دیکھو میں نے تمہیں کیا دیا ہے؟ سانپوں اور بچھوؤں پر چلتے ہوئے محفوظ راستہ اور دشمن کے ہر حملے سے تحفظ آپ کو کچھ بھی تکلیف نہیں دے گا۔

اسی طرح، عظیم فتح برائی پر آپ کے اختیار میں نہیں ہے، بلکہ آپ پر خدا کے اختیار اور آپ کے ساتھ موجودگی میں ہے۔ وہ نہیں جو آپ خدا کے لیے کرتے ہیں، بلکہ جو کچھ خدا آپ کے لیے کرتا ہے - یہ خوشی منانے کا ایجنڈا ہے۔

صبح 6 بجے خُداوند، جیسا کہ پطرس کے لیے پُرجوش دعا کی گئی تھی، بادشاہی کے مقصد کے لیے مقرر کردہ ہر اسیر سے زنجیریں ٹوٹ جائیں۔

صبح 9 بجے میں خوف، لت، جادو ٹونے، غلطی، اور روحانی جبر کی وجہ سے قید ہونے والوں کے لیے مافوق الفطرت رہائی کا حکم دیتا ہوں۔

دوپہر 12 بجے فرشتوں کی مداخلت کو ایسے حالات میں پیدا ہونے دیں جہاں انسانی مدد ناکام ہو گئی ہے اور اندھیرے کا خیال ہے کہ یہ غالب آ گیا ہے۔

دوپہر 3 بجے لوہے کا ہر دروازہ جو خدا کی ترقی کے خلاف مزاحمت کرتا ہے، خدا کی قدرت کے سامنے اپنی مرضی سے کھلا۔

شام 6 بجے میں سانپوں، بچھوؤں اور دشمن کی ساری طاقت کو روندتا ہوں۔ کسی بھی طرح سے خدا کے حکم کے خلاف کوئی چیز غالب نہیں ہوگی۔

رات 9 بجے باپ، سوئی ہوئی تقدیر کو جگائیں اور اپنے لوگوں کو پوشیدہ جیلوں سے آزادی اور تفویض کی طرف لے جائیں۔

صبح 12 بجے میرے، میرے خاندان اور چرچ کے خلاف خفیہ جگہوں پر جعل سازی کی گئی ہر زنجیر اب یسوع کے نام پر ٹوٹ جائے۔

3am معجزانہ نجات کی گواہی کو بڑھنے دیں، اور چرچ کو فرشتوں کی مدد کی وزارت کے بارے میں دوبارہ آگاہ کریں۔

ساتواں دن - منتظر لوگ، جلتے ہوئے چراغ

حیفے: لوقا 2:25-38؛ زبور 37:7

ص

لوقا 2:25-38

نیا کنگ جیمز ورژن (NKJV)

اور دیکھو، یروشلم میں ایک آدمی تھا جس کا نام شمعون تھا، اور یہ آدمی راستباز اور دیندار تھا، اسرائیل کی تسلی کا انتظار کر رہا تھا، اور روح القدس اس پر تھا۔

اور روح القدس کے وسیلہ سے اُس پر ظاہر کیا گیا تھا کہ جب تک وہ خُداوند کے مسیح کو نہ دیکھ لے موت کو نہیں دیکھے گا۔

چنانچہ وہ روح کے ذریعے ہیکل میں آیا۔ اور جب والدین بچے یسوع کو شریعت کے رواج کے مطابق اس کے لیے کرنے کے لیے لائے، تو اس نے اسے اپنی بانہوں میں لے لیا اور خدا کی دعا کی اور کہا:

"اے خُداوند، اب تُو اپنے بندے کو اپنے کلام کے مطابق سلامتی کے ساتھ جانے دے رہا ہے

؛ کیونکہ میری آنکھوں نے تیری نجات دیکھی ہے جو تُو نے تمام لوگوں کے سامنے تیار کی ہے، غیر قوموں پر وحی لانے کے لیے روشنی، اور اپنی قوم اسرائیل کا جلال۔"

اور جوزف اور اُس کی ماں اُن باتوں پر حیران ہوئے جو اُس کے بارے میں کہی گئی تھیں۔

تب شمعون نے اُن کو برکت دی، اور اپنی ماں مریم سے کہا، "دیکھو، یہ بچہ اسرائیل میں بہتوں کے زوال اور عروج کے لیے ہے، اور ایک نشان کے لیے ہے جس کے خلاف کہا جائے گا (ہاں، ایک تلوار تمہاری جان میں بھی چھید جائے گی)، تاکہ بہت سے دلوں کے خیالات ظاہر ہوں۔"

اب وہاں ایک تھی، انا، ایک نبیہ، فانوایل کی بیٹی، آشر کے قبیلے سے۔ وہ بڑی عمر کی تھی، اور اپنے کنواری ہونے سے سات سال ایک شوہر کے ساتھ رہ چکی تھی۔

اور یہ عورت تقریباً چوراسی برس کی بیوہ تھی جو ہیکل سے نہیں نکلی بلکہ روزے اور دعا کے ساتھ رات دن خدا کی عبادت کرتی تھی۔

اور اُسی لمحے آکر اُس نے خُداوند کا شُکر کِیا اور اُن سب سے اُس کا ذکر کیا جو یروشلیم میں چھٹکارے کے خواہاں تھے۔

پیغام (MSG)

لوقا 38-2:25 (بہاؤ کے لئے سیاق و سباق)

اُس وقت یروشلم میں شمعون نام کا ایک آدمی رہتا تھا۔ وہ ایک اچھا آدمی تھا، دعا کرنے والا آدمی، اسرائیل کے لیے مدد کا منتظر تھا۔ روح القدس اس پر تھا۔

روح القدس نے اسے دکھایا تھا کہ وہ مرنے سے پہلے خدا کے مسیح کو دیکھے گا۔ روح کی قیادت میں، وہ ہیکل میں داخل ہوا۔

جیسے ہی بچے کے والدین یسوع کو شریعت کی رسومات ادا کرنے کے لیے اندر لائے، شمعون نے اسے اپنی بانہوں میں لے لیا اور خدا کو برکت دی:

خدایا، اب آپ اپنے بندے کو رہا کر سکتے ہیں؛"

جیسا کہ آپ نے وعدہ کیا تھا، مجھے سلامتی کے ساتھ رہا کر دیں۔ میں نے اپنی آنکھوں سے آپ کی نجات دیکھی ہے: یہ اب سب کے لیے کھلا ہوا ہے، جو غیر یہودی قوموں کے لیے خدا کی طرف سے ظاہر کرنے والا نور ہے، اور آپ کی قوم اسرائیل "کے لیے جلال کا باعث ہے۔

یسوع کے والد اور والدہ ان الفاظ پر حیرت سے بول پڑے۔

:شمعون ان کو برکت دینے کے لیے آگے بڑھا، اور اپنی ماں مریم سے کہا

یہ بچہ اسرائیل میں بہت سے لوگوں کی ناکامی اور بحالی دونوں کو نشان زد کرتا" ہے، ایک شخصیت غلط سمجھی اور متضاد تھی ۔ آپ کے ذریعے تلوار کے زور کا درد ۔ لیکن انکار ایمانداری پر مجبور کرے گا، جیسا کہ خدا ظاہر کرتا ہے کہ وہ واقعی "کون ہیں۔

انا نبیہ بھی وہاں تھی جو آشر کے قبیلے سے فانوایل کی بیٹی تھی۔ اب وہ بہت بوڑھی عورت تھی۔ اس کی شادی کو سات سال ہو چکے تھے اور پھر چوراسی سال تک بیوہ ہو گئیں۔

روزے اور نماز کے ساتھ رات دن عبادت کرتے ہوئے، مندر کے علاقے کو کبھی نہیں چھوڑا ۔

جس وقت شمعون دعا کر رہی تھی، وہ سامنے آئی، خدا کی حمد کا ترانہ بجایا، اور بچے کے بارے میں ان تمام لوگوں سے بات کی جو یروشلم کی آزادی کا انتظار کر رہے تھے۔

زبور 37:7

نیا کنگ جیمز ورژن (NKJV)

رب میں آرام کرو، اور صبر سے اُس کا انتظار کرو۔

اُس کی وجہ سے پریشان نہ ہو جو اُس کی راہ میں ترقی کرتا ہے، اُس آدمی کی وجہ سے جو بُرے منصوبوں کو ناکام بناتا ہے۔

پیغام (MSG)

زبور 9-37:7 (متناسب بہاؤ)

،خُدا کے سامنے خاموش رہو

اُس کے آگے دُعا کرو۔
،ان لوگوں سے پریشان نہ ہوں جو سیڑھی پر چڑھتے ہیں
جو اپنی کہنی کو چوٹی تک پہنچاتے ہیں۔
اپنے غصے کو لگام ڈالو، اپنے غصے کو کچل دو۔
اپنے پائپوں کو ٹھنڈا کریں - یہ صرف چیزوں کو مزید خراب کرتا ہے۔
جلد ہی بدمعاش دیوالیہ ہو جائیں گے۔
خدا کے سرمایہ کار جلد ہی اسٹور کے مالک ہوں گے۔

صبح 6 بجے باپ، مجھے شمعون اور انا کی طرح بنا، انتظار میں ثابت قدم، امید میں خالص، اور عقیدت میں وفادار۔

صبح 9 بجے میں بے چین بے اعتقاد کو رد کرتا ہوں۔ مجھے بے ہوش، شکایت، یا پیچھے ہٹنے کے بغیر رب کا انتظار کرنے کا فضل حاصل ہوتا ہے۔

دوپہر 12 بجے میری زندگی، میرے گھرانے، اور آپ کے چرچ کے ہر وعدے کو ظہور کے وقت تک محفوظ رکھا جائے۔

3pm رب، شفاعت کرنے والوں کو برقرار رکھنا جنہوں نے طویل انتظار کیا ہے۔ ان کی آنکھیں اس تسلی کو دیکھیں جس کا آپ نے وعدہ کیا ہے۔

شام 6 بجے میں حکم دیتا ہوں کہ تاخیر شک پیدا نہیں کرے گی، اور عمل نبوت کو ختم نہیں کرے گا۔

9pm قبل از وقت ہتھیار ڈالنے کی ہر روح، سنتوں اور اس نسل پر اپنی ذمہ داری کھو دیں۔

12 بجے باپ، رات اور دن کے متلاشیوں کو ناقابل تردید مقابلوں، پورا وعدہ، اور پیشن گوئی کی وضاحت کے ساتھ انعام دیں۔

صبح 3 بجے مریض کی شفاعت کو کھلی ملاقات میں پختہ ہونے دیں، اور منتظر رحم الہی مقصد کو سامنے لانے دیں۔

دن 8 - گیتھسمنی سیدھ

ص

حیفے: میتھیو 46-26:36؛ میتھیو 6:10

میتھیو 46-26:36

نیا کنگ جیمز ورژن

باغ میں نماز

36 تب یسوع اُن کے ساتھ گتسمنی نام کی جگہ پر آیا اور شاگردوں سے کہا، "یہاں
بیٹھو جب تک میں وہاں جا کر دعا کروں۔ 37 اور وہ پطرس اور زبدی کے دونوں بیٹوں
کو اپنے ساتھ لے گیا اور وہ غمگین اور سخت پریشان ہونے لگا۔ 38 پھر اُس نے اُن سے
کہا، "میری جان بہت غمگین ہے، یہاں تک کہ موت تک، یہیں ٹھہرو اور میرے ساتھ
دیکھتے رہو۔

39 وہ تھوڑی دور جا کر منہ کے بل گرا اور دعا کی، "اے میرے باپ، اگر ہو سکے
تو یہ پیالہ مجھ سے دور ہو جائے، لیکن جیسا کہ میں چاہوں گا نہیں بلکہ جیسا کہ تیری
مرضی ہے۔

40 تب وہ شاگردوں کے پاس آیا اور انہیں سوتے ہوئے پایا اور پطرس سے کہا،
"کیا تم میرے ساتھ ایک گھنٹہ بھی جاگ نہیں سکتے تھے؟ 41 جاگتے رہو اور دعا کرو،
ایسا نہ ہو کہ تم آزمائش میں پڑ جاؤ۔ روح تو یقیناً تیار ہے لیکن جسم کمزور ہے۔"

42 پھر، دوسری بار، وہ چلا گیا اور دعا کی، "اے میرے باپ، اگر یہ پیالہ مجھ سے
دور نہیں ہو سکتا جب تک میں اسے نہ پیوں، تیری مرضی پوری ہو گی۔"[1] 43 اور اُس
نے آکر اُن کو دوبارہ سوتے پایا کیونکہ اُن کی آنکھیں بوجھل تھیں۔

44 پس وہ اُن کو چھوڑ کر پھر چلا گیا اور تیسری بار یہی الفاظ کہہ کر دعا کی۔ 45
تب وہ اپنے شاگردوں کے پاس آیا اور اُن سے کہا، "کیا تم ابھی تک سو رہے ہو اور آرام

1. https://www.biblegateway.com/passage/?search=Matthew%2026%3A36-46%3B%20Matthew%206%3A10&version=NKJV#fen-NKJV-24097a

کر رہے ہو؟[2] دیکھو، وقت قریب ہے اور ابنِ آدم کو گنہگاروں کے حوالے کیا جا رہا ہے۔
46 اُٹھو، ہم چلتے ہیں، دیکھو، میرا پکڑوانے والا قریب ہے۔"

میتھیو 26:36-46

پیغام

36-38 پھر یسوع اُن کے ساتھ گتسمنی نامی باغ میں گئے اور اپنے شاگردوں سے کہا، "جب تک میں وہاں جا کر دعا کروں، یہاں ٹھہرو۔ پیٹر اور زبیدی کے دونوں بیٹوں کو ساتھ لے کر، وہ ایک اذیت ناک غم میں ڈوب گیا۔ پھر اس نے کہا، "یہ غم میری زندگی کو کچل رہا ہے، یہیں رہو اور میرے ساتھ چوکس رہو۔"

39 تھوڑا آگے جا کر وہ منہ کے بل گرا اور دعا کی، "اے میرے باپ، اگر کوئی راستہ ہے تو مجھے اس سے نکال دے، لیکن مہربانی کر کے، وہ نہیں جو میں چاہتا ہوں، آپ، آپ کیا چاہتے ہیں؟"

40-41 جب وہ اپنے شاگردوں کے پاس واپس آیا تو دیکھا کہ وہ سوئے ہوئے ہیں۔ اُس نے پطرس سے کہا، "کیا تم اسے ایک گھنٹہ بھی میرے ساتھ نہیں رکھ سکتے؟ ہوشیار رہو؛ نماز میں رہو تاکہ تم یہ جانتے ہوئے بھی آزمائش میں نہ پڑو کہ تم خطرے میں ہو۔ تم میں سے ایک حصہ ایسا ہے جو بے تاب ہے، خدا میں کسی بھی چیز کے لیے تیار ہے۔ لیکن ایک اور حصہ بھی ایسا ہے جو آگ میں سوئے ہوئے بوڑھے کتے کی طرح کاہل ہے۔"

42 پھر اُس نے اُنہیں دوسری بار چھوڑ دیا۔ اس نے دوبارہ دعا کی، "میرے باپ، اگر اس کے علاوہ کوئی اور راستہ نہیں ہے، اس پیالہ کو پینے کے لیے، میں تیار ہوں، اپنے طریقے سے کرو۔"

43-44 جب وہ واپس آیا تو دیکھا کہ وہ سو رہے ہیں۔ وہ صرف اپنی آنکھیں کھلی نہیں رکھ سکتے تھے۔ اِس بار اُس نے اُنہیں سونے دیا، اور تیسری بار اُسی زمین پر آخری بار جا کر نماز کے لیے واپس چلا گیا۔

45-46 جب وہ اگلی بار واپس آیا تو اس نے کہا، "کیا تم سونے جا رہے ہو اور اس کی ایک رات کرو گے؟ میرا وقت ختم ہو گیا ہے، ابن آدم گنہگاروں کے حوالے ہونے والا ہے۔ اٹھو، چلو چلتے ہیں، میرا دغا کرنے والا یہاں ہے۔"

میتھیو 6:10

2. https://www.biblegateway.com/passage/?search=Matthew%2026%3A36-46%3B%20Matthew%206%3A10&version=NKJV#fen-NKJV-24100b

نیا کنگ جیمز ورژن

تیری بادشاہی آئے۔ 10
تیری مرضی زمین پر پوری ہو جیسا کہ آسمان پر ہے ۔

میتھیو 13-6:10
پیغام

7-13 "دنیا نام نہاد نمازی جنگجوؤں سے بھری پڑی ہے جو نماز سے ناواقف ہیں۔ وہ فارمولوں اور پروگراموں اور مشوروں سے بھری ہوئی ہیں، جو کچھ آپ خدا سے چاہتے ہیں حاصل کرنے کے لیے پیڈلنگ تکنیکوں سے بھری ہوئی ہیں۔ اس بکواس میں مت پڑو۔ یہ آپ کا باپ ہے جس کے ساتھ آپ معاملہ کر رہے ہیں، اور وہ آپ سے بہتر جانتا ہے کہ آپ کو کیا ضرورت ہے۔ اس طرح کے خدا کے ساتھ، آپ اس طرح کی محبت کے ساتھ دعا کر سکتے ہیں۔

ہمارے آسمانی باپ،

ظاہر کریں کہ آپ کون ہیں؟دنیا کو درست کریں؛ جو سب سے بہتر ہے وہی کریں۔ جیسا کہ اوپر ہے، تو نیچے۔ ہمیں تین مربع کھانے کے ساتھ زندہ رکھیں۔ ہمیں اپنے ساتھ اور دوسروں کو معاف کرتے رہیں۔ ہمیں اپنے اور شیطان سے محفوظ رکھیں۔ آپ انچارج ہیں! آپ جو چاہیں کر سکتے ہیں! آپ خوبصورتی میں جل رہے ہیں! جی ہاں جی ہاں جی ہاں

صبح 6 بجے باپ، ہماری مرضی نہیں بلکہ اس حکمت عملی کے موسم میں ہم میں، ہمارے ذریعے اور آپ کے چرچ کے ذریعے آپ کی مرضی پوری ہو۔

صبح 9 بجے ہر جسمانی ایجنڈے کو قربان گاہ پر مرنے دیں جب تک کہ خُداوند کا مشورہ سب سے زیادہ قائم نہ ہو۔

دوپہر 12 بجے مجھے اطاعت کو ترک کیے بغیر غم، دباؤ اور مزاحمت کے ذریعے دعا کرنے کی طاقت ملتی ہے۔

3pm مصیبت کا ہر پیالہ جو آپ کی طرف سے نہیں ہے، اسے گزرنے دو۔ آپ کی طرف سے ہر اسائنمنٹ، اسے پورا کرنے کے لیے فضل فراہم کیا جائے۔

شام 6 بجے رب، ہماری خواہشات، فیصلوں اور اعلانات کو آسمان کے نمونے کے ساتھ ترتیب دیں۔

رات 9 بجے میں جسم کی ہر اس آواز کو خاموش کرتا ہوں جو ہتھیار ڈالنے، تقدس اور مہنگی اطاعت کے خلاف ہے۔

صبح 12 بجے کلیسیا کو گتھسمنی سے ایک طے شدہ تقدیس اور نہ رکنے والے عزم کے ساتھ نکلنے دیں۔

صبح 3 بجے باپ، مجھے اس وقت تک بپتسمہ دیں جب تک کہ دعا آپ کے ابدی مقصد کے ساتھ متفق نہ ہو جائے۔

دن 9 - خلا میں موسی

ص

حیفے: خروج 11:32-14؛ خروج 30:32-33
خروج 11:32-14
نیا کنگ جیمز ورژن

11 تب موسیٰ نے خداوند اپنے خدا سے التجا کی اور کہا[1]: "خداوند، تیرا غضب اپنے
لوگوں پر کیوں بھڑکتا ہے جن کو تو نے بڑی طاقت اور زبردست ہاتھ سے ملک مصر
سے نکالا ہے؟ 12 **مصری** کیوں بولیں اور کہیں کہ وہ ان کو نقصان پہنچانے کے لیے،
پہاڑوں پر مارنے، اور تیرے چہرے سے اور تیرے چہرے سے تباہ کرنے کے لیے
نکال لایا؟ 13 اپنے بندوں ابراہیم، اسحاق اور اسرائیل کو یاد رکھو، جن سے تو نے اپنی
ذات کی قسم کھائی تھی، اور ان سے کہا تھا، 'میں تمہاری اولاد کو آسمان کے ستاروں
کی طرح بڑھاؤں گا، اور وہ اس کے وارث ہوں گے۔ 14 سو خُداوند اُس نقصان سے باز
آیا جو اُس نے کہا تھا کہ وہ اپنے لوگوں کو کرے گا۔

خروج 11:32-14
پیغام

11-13 موسیٰ نے اپنے خدا کو پرسکون کرنے کی کوشش کی۔ اس نے کہا، "کیوں اے خدا، تم اپنے لوگوں کے ساتھ اپنا غصہ کھوؤ گے؟ کیوں، تم نے انہیں طاقت اور طاقت کے زبردست مظاہرے میں مصر سے باہر لایا؟ کیوں کہ مصری یہ کہیں کہ 'اس کے پاس یہ ان کے لیے تھا۔ وہ انہیں باہر لایا تاکہ وہ انہیں پہاڑوں میں مار ڈالے، انہیں زمین کے چہرے سے مٹا دے'۔ اپنے غصے کو اپنے لوگوں کے خلاف برائی کرنے کے بارے میں دو بار سوچو، اپنے خادموں کو جن سے تم نے وعدہ کیا تھا، 'میں تمہیں آسمان کے ستاروں کے طور پر بہت سے بچے دوں گا، اور میں یہ زمین تمہارے بچوں کو ہمیشہ کے لیے دوں گا۔'

1. https://www.biblegateway.com/passage/?search=Exodus%2032%3A11-14%3B%20Exodus%2032%3A30-33&version=NKJV#fen-NKJV-2450a

14 اور خدا نے دو بار سوچا۔ اس نے فیصلہ کیا کہ وہ برائی نہ کرے جس کی اس نے اپنے لوگوں کے خلاف دھمکی دی تھی۔

خروج 30:32-33

نیا کنگ جیمز ورژن

30 دوسرے دن ایسا ہوا کہ موسیٰ نے لوگوں سے کہا، "تم نے بہت بڑا گناہ کیا ہے، اس لیے اب میں رب کے پاس جاؤں گا، شاید میں تمہارے گناہ کا کفارہ دے سکوں۔"

31 تب موسیٰ رب کے پاس واپس آیا اور کہا، "اوہ، ان لوگوں نے بہت بڑا گناہ کیا ہے،
اور اپنے لیے سونے کا دیوتا بنا لیا ہے۔
32 لیکن اب، اگر آپ ان کے گناہ کو معاف کر دیں گے۔ لیکن اگر نہیں، تو میں دعا کرتا ہوں کہ مجھے اپنی کتاب میں سے جو آپ نے لکھی ہے، مٹا دے۔"

33 اور خُداوند نے مُوسیٰ سے کہا کہ جِس نے میرا گُناہ کِیا ہے مَیں اُسے اپنی کِتاب سے مٹا دوں گا۔

خروج 30:32-34

پیغام

30 اگلے دن موسیٰ نے لوگوں سے کہا: "تم نے بہت بڑا گناہ کیا ہے، لیکن میں خدا کے پاس جا رہا ہوں، شاید میں تمہیں تمہارے گناہ سے پاک کر سکوں۔"

31-32 موسیٰ نے خدا کے پاس واپس جا کر کہا، "یہ خوفناک ہے، اس قوم نے گناہ کیا ہے، یہ بہت بڑا گناہ ہے، انہوں نے اپنے لیے سونے کے دیوتا بنائے ہیں، اور اب، اگر آپ ان کے گناہ کو معاف کر دیں گے تو ....لیکن اگر نہیں، تو مجھے اس کتاب سے مٹا دو جو تم نے لکھی ہے۔"

33-34 خُدا نے موسیٰ سے کہا، "میں صرف اُن لوگوں کو اپنی کتاب سے مٹا دوں گا جو میرے خلاف گناہ کرتے ہیں، کیونکہ ابھی تم جاؤ اور لوگوں کو وہاں لے جاؤ جہاں میں نے تمہیں بتایا تھا، دیکھو، میرا فرشتہ تم سے آگے نکل رہا ہے، لیکن جس دن میں حساب چکاوں گا، ان کے گناہ ضرور تصفیہ میں شامل ہوں گے۔"

صبح 6 بجے رب، **مجھے اپنے عہد، اپنے نام، اور** اپنے نجات کے ارادے کی بنیاد پر شفاعت کرنا سکھائیں ۔

صبح 9 بجے میں اپنے گھرانے، اپنے شہر اور چرچ کے لیے خلاء میں کھڑا ہوں، جہاں فیصلے کا مستحق ہے رحم کی درخواست کرتا ہوں۔

دوپہر 12 بجے رحم سے غضب کو ٹھنڈا کرنے دو اور توبہ کو ہماری زمین میں بحالی کا دروازہ کھولنے دو۔

دوپہر 3 بجے باپ، اپنے وعدوں کو یاد رکھیں اور خدائی بحالی کے لیے نشان زد جگہوں پر عہد کو تباہی پر غالب آنے دیں۔

شام 6 بجے میں آپ سے پہلے لوگوں سے شناخت کرتا ہوں۔ میں خود غرض روحانیت کو مسترد کرتا ہوں اور کارپوریٹ بوجھ حاصل کرتا ہوں۔

رات 9 بجے ہر وہ الزام جو کہتا ہے کہ لوگ صحت یاب ہونے کے لیے بہت گئے ہیں، خدا کی رحمت سے خاموش ہو جائیں۔

12 بجے اے رب، قوموں کے درمیان اپنی گواہی کو محفوظ رکھ اور تیرے زبردست کاموں سے تیری وفاداری دوبارہ ظاہر ہو جائے۔

3am اس گھڑی میں شفاعت کرنے والوں کو اٹھائیں جو التجا کریں، ثابت قدم رہیں اور اس وقت تک غالب رہیں جب تک کہ پوری کمیونٹیز کو بچایا نہ جائے۔

دن 10 - موجودگی، پسند، اور امتیاز

صحیفے: خروج 13:33-16؛ عبرانیوں 14:4-16

خروج 13:33-16

نیا کنگ جیمز ورژن

13 پس اب میں دعا کرتا ہوں کہ اگر مجھ پر تیری نظر میں فضل ہوا ہے تو مجھے
اپنا راستہ دکھا تاکہ میں تجھے پہچانوں اور تیری نظر میں فضل پا سکوں۔ اور سمجھو
کہ یہ قوم تمہاری قوم ہے -
14 اور اُس نے کہا، "**میری موجودگی** تمہارے ساتھ جائے گی اور میں تمہیں آرام دوں
گا۔"
15 پھر اُس نے اُس سے کہا، "**اگر آپ کی موجودگی** ہمارے ساتھ نہیں جاتی ہے تو ہمیں یہاں
سے نہ لے جا۔ 16 کیونکہ پھر یہ کیسے معلوم ہو گا کہ آپ کے لوگوں اور مجھ پر آپ
کی نظر میں فضل ہوا ہے، سوائے آپ کے ہمارے ساتھ؟ تو ہم آپ کے اور میں، تمام
روئے زمین پر رہنے والے لوگوں سے الگ ہو جائیں گے -"

خروج 13:33-16

پیغام

12-13 موسیٰ نے خدا سے کہا، "دیکھو، تم مجھے کہتے ہو، 'ان لوگوں کی رہنمائی
کرو'، لیکن تم مجھے یہ نہیں بتاتے کہ تم کس کو میرے ساتھ بھیجنے والے ہو، تم
مجھے بتاؤ، 'میں تمہیں اچھی طرح جانتا ہوں اور تم میرے لیے خاص ہو۔' اگر میں آپ
کے لیے بہت خاص ہوں، تو مجھے آپ کے لیے خاص ہونے دیں، یہ آپ کی ذمہ داری
ہے۔
14 خدا نے کہا، "میری موجودگی تمہارے ساتھ جائے گی، میں آخر تک سفر کو
دیکھوں گا۔"
15-16 موسیٰ نے کہا، "اگر آپ کی موجودگی یہاں رہنمائی نہیں کرتی ہے، تو اس
سفر کو ابھی روک دیں، اور یہ کیسے معلوم ہوگا کہ آپ اس میں میرے ساتھ ہیں، میرے
ساتھ اور آپ کے لوگوں کے ساتھ؟ آپ ہمارے ساتھ سفر کر رہے ہیں یا نہیں؟ ورنہ
ہمیں کیسے پتہ چلے گا کہ ہم خاص ہیں، میں اور آپ کے لوگ، اس کرہ ارض کے تمام
لوگوں کے درمیان؟"

عبرانیوں 4:14-16
نیا کنگ جیمز ورژن
ہمارے ہمدرد اعلیٰ کاہن

14 پس یہ دیکھ کر کہ ہمارا ایک عظیم سردار کاہن ہے جو آسمانوں سے گزرا ہے
یعنی خدا کا بیٹا یسوع، ہم اپنے اقرار کو مضبوطی سے پکڑیں۔ 15 کیونکہ ہمارے پاس
کوئی سردار کاہن نہیں ہے جو ہماری کمزوریوں پر ہمدردی نہ کر سکے بلکہ ہر بات
میں ہماری طرح آزمایا گیا - پھر بھی بغیر گناہ کے۔ 16 پس آئیے ہم دلیری سے فضل
کے تخت کے پاس آئیں تاکہ ہم پر رحم ہو اور ضرورت کے وقت مدد کرنے کے لیے
فضل حاصل کریں۔

عبرانیوں 4:14-16
پیغام
اعلیٰ کاہن جو درد میں پکارا تھا۔

14-16 اب جب کہ ہم جانتے ہیں کہ ہمارے پاس کیا ہے — یسوع، یہ عظیم سردار کاہن جس کے پاس خُدا تک رسائی کے لیے تیار ہے — آئیے اسے اپنی انگلیوں سے پھسلنے نہ دیں۔ ہمارے پاس کوئی ایسا پادری نہیں ہے جو ہماری حقیقت سے باہر ہو۔ وہ کمزوری اور آزمائش سے گزرا ہے، اس سب کا تجربہ کیا ہے - گناہ کے علاوہ۔ تو آئیے سیدھے اس کے پاس چلیں اور وہ حاصل کریں جو وہ دینے کے لئے تیار ہے۔ رحم کرو، مدد قبول کرو۔

صبح 6 بجے باپ، اگر آپ کی موجودگی ہمارے ساتھ نہیں جاتی ہے، تو ہمیں منتقل نہ ہونے دیں۔ ہمیں اپنے قرب سے نشان زد کردے نہ کہ انسانی قوت سے۔

صبح 9 بجے مجھے اپنے، چرچ اور اقوام کی ضرورت کی اس گھڑی میں مدد کرنے کے لیے رحم اور فضل ملتا ہے۔

دوپہر 12 بجے خدا کی موجودگی آپ کے لوگوں کو ہر جعلی نظام اور بے اختیار مذہب سے ممتاز کرے۔

3pm وزارت اور ذاتی زندگی میں خدا کی موجودگی کا ہر متبادل، بے نقاب اور ہٹا دیا جائے۔

شام 6 بجے اے رب، ہمیں اپنی راہیں دکھا تاکہ ہم تجھے جان سکیں اور تیرے حضور کے حق میں چلیں۔

رات 9 بجے میں حکم دیتا ہوں کہ خدا کے ساتھ اشتراک بقیہ کی طاقت، خوبصورتی اور دفاع بن جائے گا۔

صبح 12 بجے گھروں، گرجا گھروں اور علاقوں کا ماحول بدل جائے کیونکہ آپ کی موجودگی وہاں آباد ہو گئی ہے۔

صبح 3 بجے باپ، ہمیں مقدس موجودگی کا حامل بنادیں جو اندھیرے کو ہٹاتا ہے اور راست امتیاز قائم کرتا ہے۔

دن 11 - چرچ ماؤنٹین: پاکیزگی اور آگ

ص

حیفے: 2 تواریخ 13:7-16؛ افسیوں 10:6-18
2 تواریخ 13:7-16
نیا کنگ جیمز ورژن

13 جب میں آسمان کو بند کر دوں اور بارش نہ ہو، یا ٹڈیوں کو حکم دوں کہ وہ زمین
کو کھا جائیں، یا میرے لوگوں میں وبا بھیجیں، 14 اگر میرے لوگ جو میرے نام سے
پکارے جاتے ہیں، عاجزی کریں گے، اور دعا کریں گے اور میرا چہرہ تلاش کریں
گے، اور اپنی بُری راہوں سے باز آ جائیں گے، تب میں آسمان سے سنوں گا، اور اُن
کے گناہوں کو معاف کروں گا اور اُن کی زمین کو شفا بخشوں گا۔ 15 اب میری آنکھیں
کھلی رہیں گی اور میرے کان اِس جگہ کی گئی دعا پر دھیان دیں گے۔ 16 اب میں نے
اِس گھر کو چُن لیا ہے اور پاک کیا[1] ہے تاکہ میرا نام ہمیشہ وہاں رہے اور میری آنکھیں
[2] اور میرا دل[3] ہمیشہ وہاں رہے گا۔

افسیوں 10:6-18
نیا کنگ جیمز ورژن
خدا کا پورا ہتھیار

10 آخرکار، میرے بھائیو، خُداوند میں اور اُس کی قدرت کی طاقت میں مضبوط
بنو۔ **11 خُدا کے سارے ہتھیار پہن لو تاکہ تم** شیطان کی چالوں کا مقابلہ کر سکو۔[4] **12 کیونکہ ہم**

---

1. https://www.biblegateway.com/passage/?search=2%20Chronicles%207%3A13-16%3B%20Ephesians%206%3A10-18&version=NKJV#fen-NKJV-11341a

2. https://www.biblegateway.com/passage/?search=2%20Chronicles%207%3A13-16%3B%20Ephesians%206%3A10-18&version=NKJV#fen-NKJV-11341b

3. https://www.biblegateway.com/passage/?search=2%20Chronicles%207%3A13-16%3B%20Ephesians%206%3A10-18&version=NKJV#fen-NKJV-11341c

گوشت اور خون سے نہیں بلکہ بادشاہتوں، طاقتوں، اس زمانے[5] کے اندھیرے کے حکمرانوں
سے ' آسمانی جگہوں میں شرارت کے روحانی لشکروں سے لڑتے ہیں۔ 13 پس خُدا
کے سارے ہتھیار اُٹھا لو تاکہ تُم بُرے دِن کا مقابلہ کر سکو اور سب کچھ کر کے کھڑے
رہو۔
14 اس لیے کھڑے ہو جاؤ، سچائی کے ساتھ کمر باندھ کر، راستبازی کا سینہ بند
باندھ کر، 15 اور امن کی خوشخبری کی تیاری کے ساتھ اپنے پیروں میں چھلکا لگاؤ۔
16 سب سے بڑھ کر، ایمان کی ڈھال کو لے کر جس سے آپ شریر کی تمام آگ کو بجھا
سکیں گے ۔ 17 اور نجات کا ہیلمٹ لے لو اور روح کی تلوار جو کہ خدا کا کلام ہے۔ 18
روح میں ہمیشہ پوری دُعا اور مِنّت کے ساتھ دُعا کرتے رہو اور اِس مقصد کے لیے
پوری استقامت کے ساتھ تمام مُقدّسوں کے لِئے التجا کرتے رہو۔

2 تواریخ 13-7:13

پیغام

12-18 اسی رات خدا نے سلیمان پر ظاہر کیا اور کہا، "میں تمہاری دعا قبول کرتا ہوں، ہاں، میں نے اس جگہ کو قربانی کے لیے مندر، عبادت گاہ کے طور پر چنا ہے، اگر میں کبھی آسمان سے بارش کا پانی بند کر دوں یا ٹڈیوں کو فصلوں کو کھانے کا حکم دوں یا میری قوم پر طاعون بھیج دوں، اور میری قوم، میرے خدا کے متعین لوگ، اپنی دعائیں مانگتے ہوئے، اپنی حاضری مانگتے ہوئے، واپس لوٹتے ہیں، اور اپنی دعا مانگتے ہیں۔ بدکار زندگیاں، میں آپ کے لیے تیار رہوں گا: میں ان کے گناہوں کو سنوں گا، اور ان کی زمین کو صحت مند بناؤں گا، میں اس جگہ پر کی جانے والی دعاؤں کے لیے دن رات چوکس ہوں، یقین کرو، میں نے اس مندر کو جو تم نے بنایا ہے، اس پر ہمیشہ کے لیے میرے نام کی مہر ثبت ہے۔ آپ کے والد ڈیوڈ زندہ رہے، دل اور عمل میں خالص، وہ زندگی گزاریں جو میں نے آپ کے لیے مقرر کی ہے، میری رہنمائی اور فیصلوں پر توجہ کے ساتھ، پھر میں اسرائیل پر آپ کی بادشاہی حکومت کی حمایت کروں گا۔ اس کو ایک یقینی بنیاد پر یقینی بنائیں جو میں نے آپ کے والد ڈیوڈ کو دیا تھا، یعنی، 'آپ ہمیشہ اسرائیل پر اعتماد کر سکتے ہیں'۔

افسیوں 18-6:10

پیغام

4. https://www.biblegateway.com/passage/?search=2%20Chronicles%207%3A13-16%3B%20Ephesians%206%3A10-18&version=NKJV#fen-NKJV-29349a

5. https://www.biblegateway.com/passage/?search=2%20Chronicles%207%3A13-16%3B%20Ephesians%206%3A10-18&version=NKJV#fen-NKJV-29350b

ختم کرنے کے لئے ایک لڑائی

10-12 اور اس نے اسے سمیٹ لیا۔ خدا مضبوط ہے، اور وہ آپ کو مضبوط چاہتا ہے۔ اس لیے سب کچھ لے لو جو ماسٹر نے آپ کے لیے مقرر کیا ہے، بہترین مواد سے تیار کردہ ہتھیار۔ اور ان کو استعمال کرنے کے لیے ڈالیں تاکہ آپ شیطان کی طرف سے پھینکی جانے والی ہر چیز کا مقابلہ کر سکیں۔ یہ کوئی ویک اینڈ جنگ نہیں ہے جس سے ہم دور چلے جائیں گے اور چند گھنٹوں میں بھول جائیں گے۔ یہ ابلیس اور اس کے تمام فرشتوں کے خلاف زندگی یا موت کی جنگ کو برقرار رکھنے کے لیے ہے۔

13-18 تیار رہیں۔ آپ اس سے کہیں زیادہ کے خلاف ہیں جو آپ خود ہی سنبھال سکتے ہیں۔ خدا کی طرف سے جاری کردہ ہر ہتھیار سے ہر ممکن مدد حاصل کریں، تاکہ جب یہ سب ختم ہو جائے لیکن چیخیں چلائیں تب بھی آپ اپنے پیروں پر کھڑے ہوں۔ سچائی، راستبازی، امن، ایمان اور نجات الفاظ سے زیادہ ہیں۔ ان کو لاگو کرنے کا طریقہ سیکھیں۔ آپ کو زندگی بھر ان کی ضرورت رہے گی۔ خدا کا کلام ایک ناگزیر ہتھیار ہے۔ اسی طرح اس جاری جنگ میں نماز بھی ضروری ہے۔ سخت اور لمبی دعا کریں۔ اپنے بھائیوں اور بہنوں کے لیے دعا کریں۔ آنکھیں کھلی رکھیں۔ ایک دوسرے کے حوصلے بلند رکھیں تاکہ کوئی پیچھے نہ پڑے اور نہ ہی گرے۔

صبح 6 بجے خُداوند، اپنے چرچ کو عاجز کریں، ہمیں دعا کے لیے واپس بلائیں، اور زمین کو ٹھیک کر دیں جب ہم توبہ کرتے ہیں اور واپس آتے ہیں۔

صبح 9 بجے میں خُدا کے سارے ہتھیار پہنتا ہوں اور جسمانی ہتھیاروں سے روحانی لڑائیاں لڑنے سے انکار کرتا ہوں۔

دوپہر 12 بجے کہانت کی ہر ناپاکی کو مقدس آگ اور خداوند کے خوف سے صاف کیا جائے۔

دوپہر 3 بجے چرچ کے پہاڑ سے لڑنے والے جہنم کے ہر دروازے کو یسوع مسیح کے اختیار سے شکست دی جائے۔

شام 6 بجے باپ، اپنے گھر میں نظم و ضبط، نظریہ، تقدس اور طاقت کو بحال کریں۔

رات 9 بجے ہر سوئے ہوئے چوکیدار کو بیدار ہونے دیں اور ہر سمجھوتہ کرنے والی قربان گاہ کو پاک کیا جائے۔

صبح 12 بجے میں حکم دیتا ہوں کہ گرجا گھر نجات، شاگردی، شفا یابی اور قومی تبدیلی کے مراکز بن جائیں گے۔

صبح 3 بجے اے خدا، ایک دعا کرنے والا، پاکیزہ اور جنگجو چرچ اٹھے اور تاریکی کی بادشاہی کو پریشان کرے۔

دن 12 - چرچ ماؤنٹین: اپوسٹولک اتھارٹی

ص

حیفے: اعمال 4:29-30؛ افسیوں 6:19-20

اعمال 4:29-30

پیغام

29-30 "اور اب وہ دوبارہ اس پر آ گئے ہیں! ان کی دھمکیوں کا خیال رکھو اور اپنے خادموں کو اپنے پیغام کی تبلیغ کرنے میں بے خوف اعتماد دلاؤ، جیسا کہ تو نے اپنے مقدس بندے یسوع کے نام پر شفا یابی اور معجزات اور عجائبات میں اپنا ہاتھ بڑھایا ہے۔"

افسیوں 6:19-20

پیغام

19-20 اور میرے لیے دعا کرنا مت بھولنا۔ دعا کرو کہ مجھے معلوم ہو جائے کہ میں کیا کہنا چاہتا ہوں اور صحیح وقت پر اسے کہنے کی ہمت رکھوں، اسرار کو سب کو بتاؤں، یہ پیغام کہ میں، جیل برڈ مبلغ جو میں ہوں، باہر نکلنے کا ذمہ دار ہوں۔

اعمال 4:29-30

نیا کنگ جیمز ورژن

29 اے خُداوند، اب اُن کی دھمکیوں کو دیکھو، اور اپنے بندوں کو عطا کر کہ وہ پوری دلیری کے ساتھ تیرا کلام سنائیں، 30 شفا دینے کے لیے تیرا ہاتھ بڑھا کر، اور یہ کہ تیرے مُقدّس خادم یسوع کے نام سے نشانیاں اور عجائبات ظاہر ہوں۔

افسیوں 6:19-20

نیا کنگ جیمز ورژن

19 اور میرے لیے یہ کلام مجھے دیا جائے کہ میں خوشخبری کے بھید کو ظاہر کرنے کے لیے اپنا منہ دلیری سے کھولوں، 20 جس کے لیے میں زنجیروں میں جکڑا ہوا سفیر ہوں۔ تاکہ اس میں میں دلیری سے بولوں جیسا کہ مجھے بولنا چاہیے۔

صبح 6 بجے باپ، اپنے چرچ کو دلیری سے پہنیں تاکہ عوامی طور پر، درست طریقے سے اور معافی مانگے بغیر مسیح کا اعلان کریں۔

صبح 9 بجے اس گھڑی میں رسولوں، نبیوں، مبشروں، پادریوں، اساتذہ اور شفاعت کرنے والوں کو بیان دیا جائے۔

رات 12 بجے میں شرمندگی، ڈرپوک اور سمجھوتہ کی روح کو توڑتا ہوں جو بادشاہی گواہی کو کمزور کرتا ہے۔

دوپہر 3 بجے خُداوند، انجیل کی تبلیغ کو نشانات، عجائبات، یقین، اور تبدیل کرنے والے مقابلوں کے ساتھ واپس کریں۔

شام 6 بجے رسولی تحریک پر ہر پابندی، رب کے ہاتھ سے اٹھا لی جائے۔

رات 9 بجے میں حکم دیتا ہوں کہ چرچ دباؤ میں پیچھے نہیں ہٹے گا بلکہ حکمت اور طاقت کے ساتھ آگے بڑھے گا۔

12am پاک ہمت نوجوان مومنوں، بزرگوں اور قائدین پر یکساں گرے۔

صبح 3 بجے باپ، ایک چرچ بنائیں جو دعا میں قانون سازی کرے اور زمین میں آپ کے مشورے پر عمل کرے۔

دن 13 - فیملی ماؤنٹین: خلاف ورزی کا علاج

ص

حیفے: ملاکی 5:4-6؛ خروج 20:12
ملاکی 5:4-6
نیا کنگ جیمز ورژن

5 **دیکھو، میں** خداوند کے عظیم اور ہولناک دن کے آنے سے پہلے
ایلیاہ نبی کو تمہارے پاس بھیجوں گا۔

6 اور وہ
باپوں کے دلوں کو بچوں کی طرف اور بچوں کے دلوں کو ان کے باپوں کی طرف
پھیر دے گا، ایسا نہ ہو کہ میں آکر زمین پر لعنت بھیجوں۔

خروج 20:12
نیا کنگ جیمز ورژن

12 "اپنے باپ اور اپنی ماں کی عزت کرو تاکہ تمہاری عمر اس ملک پر لمبی ہو
جو خداوند تمہارا خدا تمہیں دے رہا ہے۔

ملاکی 5:4-6
پیغام

5-6 "لیکن آگے بھی دیکھو: میں ایلیاہ نبی کو خدا کے بڑے دن یعنی فیصلہ کن فیصلے کے دن کے لیے راستہ صاف کرنے کے لیے بھیج رہا ہوں! وہ والدین کو قائل کرے گا کہ وہ اپنے بچوں اور بچوں کی دیکھ بھال کریں کہ وہ اپنے والدین کی طرف دیکھیں۔ اگر وہ انکار کریں گے تو میں آکر زمین کو لعنت میں ڈال دوں گا۔"

خروج 20:12
پیغام

12 اپنے باپ اور ماں کی عزت کرو تاکہ تم اُس ملک میں طویل عرصے تک زندہ رہو جو خدا تمہارا خدا تمہیں دے رہا ہے۔

صبح 6 بجے باپ، باپوں کے دلوں کو بچوں کی طرف اور بچوں کو باپ کی طرف پھیر دیں، اور خاندانوں میں وراثت میں ملنے والی ٹوٹ پھوٹ کو ٹھیک کریں۔

صبح 9 بجے میں گھرانوں میں چل رہی تلخی، ترک کرنے، بدسلوکی، اور دائمی غلط فہمی کے نمونوں کو توڑتا ہوں۔

12 بجے یسوع کے خون کو شادیوں، بہن بھائیوں، والدین اور بچوں پر امن کی بات کرنے دیں۔

دوپہر 3 بجے ہر نسل کی قربان گاہ جو بغاوت، تاخیر، بانجھ پن، اور الجھن کی سرپرستی کرتی ہے، اب آگ لگ جائے۔

شام 6 بجے خُداوند، مسیحی گھروں میں عزت، نرمی، نظم و ضبط، سچائی اور باہمی تابعداری کو بحال کریں۔

رات 9 بجے میں حکم دیتا ہوں کہ خاندان راستبازی اور تقدیر کے انکیوبیٹرز کے لیے تربیت گاہ بن جائیں گے۔

12am پراجیکٹوں کو واپس آنے دیں، زخمی ارکان کو شفا دیں، اور مفاہمت کو دوری پر غالب آنے دیں۔

صبح 3 بجے باپ، اپنی شان کے لیے خاندانی پہاڑ کو محفوظ بنائیں اور عہد کے گھروں کے خلاف ہونے والی ہر سازش کو ناکام بنائیں۔

دن 14 - خاندانی پہاڑ: بچے اور عہد کے بیج

ص

حیفے: یسعیاہ 54:13؛ زبور 127:3-5؛ افسیوں 6:1
یسعیاہ 54:13
نیا کنگ جیمز ورژن

13 تیرے سب بچوں کو خُداوند کی طرف سے سِکھایا
جائے گا ، اور تیرے بچوں کی سلامتی بڑی ہو گی ۔

زبور 127:3-5
نیا کنگ جیمز ورژن

3 دیکھو بچے خداوند کی طرف سے میراث
ہیں ، رحم کا پھل اجر

،ہے ۔ 4 جس طرح جنگجو کے ہاتھ میں تیر ہوتے ہیں
اسی طرح جوانی کے بچے

ہوتے ہیں ۔ 5 مبارک ہے وہ آدمی جس کا ترکش ان سے بھرا ہوا ہے۔
وہ شرمندہ نہیں ہوں گے بلکہ دروازے پر اپنے دشمنوں سے بات کریں گے۔
افسیوں 6:1
نیا کنگ جیمز ورژن
بچے اور والدین
6 بچو، خداوند میں اپنے والدین کی فرمانبرداری کرو، کیونکہ یہ صحیح ہے۔
یسعیاہ 54:13-17
پیغام

11-17 "مصیبت زدہ شہر، طوفان زدہ، بے رحم:
میں تمہیں فیروزی کے پتھروں سے دوبارہ تعمیر کرنے والا ہوں، تمہاری بنیادوں کو نیلم سے رکھوں گا، اپنے مینار یاقوت سے، تمہارے دروازے جواہرات سے اور تمہاری تمام دیواریں قیمتی پتھروں سے بنائیں گے۔ تمہارے تمام بچوں کے لیے تمہارے استاد ہوں گے
جو تمہارے بچوں کے لیے استاد ہوں

گے ! ٹھوس، صداقت پر مبنی، کسی بھی مصیبت سے دور ۔ دہشت سے ڈرنے کی کوئی بات نہیں ۔ یہ قریب بھی نہیں آئے گا! اگر کوئی تم پر حملہ کرے تو ایک لمحے کے لیے بھی یہ نہ سمجھو کہ میں نے اسے بھیجا ہے، اور اگر کوئی حملہ کرے گا تو اس سے کچھ حاصل نہیں ہوگا۔ جعل ساز۔ جو بھی الزام لگانے والا آپ کو عدالت میں لے جائے گا اسے جھوٹا قرار دے دیا جائے گا۔ خدا کے بندے یہی توقع کر سکتے ہیں کہ سب کچھ بہتر ہو۔ خدا کا فرمان۔

زبور 5-127:3
پیغام

کیا آپ نہیں دیکھتے کہ بچے خدا کا بہترین تحفہ ہیں؟ 3-5
رحم کا پھل اس کی سخی میراث؟ جیسے ایک جنگجو کے تیروں کی مٹھی بھری جوانی کے بچے۔ ہائے، کتنے مبارک ہیں آپ کے والدین، آپ کے ترکش بچوں سے بھرے ہوئے ہیں! آپ کے دشمن آپ کے خلاف کوئی موقع نہیں رکھتے۔ آپ انہیں اپنی دہلیز پر ہی جھاڑو دیں گے۔

افسیوں 3-6:1
پیغام

6 1-3 بچو، وہی کرو جو تمہارے والدین تمہیں کہتے ہیں۔ یہ صرف صحیح ہے۔ "اپنے باپ اور ماں کی عزت کرو" پہلا حکم ہے جس کے ساتھ ایک وعدہ منسلک ہے، یعنی "تو تم اچھی زندگی گزارو گے اور لمبی عمر پاو گے۔"

صبح 6 بجے خداوند، اپنے بچوں کو اپنی روح سے سکھائیں اور ان کی زندگیوں پر عظیم امن قائم کریں۔

صبح 9 بجے میں بچوں، نوجوانوں اور نوجوانوں کو بدعنوانی، تشدد اور بہکاوے کے خلاف الہی تحفظ کے ساتھ احاطہ کرتا ہوں۔

دوپہر 12 بجے عہد کے بیجوں پر ہر شیطانی دعویٰ، یسوع کے خون سے منسوخ کر دیا جائے۔

سہ پہر 3 بجے بچوں کو غالب کے ہاتھ میں تیر کی طرح اٹھنے دیں، درست طریقے سے بادشاہی کے مقصد کے لیے۔

شام 6 بجے باپ، اس نسل سے لت، شناخت کی الجھن، خفیہ تجسس، اور ہم مرتبہ کی بندگی۔

رات 9 بجے میں حکم دیتا ہوں کہ ہمارے بیٹے اور بیٹیاں حکمت، پاکیزگی، ہمت اور پیشن گوئی کی وضاحت کے ساتھ ہوں گے۔

صبح 12 بجے اسکولوں، گھروں اور گرجا گھروں کو ایسی جگہیں بننے دیں جہاں نوجوان زندگیاں خدا سے گہرائی سے ملیں۔

صبح 3 بجے اے رب، اگلی نسل کو تباہی سے بچا اور اپنی بادشاہی کے لیے نشانیوں اور عجائبات میں بدل دے۔

دن 15 - گورنمنٹ ماؤنٹین: راست حکمرانی

حیفے: یسعیاہ 6:9-7؛ 1 تیمتھیس 1:2-2

ص

یسعیاہ 6:9-7
نیا کنگ جیمز ورژن

،کیونکہ ہمارے لیے ایک بچہ پیدا ہوا 6
ہمیں ایک بیٹا دیا گیا؛ اور حکومت اس کے کندھے پر ہو گی۔ اور اس کا نام حیرت
انگیز، مشیر، غالب خدا، ابدی باپ، امن کا شہزادہ کہلائے گا۔
اُس کی حکومت اور امن 7
کے بڑھنے کی کوئی انتہا نہ
ہوگی، داؤد کے تخت پر اور اُس کی بادشاہی پر، اُس کو حکم دینے اور اُس کو اُس
وقت سے لے کر ابد تک، یہاں تک کہ ہمیشہ کے لیے قائم کرنے کے لیے۔ ربُّ الافواج
کا جوش یہ انجام دے گا۔

1 تیمتھیس 1:2-2
نیا کنگ جیمز ورژن
تمام مردوں کے لیے دعا کریں۔

2 اس لیے میں سب سے پہلے یہ نصیحت کرتا[1]ہوں کہ دعائیں، دعائیں، شفاعتیں اور
شکرگزاری سب آدمیوں کے لیے کی جائے، 2 بادشاہوں اور تمام اختیارات میں رہنے
والوں کے لیے ، تاکہ ہم تمام دینداری اور تعظیم[2]کے ساتھ پرسکون اور پرامن زندگی گزار
سکیں[3]۔

یسعیاہ 6:9-7
پیغام

1. https://www.biblegateway.com/passage/?search=Isaiah%209%3A6-7%3B%201%20Timothy%202%3A1-2&version=NKJV#fen-NKJV-29718a

2. https://www.biblegateway.com/passage/?search=Isaiah%209%3A6-7%3B%201%20Timothy%202%3A1-2&version=NKJV#fen-NKJV-29719b

جو لوگ اندھیرے میں چلتے تھے 2-7
اُنہوں نے بڑی روشنی دیکھی ہے۔ اُن لوگوں کے لیے جو گہرے سائے کے ملک
!میں رہتے تھے۔ روشنی کی دھوپ
،آپ نے قوم کو آباد کیا

آپ نے اس کی خوشی کو بڑھایا۔ اوہ، وہ آپ کی موجودگی میں بہت خوش ہیں! تہوار کی خوشی!ایک عظیم جشن کی خوشی، بھرپور تحائف اور گرمجوشی سے مبارکبادیں بانٹنا۔ظالموں کی بدسلوکی اور ظالموں کی زیادتی۔ ان کے تمام کوڑے اور کلب اور لعنتیں ختم ہو گئی ہیں، ایک نجات اتنی ہی حیران کن اور اچانک ہے جیسے جدون کی مدیان پر پرانی فتح۔ ان کے جوتے کے ساتھ ساتھ ان کے جوتے بھی۔ بے گناہوں کا خون، ڈھیروں میں ڈھیر ہو کر جلا دیا جائے گا، آگ جو کئی دنوں تک جلتی رہے گی! ہمارے لیے ایک بچہ پیدا ہوا ہے! ہمارے لیے ایک بیٹے کا تحفہ! وہ دنیا کی باگ ڈور سنبھالے گا۔ اس کے نام ہوں گے: حیرت انگیز مشیر، مضبوط خدا، ابدی باپ، مکملیت کا شہزادہ۔ اس کی حکمرانی بڑھے گی، اور اس کی مکملیت کی کوئی حد نہیں ہوگی۔ منصفانہ سلوک اور صحیح زندگی کے ساتھ جانا، اب سے شروع ہو کر ہمیشہ قائم رہے گا۔ خدا کے فرشتے کی فوجوں کا جوش یہ سب کرے گا۔

1 تیمتھیس 3-2:1

پیغام

سادہ ایمان اور سادہ سچائی

2 1-3 پہلی چیز جو میں چاہتا ہوں کہ آپ دعا کریں۔ ہر اس طرح سے دعا کریں جس طرح آپ جانتے ہیں، ہر ایک کے لیے جو آپ جانتے ہیں۔ خاص طور پر حکمرانوں اور ان کی حکومتوں کے لیے اچھی طرح حکمرانی کرنے کے لیے دعا کریں تاکہ ہم خاموشی سے اپنی زندگی بسر کرنے کے کاروبار کے بارے میں، عاجزی سے سوچ بچار کر سکیں۔ ہمارا نجات دہندہ خُدا ہمیں جینا چاہتا ہے۔

صبح 6 بجے باپ، مسیح کی حاکمیت میں ہماری قوموں میں صالح حکومت اور امن کا اضافہ ہو۔

صبح 9 بجے ہم بادشاہوں، صدروں، گورنروں، قانون سازوں، ججوں اور شہری رہنماؤں کو آپ کے سامنے حکمت اور تحمل کے لیے اٹھاتے ہیں۔

رات 12 بجے کرپشن، خونریزی، ظلم اور لاقانونیت کے ہر ایجنڈے کو بے نقاب اور اُلٹ دیا جائے۔

دوپہر 3 بجے دیانتداری کے مشیر اور خدا سے ڈرنے والے مرد اور خواتین اثر و رسوخ کی حکمت عملی والی نشستوں پر اٹھیں۔

---

3. https://www.biblegateway.com/passage/?search=Isaiah%209%3A6-7%3B%201%20Timothy%202%3A1-2&version=NKJV#fen-NKJV-29719c

شام 6 بجے میں حکم دیتا ہوں کہ بری قانون سازی قائم نہیں رہے گی، اور درست فیصلہ ابھی تک قائم رہے گا۔

رات 9 بجے باپ، عوامی قیادت کے پیچھے جادو، رشوت اور جوڑ توڑ کے پوشیدہ تختوں کو گرا دیں۔

صبح 12 بجے حکومتی نظام کو خدا کے خوف سے روکا جائے اور انصاف کی طرف رجوع کیا جائے۔

صبح 3 بجے اے رب، ہماری سرزمین کو متشدد حکمرانوں اور سیٹ لیڈروں سے محفوظ رکھ جو زندگی، سچائی اور آزادی کی حفاظت کریں گے۔

دن 16 - گورنمنٹ ماؤنٹین: انصاف اور نجات

حیفے: زبور 72:14 زبور 1:82-8

ص

زبور 72:14
نیا کنگ جیمز ورژن

وہ ظلم اور تشدد سے ان کی جان چھڑائے گا۔ 14
اور ان کا خون اس کی نظر میں قیمتی ہو گا۔

زبور 82
نیا کنگ جیمز ورژن
انصاف کی درخواست
آسف کا زبور۔

خدا غالبوں کی جماعت میں کھڑا 82
وہ دیوتاؤں کے درمیان فیصلہ کرتا ہے [1]ہے :
کب تک تم بے انصافی کا فیصلہ کرو گے [2]2:
اور شریروں کی طرف داری کرو گے؟ سیلہ
غریبوں اور یتیموں کی حفاظت 3
مظلوموں اور محتاجوں کے ساتھ انصاف کریں۔ [3]کرو
غریبوں اور محتاجوں کو پہنچانا۔ 4
ان کو شریروں کے ہاتھ سے آزاد کر۔

---

1. https://www.biblegateway.com/passage/?search=Psalm%209%3A15%3B%20Psalm%2072%3A14%3B%20Psalm%2082%3A1-8&version=NKJV#fen-NKJV-15235a
2. https://www.biblegateway.com/passage/?search=Psalm%209%3A15%3B%20Psalm%2072%3A14%3B%20Psalm%2082%3A1-8&version=NKJV#fen-NKJV-15235b

نہ وہ جانتے ہیں اور نہ سمجھتے ہیں۔ 5
4- وہ اندھیرے میں چلتے پھرتے ہیں؛ زمین کی تمام بنیادیں غیر مستحکم ہیں
6 - میں نے کہا، "آپ ہیں [5ای] دیوتا،
اور تم سب اللہ تعالیٰ کے فرزند
ہو - 7 لیکن تم مردوں کی طرح مرو گے،
اور شہزادوں میں سے ایک کی طرح گر جاؤ گے۔"
8 اے خُدا اُٹھ، زمین کا فیصلہ کر۔
کیونکہ تم سب قوموں کے وارث ہو گے۔

زبور 72:14
پیغام

9-14 دشمن خدا کے سامنے گھٹنوں کے بل گریں گے،
اس کے دشمن خاک چاٹیں گے۔ دور دراز اور افسانوی بادشاہوں کو خراج عقیدت پیش کریں گے، امیر اور شاندار بادشاہ ان کی دولت کو پلٹ دیں گے، تمام بادشاہ گر جائیں گے اور عبادت کریں گے، اور بے دین قومیں اس کی خدمت کے لئے سائن اپ کریں گی، کیونکہ وہ غریبوں کو بچاتا ہے جو اس کی خوش قسمتی کی پہلی نشانی کی ضرورت ہے، جس کی ضرورت ہے نیچے اور باہر کے لئے دل، وہ زمین کے بدبختوں کو بحال کرتا ہے؛ وہ ان کو ظلم اور اذیت سے آزاد کرتا ہے۔ جب وہ خون بہاتے ہیں، وہ خون بہاتا ہے؛ جب وہ مرتے ہیں تو وہ مر جاتا ہے۔

زبور 82

3. https://www.biblegateway.com/passage/?search=Psalm%209%3A15%3B%20Psalm%2072%3A14%3B%20Psalm%2082%3A1-8&version=NKJV#fen-NKJV-15237c
4. https://www.biblegateway.com/passage/?search=Psalm%209%3A15%3B%20Psalm%2072%3A14%3B%20Psalm%2082%3A1-8&version=NKJV#fen-NKJV-15239d
5. https://www.biblegateway.com/passage/?search=Psalm%209%3A15%3B%20Psalm%2072%3A14%3B%20Psalm%2082%3A1-8&version=NKJV#fen-NKJV-15240e

پیغام

82 ،خُدا ججوں کو اپنی عدالت میں بلاتا ہے
وہ تمام ججوں کو کٹہرے میں کھڑا کرتا ہے۔

2-4 "،بہت ہو گیا! آپ نے کافی عرصے سے انصاف کو خراب کیا ہے
آپ نے بدکاروں کو قتل کے ذریعے فرار ہونے دیا ہے۔ آپ یہاں بے دفاعوں کا دفاع کرنے کے لیے ہیں، اس بات کو یقینی بنانے کے لیے کہ انڈر ڈاگوں کو مناسب وقفہ ملے؛ آپ کا کام بے اختیار لوگوں کے لیے کھڑا ہونا ہے، اور ان تمام لوگوں کے خلاف قانونی کارروائی کرنا ہے جو ان کا استحصال کرتے ہیں۔"

5 !جاہل ججو! سر میں ریت کے ججوں
انہیں کچھ پتہ نہیں ہے کہ کیا ہو رہا ہے۔ اور اب سب کچھ ٹوٹ رہا ہے، دنیا بے نقاب ہو رہی ہے۔

6-7 "،میں نے آپ کو منصف مقرر کیا، آپ میں سے ہر ایک
خدا کے نائب، لیکن آپ نے اپنے کمیشن کو دھوکہ دیا اور اب آپ کے عہدے سے چھین لیا گیا ہے۔"

8 !اَے خُدا، اُن کو وہ دے جو اُن کے پاس ہے
!آپ کے ہاتھ میں پوری دنیا ہے

صبح 6 بجے رب، شریروں کو اس گڑھے میں گرنے دیں جو انہوں نے کھودا ہے اور شکاری نظام کو ان کے اپنے آلات کے نیچے گرنے دیں۔

صبح 9 بجے غریبوں، کمزوروں اور بے آوازوں کی روحوں کو فریب اور تشدد سے نجات دلائیں۔

دوپہر 12 بجے ناانصافی کی ہر مشینری بے گناہوں کے خون پر پل رہی ہے، صادق خدا کی طرف سے فیصلہ کیا جائے۔

دوپہر 3 بجے اسمگلروں، پرتشدد سازش کرنے والوں، اور ادارہ جابروں کو ان کے نیٹ ورک، فنڈنگ اور کور سے محروم ہونے دیں۔

شام 6 بجے میں حکم دیتا ہوں کہ اب ہماری سرزمین پر بے گناہوں کا خون سستا نہیں ہوگا۔

رات 9 بجے باپ، صالح ججوں، تفتیش کاروں، وکیلوں، اور اصلاح کاروں کو اٹھائیں جو دباؤ کے سامنے نہیں جھکیں گے۔

12am چھپے ہوئے شواہد کو منظر عام پر آنے دیں اور سچائی کو ہر انجینئرڈ جھوٹ کو توڑ دیں۔

صبح 3 بجے اے انصاف کے خدا، مصیبت زدوں کے لیے اٹھ اور قوموں کی عدالتوں اور کونسلوں میں اپنی قدرت کا مظاہرہ کر۔

17واں دن - ایجوکیشن ماؤنٹین: سچائی اور سمجھداری

حیفے: دانی ایل 9:1-21: جیمز 1:5

ص

دانی ایل 9:1-21

نیا کنگ جیمز ورژن

9 اب خُدا نے دانیال کو خواجہ سراؤں کے سردار کی مہربانی اور [ایک[1]] خیر خواہی
میں لایا تھا۔ 10 اور خواجہ سراؤں کے سردار نے دانیال سے کہا، "میں اپنے مالک بادشاہ سے ڈرتا ہوں جس نے تمہارے کھانے پینے کو مقرر کیا ہے، کیوں کہ وہ تمہارے چہرے تمہاری عمر کے جوانوں سے بدتر کیوں دیکھے گا؟ پھر تم بادشاہ کے سامنے میرا سر خطرے میں ڈالو گے۔"

11 تب دانیال نے اُس مُختار سے جسے خواجہ سراؤں کے سردار نے دانی ایل،
حننیاہ، مشائیل اور عزریاہ پر مقرر کیا تھا کہا ' "[2]12 براہ کرم اپنے **خادموں کو** دس دن تک آزمائیں اور وہ ہمیں کھانے کے لیے سبزیاں اور پانی دیں۔ مناسب ہے، تو اپنے
بندوں سے معاملہ کر۔" 14 پس اُس نے اِس بات میں اُن سے رضامندی ظاہر کی اور دس دن تک اُن کا امتحان لیا۔

15 اور دس دن کے آخر میں اُن کی خصلتیں اُن تمام جوانوں سے جو بادشاہ کے لذیذ
کھانے کھاتے تھے گوشت کے لحاظ سے بہتر اور موٹے دکھائی دینے لگے۔ 16 پس
مُختار نے اُن کے لذیذ کھانے اور مَے[3] جو اُنہوں نے پینی تھی لے لی اور اُنہیں سبزیاں دیں۔

17 جہاں تک اِن چار نوجوانوں کا تعلق ہے، خدا نے اُنہیں تمام ادب اور حکمت میں علم اور ہنر دیا۔ اور دانیال کو تمام رویا اور خوابوں کی سمجھ تھی۔

---

1. https://www.biblegateway.com/passage/?search=Isaiah%2054%3A13%3B%20Deuteronomy%206%3A7%3B%20Daniel%201%3A9-21%3B%20James%201%3A5&version=NKJV#fen-NKJV-21747a
2. https://www.biblegateway.com/passage/?search=Isaiah%2054%3A13%3B%20Deuteronomy%206%3A7%3B%20Daniel%201%3A9-21%3B%20James%201%3A5&version=NKJV#fen-NKJV-21749b

18 اب دِنوں کے آخر میں جب بادشاہ نے کہا تھا کہ اُنہیں اندر لایا جائے تو خواجہ
سراؤں کا سردار اُن کو نبوکدنضر کے سامنے لے آیا۔ 19 تب بادشاہ نے اُن کا انٹرویو
کیا[4] اور اُن میں سے دانیال، حننیاہ، مشائیل اور عزریاہ جیسا کوئی نہ پایا ۔ اِس لیے اُنہوں نے
بادشاہ کے سامنے خدمت کی۔ 20 اور حکمت اور فہم کے تمام معاملات میں جن کے
بارے میں بادشاہ نے ان کی جانچ کی تو اس نے انہیں ان تمام جادوگروں اور نجومیوں
سے دس گنا بہتر پایا جو اس کے تمام علاقے میں تھے ۔ 21 اس طرح دانی ایل سائرس
بادشاہ کے پہلے سال تک جاری رہا۔

جیمز 1:5

نیا کنگ جیمز ورژن

5 اگر تم میں سے کسی کے پاس حکمت کی کمی ہے تو وہ خدا سے مانگے جو سب
کو آزادانہ اور ملامت کے بغیر دیتا ہے اور اسے دیا جائے گا۔

دانی ایل 1:9-21

پیغام

8-10 لیکن دانیال نے فیصلہ کیا کہ وہ بادشاہ کا کھانا کھا کر یا اس کی شراب پی کر اپنے آپ کو ناپاک نہیں کرے گا، اس لیے اس نے محل کے عملے کے سربراہ سے کہا کہ وہ اسے شاہی خوراک سے مستثنیٰ کرے۔ خدا کے فضل سے محل کے عملے کے سربراہ نے دانیال کو پسند کیا، لیکن اس نے اسے خبردار کیا، "میں ڈرتا ہوں کہ میرا آقا بادشاہ کیا کرے گا، اسی نے یہ خوراک مقرر کی ہے اور اگر وہ دیکھے کہ تم باقیوں کی طرح صحت مند نہیں ہو، تو وہ میرا سر پکڑ لے گا!"

11-13 لیکن دانیال نے ایک نگران سے درخواست کی جسے محل کے عملے کے سربراہ نے دانیال، حننیاہ، مشائیل اور عزریاہ کا انچارج مقرر کیا تھا: "ہمیں دس دن تک سبزیوں اور پانی کی سادہ خوراک پر آزمائیں۔ پھر ہمارا موازنہ ان جوانوں سے کرو جو شاہی مینو سے کھاتے ہیں۔ جو کچھ تم دیکھتے ہو اس کی بنیاد پر فیصلہ کرو۔"

14-16 نگران ایسا کرنے پر راضی ہو گیا اور دس دن تک انہیں سبزیاں اور پانی کھلایا۔ دس دنوں کے اختتام پر وہ ان تمام لوگوں سے بہتر اور مضبوط لگ رہے تھے

---

3. https://www.biblegateway.com/passage/?search=Isaiah%2054%3A13%3B%20Deuteronomy%206%3A7%3B%20Daniel%201%3A9-21%3B%20James%201%3A5&version=NKJV#fen-NKJV-21754c

4. https://www.biblegateway.com/passage/?search=Isaiah%2054%3A13%3B%20Deuteronomy%206%3A7%3B%20Daniel%201%3A9-21%3B%20James%201%3A5&version=NKJV#fen-NKJV-21757d

جو شاہی مینو سے کھا رہے تھے۔ چنانچہ اسٹیورڈ انہیں کھانے پینے کے شاہی مینو سے مستثنیٰ کرتا رہا اور انہیں صرف سبزیاں پیش کرتا رہا۔

17-19 خدا نے ان چار نوجوانوں کو کتابوں اور زندگی دونوں میں علم اور ہنر دیا۔ اس کے علاوہ، دانیال کو ہر طرح کی رویا اور خوابوں کو سمجھنے کی صلاحیت حاصل تھی۔ بادشاہ کی طرف سے ان کی تربیت کے لیے مقرر کردہ وقت کے اختتام پر، شاہی عملے کا سربراہ انہیں نبوکدنضر کے پاس لے آیا۔ جب بادشاہ نے ان کا انٹرویو کیا تو اس نے انہیں باقی تمام نوجوانوں سے بہت برتر پایا۔ دانیال، حننیاہ، مشائیل اور عزریاہ کے لیے کوئی بھی میچ نہیں تھا ۔

19-20 اور وہ بادشاہ کی خدمت میں اپنی جگہ لے گئے۔ بادشاہ جب بھی ان سے کسی بھی چیز، کتابوں یا زندگی کے بارے میں مشورہ کرتا، تو اس نے انہیں اپنی سلطنت کے تمام جادوگروں اور جادوگروں سے دس گنا بہتر پایا۔

21 دانی ایل سائرس بادشاہ کی حکومت کے پہلے سال تک بادشاہ کی خدمت میں رہا۔

جیمز 1:5-8
پیغام

5-8 اگر آپ نہیں جانتے کہ آپ کیا کر رہے ہیں، تو باپ سے دعا کریں۔ وہ مدد کرنا پسند کرتا ہے۔ آپ کو اس کی مدد ملے گی، اور جب آپ اس کے لیے پوچھیں گے تو اس کی مذمت نہیں کی جائے گی۔ دلیری سے، یقین کے ساتھ، بغیر سوچے سمجھے پوچھیں۔ وہ لوگ جو "اپنی دعاؤں کی فکر کرتے ہیں" وہ ہوا سے چلنے والی لہروں کی مانند ہیں۔ یہ مت سوچیں کہ آپ اپنے تمام آپشنز کو کھلا رکھتے ہوئے، اس طرح سے، سمندر میں بھاگتے ہوئے، ماسٹر سے کچھ حاصل کرنے جا رہے ہیں۔

صبح 6 بجے باپ، رب کے خوف کو اسکولوں، یونیورسٹیوں اور تربیتی مراکز میں سیکھنے کی بنیاد بننے دیں۔

صبح 9 بجے میں ان تعلیمات کے نظام کو مسترد کرتا ہوں جو سچائی، شناخت، اخلاقیات اور خدا کے علم کے خلاف جنگ کرتے ہیں۔

دوپہر 12 بجے ڈینیئلز اور ایستھرز کو دانشمندی، عمدگی، اور تعلیمی میدانوں میں غیر سمجھوتہ کرنے والے یقین کے ساتھ بلند کریں۔

دوپہر 3 بجے ہر نصاب تاریکی اور الجھن کو معمول پر لانے کے لیے، سچائی اور صالح مزاحمت کا سامنا کرنا چاہتا ہے۔

شام 6 بجے رب، اساتذہ، لیکچررز، محققین، اور منتظمین کو مسح کریں جو دیانتداری کے ساتھ اثر و رسوخ کو سنبھالیں گے۔

رات 9 بجے میں طلباء کے درمیان صحیح تعلیم، نظم و ضبط کی سوچ، اور روحانی فہم کے احیاء کا حکم دیتا ہوں۔

12am کیمپس کو مسیح کے تحت بیداری، توبہ، اور فکری تجدید کے مراکز بننے دیں۔

صبح 3 بجے باپ، تعلیم کے پہاڑ کو پکڑو اور اسے دھوکے سے سچائی کی طرف موڑ دو۔

18واں دن - ایجوکیشن ماؤنٹین: کوونَنٹ انٹیلی جنس

حیفے: یسعیاہ 54:13؛ استثنا 6:7؛

ص

یسعیاہ 54:13
نیا کنگ جیمز ورژن

13 تیرے سب بچوں کو خُداوند کی طرف سے سِکھایا جائے گا ، اور تیرے بچوں کی سلامتی بڑی ہوگی ۔

استثنا 6:7
نیا کنگ جیمز ورژن

7 تُو اُن کو اپنے بچّوں کو تندہی سے سِکھانا اور جب تُو اپنے گھر میں بَیٹھتا اور جب تُم راہ میں چلتے، لیٹتے اور اُٹھتے تو اُن سے بات کرنا۔

یٰسعیاہ 54:13-17
پیغام

11-17 "مصیبت زدہ شہر، طوفان زدہ، بے رحم:
میں تمہیں فیروزی کے پتھروں سے دوبارہ تعمیر کرنے والا ہوں، تمہاری بنیادوں کو نیلم سے رکھوں گا، اپنے مینار یاقوت سے، تمہارے دروازے جواہرات سے اور تمہاری تمام دیواریں قیمتی پتھروں سے بنائیں گے۔ تمہارے تمام بچوں کے لیے تمہارے استاد ہوں گے جو تمہارے بچوں کے لیے استاد ہوں گے! ٹھوس، صداقت پر مبنی، کسی بھی مصیبت سے دور ۔ دہشت سے کچھ بھی دور نہیں ۔ یہ قریب بھی نہیں آئے گا! اگر کوئی تم پر حملہ کرے تو ایک لمحے کے لیے بھی یہ نہ سمجھو کہ میں نے انہیں بھیجا ہے، اور اگر کوئی حملہ کرے گا تو اس سے کچھ نہیں ہوگا،
میں لوہار کو پیدا کرتا ہوں
جو اپنی جالی کو آگ لگاتا ہے اور ایک ایسا ہتھیار بناتا ہے جو تمہیں مارنے کے لیے تیار کیا گیا ہو، لیکن میں اسے تباہ نہیں کر سکتا۔ جعل ساز۔ جو بھی الزام لگانے والا آپ کو عدالت میں لے جائے گا اسے جھوٹا قرار دے دیا جائے گا۔ خدا کے بندے یہی توقع کر سکتے ہیں کہ سب کچھ بہتر ہو۔ خدا کا فرمان۔

استثنا 9-6:7

پیغام

6-9 ان احکام کو لکھو جو میں نے تمہیں آج تمہارے دلوں پر دئے ہیں۔ انہیں اپنے اندر لے لو اور پھر اپنے بچوں کے اندر لے لو۔ آپ جہاں کہیں بھی ہوں، گھر بیٹھے یا گلی میں چلتے پھرتے ان کے بارے میں بات کریں۔ صبح اٹھنے سے لے کر رات کو سونے تک ان کے بارے میں بات کریں۔ انہیں اپنے ہاتھوں اور ماتھے پر ایک یاد دہانی کے طور پر باندھیں۔ اپنے گھروں کی چوکھٹوں پر اور اپنے شہر کے دروازوں پر انہیں لکھو۔

صبح 6 بجے رب، آپ کی روشنی طلباء اور مفکرین پر اس وقت تک پھیلے جب تک کہ فضیلت الٰہی حکمت کی گواہی نہ بن جائے۔

صبح 9 بجے میں تعلیمی، پالیسی اور تحقیق میں پوزیشن حاصل کرنے والے ہر مومن کے لیے ملامت کے بغیر حکمت طلب کرتا ہوں۔

12pm ذہنوں پر سے ہر پردہ اٹھا لیا جائے؛ سچ کے خلاف مزاحمت کرنے والی ہر فکری اسیر کو توڑ دیا جائے۔

3pm سماجی تبدیلی اور بادشاہی کی گواہی کے لیے جدت، دریافت اور بصیرت کو سنتوں تک پہنچانے دیں۔

شام 6 بجے باپ، ہمارے بچوں اور رہنماؤں کو عاجزی اور پاکیزگی کے ساتھ اعلیٰ سمجھ عطا کریں۔

رات 9 بجے میں حکم دیتا ہوں کہ کنفیوژن، اعتدال پسندی، اور تعلیمی جمود اس نسل کی تعریف نہیں کرے گا۔

صبح 12 بجے لائبریریوں، لیبارٹریوں اور لیکچر ہالز کو الٰہی ملاقات اور صالح اثر کے میدان بننے دیں۔

صبح 3 بجے اے خُدا، عہد کی ذہانت کو جاری کر جو دبنے والے مسائل کا جواب دے گی اور اقوام میں مسیح کی تمجید کرے گی۔

دن 19 - میڈیا ماؤنٹین: ایئر ویوز کو صاف کرنا

ص

حیفے: فلپیوں 4:8؛ میتھیو 12:36-37

فلپیوں 4:8

نیا کنگ جیمز ورژن

ان چیزوں پر غور کریں۔

8 آخر میں، بھائیو، جو بھی چیزیں سچی ہیں، جو چیزیں اعلیٰ ہیں ، جو بھی چیزیں انصاف پسند ہیں ، جو چیزیں پاک ہیں ، جو چیزیں پیاری ہیں ، جو چیزیں اچھی رپورٹ کی ہیں ، اگر کوئی خوبی ہے اور اگر کوئی قابلِ تعریف ہے تو ان باتوں پر غور کریں۔

میتھیو 12:36-37

نیا کنگ جیمز ورژن

36 **لیکن میں تم سے کہتا ہوں کہ** آدمی جو بھی بیکار بات کہے اس کا حساب عدالت کے دن دیں گے۔
37 کیونکہ آپ اپنے الفاظ سے راستباز ٹھہریں گے اور آپ کی باتوں سے آپ کو مجرم ٹھہرایا جائے گا۔

فلپیوں 4:8-9

پیغام

8-9 اس سب کا خلاصہ کرتے ہوئے، دوستو، میں کہوں گا کہ آپ اپنے دماغ کو بھر کر اور سچی، عمدہ، معروف، مستند، مجبور، رحمدل چیزوں پر غور کرنے سے بہترین کام کریں گے - بہترین، بدترین نہیں۔ خوبصورت، بدصورت نہیں؛ تعریف کرنے کی چیزیں، لعنت کرنے کی چیزیں نہیں۔ جو کچھ آپ نے مجھ سے سیکھا، جو آپ نے سنا، دیکھا اور محسوس کیا اسے عملی جامہ پہنائیں۔ ایسا کرو، اور خدا، جو سب کچھ ایک ساتھ کام کرتا ہے، آپ کو اپنی بہترین ہم آہنگی میں کام کرے گا۔

میتھیو 12:36-37

پیغام

34-37 "تمہارے دماغ سانپ کے گڑھے کی طرح ہیں! جب تم اتنے گھٹیا ہو تو تم جو کچھ کہتے ہو اسے کچھ بھی قیمتی کیسے سمجھتے ہو؟ یہ تمہارا دل ہے، لغت نہیں،

جو تمہاری باتوں کو معنی دیتی ہے، ایک اچھا آدمی اچھے کام اور الفاظ کا موسم بناتا ہے، ایک برے آدمی باغ کی تباہی ہے، میں تمہیں کچھ بتاتا ہوں: یہ بے پروا وقت آنے والا ہے جو تمہارے پاس آئے گا۔ الفاظ کو سنجیدگی سے لینا آپ کی نجات بھی ہو سکتا ہے۔

ص بح 6 بجے باپ، جھوٹ، بہکاوے اور تشدد سے آلودہ ہوائی لہروں، پلیٹ فارمز اور مواصلاتی چینلز کو صاف کریں۔

صبح 9 بجے میں شیطانی داستانوں کو گرفتار کرتا ہوں جو برائی کو معمول پر لاتی ہیں اور لوگوں کو گناہ کے لیے بے حس کرتی ہیں۔

رات 12 بجے سچائی اور راستبازی کے خلاف بنائے گئے ہر ہتھیار سے لیس میڈیا کے ایجنڈے کو پراگندہ کر دیا جائے۔

3pm صحافیوں، براڈکاسٹروں، مصنفین، ایڈیٹرز، اور تخلیق کاروں کو اٹھائیں جو خدا سے ڈرتے ہیں اور سچائی کا احترام کرتے ہیں۔

شام 6 بجے میں حکم دیتا ہوں کہ جھوٹے گواہوں، ہیرا پھیری سے متعلق رپورٹس، اور پروپیگنڈے کو بے نقاب اور ختم کر دیا جائے گا۔

رات 9 بجے رب، اپنے لوگوں کو یہ سمجھنے کی عقل دیجئے کہ وہ کیا کھاتے، بانٹتے، بڑھاتے اور مناتے ہیں۔

12am میڈیا کے پہاڑ کو سچائی، خوبصورتی، جرات، اور چھٹکارے کے گواہ کے لیے ایک چینل بننے دیں۔

صبح 3 بجے اے خدا، جھوٹی زبان کو خاموش کر دے اور ایسی آوازیں قائم کر دے جو قوموں کو شفا بخشیں، روشن کریں اور بیدار کریں۔

دن 20 - میڈیا ماؤنٹین: کنگڈم میسجنگ

ص

حیفے: زبور 68:11؛ 2 تھسلنیکیوں 3:1

زبور 68:11

نیا کنگ جیمز ورژن

11 خداوند نے کلام دیا۔

: کی بڑی کمپنی تھی[1] والوں یہ اعلان کرنے

2 تھسلنیکیوں 3:1

نیا کنگ جیمز ورژن

ہمارے لیے دعا کریں۔

3 آخرکار، بھائیو، ہمارے لیے دعا کریں کہ خُداوند کا کلام تیزی سے چلے اور جلال پائے جیسا کہ آپ کے ساتھ ہے۔

زبور 68:11-14

پیغام

11-14 رب نے کلام دیا۔

ہزاروں لوگوں نے خوشخبری سنائی: "فوج کے بادشاہ بھاگ رہے ہیں، بھاگ رہے ہیں!" جب کہ گھریلو خواتین، محفوظ اور صحت مند گھر واپس لوٹیں، کنعانی چاندی اور سونا لوٹ لیا گیا۔ اس دن جب شدائی نے بادشاہوں کو تتر بتر کیا، سیاہ پہاڑ پر برف گری۔

2 تھسلنیکیوں 3:1-3

پیغام

وہ لوگ جو سست ہیں۔

3 1-3 ایک اور بات، دوستو: ہمارے لیے دعا کریں۔ دعا کریں کہ ماسٹر کا کلام آسانی سے لے جائے اور پورے ملک میں ردعمل کی بنیاد پر دوڑ دے، جیسا کہ آپ کے درمیان ہوا تھا۔ اور دعا کریں کہ ہمیں ان مصیبت زدہ لوگوں سے بچایا جائے جو

1. https://www.biblegateway.com/passage/?search=Psalm%2068%3A11%3B%202%20Thessalonians%203%3A1&version=NKJV#fen-NKJV-14912a

ہمیں اندر جانے کی کوشش کر رہے ہیں۔ میں دیکھ رہا ہوں کہ تمام "ایماندار" مومن نہیں ہیں۔ لیکن مالک ہمیں کبھی مایوس نہیں کرتا۔ وہ آپ کے ساتھ رہے گا اور آپ کو برائی سے بچائے گا۔

صبح 6 بجے خُداوند، خُداوند کے کلام کو طاقت کے ساتھ جاری کریں اور اپنے لوگوں کو فتح کی زبان دیں۔

صبح 9 بجے سچائی کے پیغامبروں کو ہر دستیاب پلیٹ فارم پر راستبازی کی اشاعت کے لیے مضبوط کیا جائے۔

رات 12 بجے میں حکم دیتا ہوں کہ انجیل ڈیجیٹل، پرنٹ، بصری اور زبانی چینلز کے ذریعے تیزی سے چلائی جائے گی۔

دوپہر 3 بجے سچائی کے خلاف ہر الگورتھمک مزاحمت اور راستبازی کے خلاف ہر پوشیدہ تعصب، خدا کی طرف سے الٹ جائے۔

شام 6 بجے باپ، ہمیں ایسی حکمت عملی فراہم کریں جو دھوکہ دہی کو دور کرے اور دلوں تک درستگی کے ساتھ پہنچ جائے۔

9pm گواہی، نظریہ، پیشن گوئی گواہی، اور بائبل کی وضاحت کو اس موسم میں غیر معمولی کرشن حاصل کرنے دیں۔

صبح 12 بجے میں تخلیقی، نظم و ضبط اور نڈر بات چیت کرنے والوں کو بلاتا ہوں جو عمر کی روح کے سامنے نہیں جھکیں گے۔

صبح 3 بجے اے خُداوند، میڈیا پہاڑ کو اپنے پاس رکھو اور اسے بیداری، انصاف اور مسیح کی بادشاہی کی ترقی کا کام بنا۔

دن 21 - بزنس ماؤنٹین: مقصد کے ساتھ دولت

حیفے: استثنا 8:18؛ استثنا 32:13

ص

استثنا 8:18
نیا کنگ جیمز ورژن

18 اور تُو خُداوند اپنے خُدا کو یاد کرنا کیونکہ وہی ہے جو تُجھے دولت حاصل کرنے کی طاقت دیتا ہے تاکہ وہ اپنے اُس عہد[1] کو جو اُس نے تیرے باپ دادا سے کھائی تھی قائم کرے جیسا کہ آج ہے ۔

استثنا 32:13
نیا کنگ جیمز ورژن

13 اُس نے اُسے زمین کی بلندیوں پر سوار کرایا
تاکہ وہ کھیتوں کی پیداوار کھائے، اُس نے چٹّان سے شہد اور چٹّان سے تیل نکالا۔

استثنا 8:18
پیغام

17-18 اگر آپ اپنے آپ سے سوچنا شروع کر دیں، "میں نے یہ سب کیا ہے۔ اور سب کچھ خود سے۔ میں امیر ہوں، یہ سب میرا ہے!" — اچھا، دوبارہ سوچیں۔ یاد رکھو کہ خدا، تمہارے خدا نے تمہیں یہ ساری دولت پیدا کرنے کی طاقت دی ہے تاکہ اس عہد کی تصدیق کرو جس کا وعدہ اس نے تمہارے باپ دادا سے کیا تھا — جیسا کہ آج ہے۔

استثنا 32:13-14
پیغام

10-14 اُس نے اُسے بیابان میں،
ایک خالی، آندھی سے بھرے ویران زمین میں پایا۔ اُس نے اپنے بازو اُس کے گرد پھینکے، اُس پر توجہ مرکوز کی، اُس کی آنکھ کے سیب کی طرح حفاظت کی۔ وہ ایک عقاب کی طرح تھا جو اپنے گھونسلے پر منڈلا رہا تھا، اپنے بچّوں کو سایہ کر رہا تھا،
پھر اپنے پروں کو پھیلا کر اُسے

---

1. https://www.biblegateway.com/passage/?search=Deuteronomy%208%3A18%3B%20Deuteronomy%2032%3A13&version=NKJV#fen-NKJV-5156a

اکیلے اُٹھا کر اُسے اُٹھانے کی تعلیم دیتا تھا۔ وہاں کوئی اجنبی دیوتا نظر نہیں آتا تھا۔ خدا نے اسے پہاڑی کی چوٹیوں پر اٹھا لیا، تاکہ وہ کھیتوں میں کھیتی باڑی کر سکے۔ اس نے اسے چٹان سے شہد کھلایا، گرینائٹ کے کرگوں سے تیل، مویشیوں کا دہی اور بھیڑ کا دودھ، بھیڑ اور بکریوں کے چنے چنے کٹے، عمدہ باشن کے مینڈھے، اعلیٰ درجے کے خون اور خون کی چیزیں۔ شراب

صبح 6 بجے باپ، اپنے عہد کو یاد رکھیں اور اپنے لوگوں کو بادشاہی کے مقصد کے لیے دولت بنانے کے لیے بااختیار بنائیں۔

صبح 9 بجے میں دفن شدہ وسائل، نظر انداز مواقع، اور اضافہ کے حلال دروازے خدا کے فضل سے کھولنے کا حکم دیتا ہوں۔

دوپہر 12 بجے نیک کاروبار کے خلاف تفویض کردہ ہر کھانے والے کو یسوع کے نام پر ملامت کی جائے۔

دوپہر 3 بجے بلندیوں کے خزانے اور زمین کے پوشیدہ انتظامات کو بادشاہی تفویض کے لیے جاری کیا جائے۔

شام 6 بجے رب، لالچ، دھوکہ دہی، سمجھوتہ، اور استحصال کو کاروبار کے پہاڑ سے پاک کریں۔

رات 9 بجے میں حکم دیتا ہوں کہ تجارت میں یقین رکھنے والے راستبازی، سخاوت، اور حکمت عملی سے کام لیں گے۔

12am جنت کے ساتھ منسلک کاروبار کو بڑھنے دیں، مستحکم ہوں، بڑھیں، اور روزگار اور رحمت کے ذرائع بنیں۔

صبح 3 بجے اے خدا، وسائل کو غلامی سے مقصد تک منتقل کریں اور دولت کو اپنے ایجنڈے کا جواب دیں۔

دن 22 - بزنس ماؤنٹین: مسح شدہ سپلائی لائنز

ص

حیفے: یرمیاہ 31:11-14؛ ایوب 29:6

یرمیاہ 31:11-14
نیا کنگ جیمز ورژن

11 کیونکہ خُداوند نے یعقوب کو چھڑایا
اور اُسے اُس سے زیادہ طاقتور کے ہاتھ سے چھڑا لیا۔
12 ،اِس لیے وہ آئیں گے اور صیون کی بلندی پر
رب کی بھلائی کے لیے گیہوں گا، گیہوں اور نئی شراب اور تیل کے لیے،
بھیڑبکریوں کے جوانوں کے لیے؛ اُن کی روحیں سیراب شدہ باغ کی مانند ہوں گی،
اور وہ مزید غمگین نہیں ہوں گے۔
13 تب کنواریاں ناچنے میں خوش ہوں گی
اور جوان اور بوڑھے ایک ساتھ ہوں گے؛ کیونکہ میں ان کے ماتم کو خوشی میں
بدل دوں گا، انہیں تسلی دوں گا، اور انہیں
بجائے خوشی دوں[1]۔ غم کی
گا۔

ایوب 29:6
نیا کنگ جیمز ورژن

6 جب میرے قدم کریم سے
نہا گئے[2]، اور چٹان نے میرے لیے تیل کی نہریں بہا دیں

یرمیاہ 31:11-14

1. https://www.biblegateway.com/passage/?search=Jeremiah%2031%3A11-14%3B%20Job%2029%3A6&version=NKJV#fen-NKJV-19706a

2. https://www.biblegateway.com/passage/?search=Jeremiah%2031%3A11-14%3B%20Job%2029%3A6&version=NKJV#fen-NKJV-13539a

پیغام

10-14 "اے قومو، خدا کا پیغام سنو!

اسے پوری دنیا میں پھیلا دو! ان سے کہو، 'جس نے اسرائیل کو پراگندہ کیا ،وہ انہیں دوبارہ اکٹھا کرے گا

اب سے وہ اپنے ریوڑ کے چرواہے کی طرح ان پر نظر رکھے گا۔' میں، خدا، یعقوب کے لیے ایک سخت فدیہ ادا کروں گا؛ میں غنڈوں سے آزاد کروں گا۔ صیون کی ڈھلوانیں خوشی سے چیخ رہی ہیں، ان کے چہرے خُدا کے فضل سے چمک رہے ہیں — اناج اور شراب اور تیل، بھیڑوں کے ریوڑ، مویشیوں کے ریوڑ۔ ان کی زندگیاں ایک ایسے باغ کی طرح ہوں گی، جو پھر کبھی سوکھنے کے لیے نہیں چھوڑے جائیں گے۔ جوان عورتیں ناچیں گی اور خوش ہوں گی، جوان مرد اور بوڑھے شامل ہوں گے۔ ہم ان کی ہنسی خوشی خوشی خوشی میں بدلیں گے۔ خوشی۔ میں اس بات کو یقینی بناؤں گا کہ ان کے پادریوں کو دن میں تین مربع وقت کا کھانا ملے اور یہ کہ میرے لوگوں کے پاس کافی سے زیادہ ہے۔" خدا کا فرمان۔

ایوب 29:6

پیغام

جب خدا اب بھی میری طرف تھا۔

29 **1-6** جاب نے اب اپنا جواب دوبارہ شروع کیا:

"اوہ، میں اچھے پرانے دنوں کی کتنی آرزو رکھتا ہوں،

جب خدا نے میرا بہت خیال رکھا۔ اس نے ہمیشہ میرے سامنے ایک چراغ رکھا اور میں اس کی روشنی سے اندھیرے میں سے گزرا۔ اوہ، میں ان سنہرے سالوں کو کیسے یاد کرتا ہوں جب خدا کی دوستی نے میرے گھر پر فضل کیا، جب غالب اب بھی میرے ساتھ تھا اور میرے بچے میرے آس پاس تھے، جب سب کچھ میرے راستے پر چل رہا تھا، اور کچھ بھی مشکل نہیں لگتا تھا۔

صبح 6 بجے خُداوند، اپنے لوگوں کو چھڑائیں اور بھر دیں اور انہیں خشک سالی اور غیر یقینی کے موسموں میں بھلائی سے مطمئن کریں۔

صبح 9 بجے میں وزارتوں، خاندانوں، مشنوں اور بادشاہی منصوبوں پر مافوق الفطرت فراہمی کا حکم دیتا ہوں۔

12pm نقصان، رساو، اور قریب قریب ٹوٹ پھوٹ کا ہر دور خدا کے ہاتھ سے روکا جائے۔

دوپہر 3 بجے کثرت کو بہنے دو جہاں بانجھ پن بہت طویل بول رہا ہے، اور نیک محنت کو پورا اجر ملے۔

شام 6 بجے باپ، اپنے لوگوں کے لیے صاف ستھرا سپلائی لائنز، ایماندارانہ شراکت داری، اور محفوظ لین دین قائم کریں۔

رات 9 بجے میں رزق کے دروازے پر تاخیر کا حکم دیتا ہوں تاکہ الٰہی سرعت کو راستہ دیا جا سکے۔

12am ہماری منزلیں سخاوت، مشن اور سلطنت کی توسیع کے لیے کافی مادے سے بھر جائیں۔

صبح 3 بجے اے رب، قلت کو گواہی میں بدل دے اور اپنے لوگوں کو عہد کی فراہمی کا واضح ثبوت بنا۔

دن 23 - آرٹس ماؤنٹین: مقدس تخلیقی صلاحیت

ص

حیفے: خروج 1:31-5؛ زبور 1:150-6
خروج 1:31-5
نیا کنگ جیمز ورژن
خیمے کی تعمیر کے لیے کاریگر

31 تب خُداوند نے موسیٰ سے کہا: 2 **دیکھو میں نے** یہوداہ کے قبیلے کے اُوری کے
بیٹے بضلی ایل کو نام سے بُلایا ہے 3 **اور میں نے اُسے خدا کی روح سے معمور کیا ہے، حکمت،**
سمجھ، علم اور ہر طرح کی کاریگری میں ، 4 چاندی کے کاموں میں، سونے کے کاموں
میں، سونے کے کاموں میں، 5 سونے کے کاموں میں۔ جواہرات ترتیب دینے، لکڑی
تراشنے اور ہر طرح کی کاریگری میں کام کرنے کے لیے۔

زبور 150
نیا کنگ جیمز ورژن
تمام چیزیں رب کی حمد کریں۔

150 خُداوند کی حمد کرو[1]!

اُس کے مقدِس میں خُدا کی حمد کرو۔ اس کے
قوی آسمان[2] میں اس کی حمد کرو!

2 اُس کے زبردست کاموں کے لیے اُس کی تعریف کرو۔
اس کی شاندار عظمت کے مطابق اس کی تعریف کرو!

3 نرسنگے کی آواز سے اس کی تعریف[3] کرو
رباب اور بربط کے ساتھ اس کی تعریف کرو!

---

1. https://www.biblegateway.com/passage/?search=Exodus%2031%3A1-5%3B%20Psalm%20150%3A1-6&version=NKJV#fen-NKJV-16396a

2. https://www.biblegateway.com/passage/?search=Exodus%2031%3A1-5%3B%20Psalm%20150%3A1-6&version=NKJV#fen-NKJV-16396b

4 دف اور رقص کے ساتھ اس کی تعریف کرو۔
!تار والے آلات اور بانسری کے ساتھ اس کی تعریف کرو
5 بلند آواز سے جھانجھ کر اس کی ستائش کرو۔
!ٹکراتی جھانجھ کے ساتھ اس کی تعریف کرو

6 ہر وہ چیز جس میں سانس ہے رب کی حمد کرے۔
رب کی[4] حمد کرو !

خروج 1:31-5
پیغام
بضلی ایل اور اولیاب

31 1-5 خدا نے موسیٰ سے کہا: "دیکھو میں نے کیا کیا ہے؛ میں نے ذاتی طور پر یہوداہ کے قبیلہ حور کے بیٹے اوری کے بیٹے بضلی ایل کو منتخب کیا ہے ، میں نے اسے خدا کی روح سے معمور کیا ہے، اور اسے ہر طرح کے ہنر میں مہارت اور مہارت دی ہے کہ وہ ڈیزائن بنانے اور سونے، چاندی اور لکڑی کے پتھروں اور لکڑی کے پتھروں میں کام کرنے میں مہارت اور مہارت فراہم کرے۔ ایک چاروں طرف کاریگر۔

زبور 150
پیغام

150 1-6 !ہیلیلویاہ
اس کے مقدس عبادت گاہ میں خدا کی حمد کرو، کھلے آسمان تلے اس کی تعریف کرو؛ اس کی طاقت کے کاموں کے لئے اس کی تعریف کرو، اس کی شاندار عظمت کے لئے اس کی تعریف کرو؛ نرسنگے پر پھونکنے کے ساتھ تعریف کرو، نرم تاروں کے ساتھ اس کی تعریف کرو؛ کاسٹنیٹ اور رقص کے ساتھ اس کی تعریف کرو، بینجو اور بانسری کے ساتھ اس کی تعریف کرو؛ پیمبسپریس کے ساتھ اس کی تعریف کرو؛ !ہر جاندار، سانس لینے والی مخلوق خدا کی حمد کرے! ہیلیلویاہ

3. https://www.biblegateway.com/passage/?search=Exodus%2031%3A1-5%3B%20Psalm%20150%3A1-6&version=NKJV#fen-NKJV-16398c

4. https://www.biblegateway.com/passage/?search=Exodus%2031%3A1-5%3B%20Psalm%20150%3A1-6&version=NKJV#fen-NKJV-16401d

صبح 6 بجے باپ، تخلیقی صلاحیتوں، فنکاری، اور تخیل کو اپنے جلال کے لیے دوبارہ دعوی کریں نہ کہ بغاوت کے لیے۔

صبح 9 بجے میں موسیقی، فلم، فیشن، کہانی سنانے، اور کارکردگی پر تاریکی کے بہکانے والے اثر کو توڑتا ہوں۔

12pm مہارت، حکمت، خوبصورتی، اور مقدس دلیری سے بھرے مقدس فنکاروں کو بلند کریں۔

دوپہر 3 بجے ہر قربان گاہ جو کج روی، تشدد اور بت پرستی کی تعریف کرنے کے لیے تخلیقی صلاحیتوں کا استعمال کرتی ہے، اکھاڑ پھینکی جائے۔

شام 6 بجے رب، گانوں، تصاویر، کہانیوں اور پرفارمنس کو سچائی اور یقین کے حامل بننے دیں۔

رات 9 بجے میں فرمان دیتا ہوں کہ آرٹس ماؤنٹین کو مزید دشمن کے حوالے نہیں کیا جائے گا۔

صبح 12 بجے عبادت کرنے والوں، مصنفین، ڈیزائنرز، اداکاروں اور موسیقاروں کو خدا سے گہرائی سے ملنے اور بہاؤ سے تخلیق کرنے دیں۔

صبح 3 بجے اے خدا، تخلیقی میدان میں سچائی سے شادی شدہ خوبصورتی اور پاکیزگی سے شادی کر۔

دن 24 - آرٹس ماؤنٹین: ثقافت کا چھٹکارا

صحیفے: یسعیاہ مکاشفہ 24:21-26؛ پیدائش 26:1-27؛ زبور 1:96-3

مکاشفہ 24:21-26

نیا کنگ جیمز ورژن

24 **اور نجات پانے والوں میں** سے قومیں اُس[1]کی روشنی میں چلیں گی اور زمین کے
بادشاہ اُس میں اپنی شان و شوکت [بے[2]] لائیں گے ۔ 25 اُس کے دروازے دن کو بالکل بند
نہیں ہوں گے (وہاں رات نہیں ہوگی)۔ 26 اور وہ قوموں کی شان اور عزت کو اس میں
[3]لائیں گے ۔

پیدائش 26:1-27

نیا کنگ جیمز ورژن

26 تب خُدا نے کہا، ”آؤ ہم انسان کو اپنی شبیہ پر اپنی شبیہہ پر بنائیں؛ وہ سمندر کی
مچھلیوں پر، ہوا کے پرندوں پر اور چوپایوں پر، تمام زمین پر اور زمین پر رینگنے
والے ہر رینگنے والے جانور پر حکومت کریں۔[4] 27 چنانچہ خدا نے انسان کو اپنی
صورت پر پیدا کیا۔ خدا کی شکل میں اس نے اسے پیدا کیا؛ مرد اور عورت اس نے
انہیں پیدا کیا۔

---

1. https://www.biblegateway.com/passage/?search=Rev%2021%3A24-26%3B%20Genesis%201%3A26-27&version=NKJV#fen-NKJV-31078a
2. https://www.biblegateway.com/passage/?search=Rev%2021%3A24-26%3B%20Genesis%201%3A26-27&version=NKJV#fen-NKJV-31078b
3. https://www.biblegateway.com/passage/?search=Rev%2021%3A24-26%3B%20Genesis%201%3A26-27&version=NKJV#fen-NKJV-31080c
4. https://www.biblegateway.com/passage/?search=Rev%2021%3A24-26%3B%20Genesis%201%3A26-27&version=NKJV#fen-NKJV-26a

زبور 1:96-3
نیا کنگ جیمز ورژن
خدا کی حمد کا گیت جو فیصلے میں آ رہا ہے۔

96 اے رب کے لیے ایک نیا گیت گاؤ!
رب کے لیے گاؤ، ساری زمین۔
2 خُداوند کے لِئے گاؤ، اُس کے نام کی تعظیم کرو۔
دن بہ دن اس کی نجات کی خوشخبری سنائیں۔
3 قوموں کے درمیان اُس کے جلال کا،
لوگوں کے درمیان اُس کے عجائبات کا اعلان کرو ۔[5] تمام

مکاشفہ 24:21-27
پیغام

15-21 میرے ساتھ بات کرنے والے فرشتے کے پاس شہر ، اُس کے دروازوں اور اُس کی دیوار کی پیمائش کرنے کے لیے سونے کی ایک چھڑی تھی۔ شہر کو ایک بہترین چوک میں رکھا گیا تھا۔ اس نے ناپنے والی چھڑی سے شہر کو ناپا : پندرہ سو میل، اس کی لمبائی، چوڑائی اور اونچائی سب برابر تھی۔ معیاری پیمائش کا استعمال کرتے ہوئے، فرشتہ نے اس کی دیوار کی موٹائی کی پیمائش کی: 72 گز۔ دیوار یشب تھی، جلال کا رنگ، اور شہر خالص سونے کا تھا، شیشے کی طرح پارباسی۔ شہر کی دیواروں کی بنیادیں ہر قیمتی جواہرات سے مزین تھیں: پہلی بنیاد یشب، دوسرا نیلم، تیسرا عقیق، چوتھا زمرد، پانچواں سُلیمانی، چھٹا کارنیلین، ساتواں کریسو لائٹ، آٹھواں بیریل، نواں پکھراج، دسواں تھیسیونتھ، دسواں اِمیونِتھ بارہ دروازے بارہ موتیوں کے تھے، ہر دروازے پر ایک موتی تھا۔

21-27 شہر کی مرکزی سڑک خالص سونے کی تھی، شیشے کی طرح پارباسی۔ لیکن وہاں کسی ہیکل کا کوئی نشان نہیں تھا، کیونکہ خُداوند خُدا ۔ جو خودمختار۔مضبوط ہے۔ اور برّہ ہیکل ہے۔ شہر کو روشنی کے لیے سورج یا چاند کی ضرورت نہیں ہے۔ خدا کا جلال اس کا نور ہے، برہ اس کا چراغ! قومیں اس کی روشنی میں چلیں گی اور زمین کے بادشاہ اپنی شان و شوکت میں لائیں گے۔ اُس کے دروازے نہ دن کو بند ہوں گے اور نہ ہی کوئی رات ہو گی۔ وہ قوموں کی شان اور عزت شہر میں لائیں گے ۔ شہر میں کوئی بھی گندی یا ناپاک چیز داخل نہیں ہوگی ، اور کوئی بھی جو

5. https://www.biblegateway.com/passage/?search=Isaiah%2060%3A5-7%3B%20Psalm%2096%3A1-3&version=NKJV#fen-NKJV-15469a

ناپاک یا دھوکہ نہیں دے گا۔ صرف وہی لوگ داخل ہوں گے جن کے نام برہ کی کتاب زندگی میں لکھے گئے ہیں۔

پیدائش 1:26-28

پیغام

خدا نے کہا: "آئیے ہم انسانوں کو اپنی شکل پر بنائیں، انہیں **26-28**
ہماری فطرت کی عکاسی کریں تاکہ وہ سمندر کی مچھلیوں، ہوا میں موجود پرندوں، مویشیوں، اور ہاں، خود زمین، اور زمین کے چہرے پر چلنے والے ہر جانور کے ذمہ دار ہو سکیں۔"

خدا نے انسانوں کو پیدا کیا؛

اس نے انہیں خدا کی طرح پیدا کیا، خدا کی فطرت کی عکاسی کی۔ اُس نے اُنہیں نر اور مادہ پیدا کیا۔ خُدا نے اُن کو برکت دی: " خوشحالی پیدا کرو! زمین کو بھرو، ذمہ داریاں سنبھالو!

سمندر میں مچھلیوں اور ہوا میں پرندوں کے لیے ذمہ دار بنو، زمین کے چہرے پر چلنے والی ہر جاندار چیز کے لیے۔"

زبور 96:1-3

پیغام

96 **1-2** خدا کو ایک بالکل نیا گانا گاؤ!

زمین اور اس میں موجود ہر شخص، گاؤ! خدا کے لیے گاؤ۔ خدا کی عبادت کرو!

2-3 سمندر سے سمندر تک اُس کی فتح کی خبر سناؤ،

اُس کے جلال کی خبر کھوئے ہوئے تک پہنچاؤ، اُس کے عجائبات کی خبر ہر ایک کو سناؤ!

صبح 6 بجے رب، ثقافت کی دولت، توجہ اور اثر و رسوخ کو اس طرف موڑ دیا جائے جو آپ کی عزت کرتی ہے۔

صبح 9 بجے میں ایک نئی آواز اور ایک نئے گواہ کو بلاتا ہوں جو قوموں میں تیرے جلال کا اعلان کرتا ہے۔

رات 12 بجے ہر ثقافتی قید تاریکی کو معمول پر لاتی ہے، اب خدا کی بادشاہی کی اعلیٰ طاقت کے تحت توڑ دو۔

3pm بادشاہی یقین کے ساتھ تخلیق کاروں کو اختیارات کے ساتھ مراحل، اسٹوڈیوز، گیلریوں اور تھیٹروں پر قبضہ کرنے دیں۔

شام 6 بجے باپ، عوامی ذوق، اجتماعی تخیل، اور قومی بھوک کو بدعنوانی سے نجات دلائیں۔

رات 9 بجے میں حکم دیتا ہوں کہ خوبصورتی کو اب سچائی سے الگ نہیں کیا جائے گا اور تخلیقی صلاحیتوں کو ضمیر سے الگ نہیں کیا جائے گا۔

صبح 12 بجے فنونِ لطیفہ کو الہٰی ملاقات کا ایک میدان بننے دیں جہاں اُجرت کرنے والے مڑتے ہیں اور متلاشی آپ کی شان کو دیکھتے ہیں۔

صبح 3 بجے اے خُداوند، ثقافت کو مقدس شان کے ساتھ حملہ آور کرو اور قوموں کو بیداری کی آواز سناؤ۔

دن 25 - مذہب اور چرچ: بحالی کی آگ

صحیفے: 2 تواریخ 7:14؛ رومیوں 15:30-32

2 تواریخ 7:14

نیا کنگ جیمز ورژن

14 اگر میرے لوگ جو میرے نام سے کہلاتے ہیں فروتنی کریں اور دعا کریں اور میرے چہرے کو ڈھونڈیں اور اپنی بُری راہوں سے باز آئیں تو میں آسمان سے سنوں گا اور اُن کے گناہوں کو معاف کروں گا اور اُن کے ملک کو شفا بخشوں گا۔

رومیوں 15:30-32

نیا کنگ جیمز ورژن

30 اب میں بھائیو، خداوند یسوع مسیح کے ذریعے اور روح کی محبت کے وسیلے
سے آپ سے التجا کرتا ہوں کہ آپ میرے لیے خدا سے دعا کرنے میں میرے ساتھ مل
کر کوشش کریں، 31 **تاکہ میں** یہودیہ میں ان لوگوں سے رہائی پاؤں جو ایمان نہیں[1] لاتے،
اور یروشلم کے لیے میری خدمت مقدسوں کے لیے قابل قبول ہو، 32 تاکہ میں خدا کی
طرف سے دوبارہ آپ کے ساتھ ہو سکوں اور آپ کے ساتھ خوش ہوں۔ آپ

2 تواریخ 7:14-18

پیغام

12-18 اسی رات خدا نے سلیمان پر ظاہر کیا اور کہا، "میں تمہاری دعا قبول کرتا ہوں، ہاں، میں نے اس جگہ کو قربانی کے لیے مندر، عبادت گاہ کے طور پر چنا ہے، اگر میں کبھی آسمان سے بارش کا پانی بند کر دوں یا ٹڈیوں کو فصلوں کو کھانے کا حکم دوں یا میری قوم پر طاعون بھیج دوں، اور میری قوم، میرے خدا کے متعین لوگ، اپنی دعائیں مانگتے ہوئے، اپنی حاضری مانگتے ہوئے، واپس لوٹتے ہیں، اور اپنی دعا مانگتے ہیں۔ بدکار زندگیاں، میں آپ کے لیے تیار رہوں گا: میں ان کے گناہوں کو سنوں گا، اور ان کی زمین کو صحت مند بناؤں گا، میں اس جگہ پر کی جانے والی دعاؤں کے لیے دن رات چوکس ہوں، یقین کرو، میں نے اس مندر کو جو تم نے بنایا

1. https://www.biblegateway.com/passage/?search=2%20Chronicles%207%3A14%3B%20Romans%2015%3A30-32&version=NKJV#fen-NKJV-28335a

ہے، اس پر ہمیشہ کے لیے میرے نام کی مہر ثبت ہے۔ آپ کے والد ڈیوڈ زندہ رہے، دل اور عمل میں خالص، وہ زندگی گزاریں جو میں نے آپ کے لیے مقرر کی ہے، میری رہنمائی اور فیصلوں پر توجہ کے ساتھ، پھر میں اسرائیل پر آپ کی بادشاہی حکومت کی حمایت کروں گا۔ اس کو ایک یقینی بنیاد پر یقینی بنائیں جو میں نے آپ کے والد ڈیوڈ کو دیا تھا، یعنی، 'آپ ہمیشہ اسرائیل پر اعتماد کر سکتے ہیں'۔

رومیوں 30:15-33

پیغام

30-33 میری ایک درخواست ہے پیارے دوستو: میرے لیے دعا کریں۔ میرے ساتھ اور میرے لیے خُدا باپ سے، ہمارے آقا یسوع کی طاقت کے ذریعے، روح کی محبت کے ذریعے سے دُعا کرو کہ میں یہودیہ میں بے اعتقادوں کے شیروں کی مانند سے بچایا جاؤں گا۔ یہ بھی دعا کریں کہ یروشلم کے مومنین کے لیے میری امدادی پیشکش جس روح کے ساتھ دی گئی ہے قبول ہو۔ پھر، انشاء اللہ، میں آپ کے پاس ایک ہلکے اور بے تاب دل کے ساتھ آپ کی کمپنی کی طرف سے تازہ دم ہونے کے منتظر ہوں گا۔ خدا کی سلامتی آپ سب کے ساتھ ہو۔ اوہ، ہاں!

صبح 6 بجے باپ، اپنے چرچ کو عاجزی، توبہ، اور عہد کی دعا کی طرف موڑیں۔

صبح 9 بجے میں احیاء، پاکیزگی، اور روح القدس کے تازہ نزول کے لیے مقدسین کے ساتھ مل کر دعا میں کوشش کرتا ہوں۔

رات 12 بجے سوئے ہوئے اجتماعات کو بیدار ہونے دیں اور خشک قربان گاہوں کو دوبارہ جلانے دیں۔

3pm فخر، روایت، اور پوشیدہ گناہ میں جڑی احیاء کی ہر مزاحمت کو توڑ دیا جائے۔

شام 6 بجے رب، فرقوں، رفاقتوں، وزارتوں، اور نماز کے نیٹ ورکس کو صاف کرنے والی آگ کے ساتھ دیکھیں۔

رات 9 بجے میں کلام، عبادت، تقدس، اور انجیلی بشارت کے بوجھ کے لیے بھوک کے تازہ بپتسمہ کا حکم دیتا ہوں۔

12am معجزات، یقین، مفاہمت، اور نجات کو چرچ کی زندگی کے مرکز میں واپس آنے دیں۔

صبح 3 بجے اے خدا، سالوں کے درمیان اپنے کام کو زندہ کریں اور چرچ کو دوبارہ تبدیلی کی طاقت بننے دیں۔

دن 26 - مذہب اور چرچ: باقیات کا تحفظ

حیفے: زبور 92:8،14؛ میتھیو 26:41

ص

زبور 92:8
نیا کنگ جیمز ورژن

8 لیکن اے رب، تُو ابد تک بلند ہے۔

زبور 92:14
نیا کنگ جیمز ورژن

14 وہ بڑھاپے میں بھی پھل لائیں گے۔
وہ[1] تازہ اور پھلتے پھولتے ہوں گے[2]،

میتھیو 26:41
نیا کنگ جیمز ورژن

41 جاگتے رہو اور دعا کرو، ایسا نہ ہو کہ تم آزمائش میں پڑ جاؤ۔ روح تو یقیناً تیار ہے لیکن جسم کمزور ہے۔"

زبور 92:8-9
پیغام

4-9 اے خدا، آپ نے مجھے بہت خوش کیا۔
میں نے آپ کا کام دیکھا اور میں خوشی سے چلایا۔ آپ کا کام کتنا شاندار ہے، خدا! آپ کے خیالات کتنے گہرے ہیں۔ بے وقوف کبھی نہیں پاتے۔ جب شریر گھاس کی طرح پھوٹ پڑے اور تمام شریر مرد اور عورتیں اس پر قابض ہو گئیں، تو آپ نے انہیں کاٹ ڈالا، ایک بار اور ہمیشہ کے لیے ختم کر دیا۔ آپ، خدا، بلند اور ابدی ہیں۔ اپنے دشمنوں کو دیکھو، خدا!

1. https://www.biblegateway.com/passage/?search=Psalm%2092%3A8%2C14%3B%20Matthew%2026%3A41&version=NKJV#fen-NKJV-15426a
2. https://www.biblegateway.com/passage/?search=Psalm%2092%3A8%2C14%3B%20Matthew%2026%3A41&version=NKJV#fen-NKJV-15426b

!اپنے دشمنوں کو دیکھو - برباد ہو گئے
!ہواؤں میں بکھرے ہوئے، برائی کے وہ تمام کرایہ دار

زبور 92:14
پیغام

10-14 لیکن تُو نے مجھے ایک بائسن کی طرح مضبوط بنایا،
تُو نے مجھے ایک تہوار پریڈ سے نوازا ہے۔ میرے ناقدین کے نیچے جانے کی نظر ابھی بھی تازہ ہے، میرے بدنیتی کرنے والوں کی شکست۔ میرے کان وعدے کی آوازوں سے بھرے ہوئے ہیں: " اچھے لوگ کھجور کے درختوں کی طرح ترقی کریں گے،
لبنان کی طرح قد آور ہو جائیں گے۔ صحن، وہ خدا کی بارگاہ میں لمبے ہو جائیں گے، سبز اور سبز، بڑھاپے میں بھی۔

میتھیو 26:41
پیغام

40-41 جب وہ اپنے شاگردوں کے پاس واپس آیا تو دیکھا کہ وہ سوئے ہوئے ہیں۔ اُس نے پطرس سے کہا، "کیا تم اسے ایک گھنٹہ بھی میرے ساتھ نہیں رکھ سکتے؟ ہوشیار رہو؛ نماز میں رہو تاکہ تم یہ جانتے ہوئے بھی آزمائش میں نہ پڑو کہ تم خطرے میں ہو۔ تم میں سے ایک حصہ ایسا ہے جو بے تاب ہے، خدا میں کسی بھی چیز کے لیے تیار ہے۔ لیکن ایک اور حصہ بھی ایسا ہے جو آگ میں سوئے ہوئے بوڑھے کتے کی طرح کاہل ہے۔"

صبح 6 بجے رب، راستبازوں کی حفاظت فرما اور بقیہ کو پرانے اور مشکل موسموں میں پھلدار، تازہ اور پھلتا پھولتا رکھ

صبح 9 بجے مجھے دیکھنے اور دعا کرنے کا فضل حاصل ہوتا ہے تاکہ فتنہ مجھ پر یا سنتوں پر نہ آئے۔

12 بجے تھکے ہوئے سفارشیوں، رہنماؤں، اور وفادار مومنین کی ہر سازش، یسوع کے نام پر ناکام ہو جاتی ہے۔

دوپہر 3 بجے صادقین کی جڑیں گہرائی تک جائیں اور ان کی گواہی کو سبز اور زندہ رہنے دیں۔

شام 6 بجے باپ، اپنے بندوں کو اسکینڈل، جلاؤ، حوصلہ شکنی اور روحانی گھات سے بچائیں۔

رات 9 بجے میں حکم دیتا ہوں کہ بقیہ کو نہیں بجھایا جائے گا۔ یہ دباؤ کے تحت مضبوط ہو جائے گا.

12am چھپے ہوئے وفاداروں کو آسمان کی طرف سے تازگی اور پائیدار تیل سے مضبوط ہونے دیں۔

صبح 3 بجے اے خدا، دعا کرنے والوں کو اس وقت تک برقرار رکھ جب تک کہ قومی اور نسلی پیش رفت ظاہر نہ ہو۔

دن 27 - خاندانی پہاڑ: محاصرے کے تحت شادی

حیفے: متی 19:6؛ واعظ 4:12

ص

میتھیو 19:6
نیا کنگ جیمز ورژن

6 پس اب وہ دو نہیں بلکہ ایک جسم ہیں۔ لہٰذا جسے خدا نے جوڑ دیا ہے اسے انسان الگ نہ کرے۔

واعظ 4:12
نیا کنگ جیمز ورژن

12 خواہ ایک دوسرے پر غالب آ جائے لیکن دو اُس کا مقابلہ کر سکتے ہیں۔
اور تین گنا ڈوری جلدی نہیں ٹوٹتی۔

میتھیو 19:6
پیغام

4-6 اُس نے جواب دیا، "کیا آپ نے اپنی بائبل میں نہیں پڑھا کہ خالق نے اصل میں مرد اور عورت کو ایک دوسرے کے لیے مرد اور عورت بنایا ہے؟ اور اس کی وجہ سے، ایک مرد ماں باپ کو چھوڑ کر اپنی بیوی کے ساتھ مضبوطی سے جڑا ہوا ہے، ایک جسم بن جاتا ہے، اب دو جسم نہیں بلکہ ایک، کیونکہ اللہ نے دو جنسوں کے اس نامیاتی اتحاد کو پیدا کیا ہے، اس لیے کسی کو ان کی بے حرمتی نہیں کرنی چاہیے۔"

واعظ 4:12
پیغام

12 خود سے آپ غیر محفوظ ہیں۔
ایک دوست کے ساتھ آپ بدترین حالات کا سامنا کر سکتے ہیں۔ کیا آپ تیسرے کو پکڑ سکتے ہیں؟ تین پھنسے ہوئے رسی کو آسانی سے نہیں توڑا جاتا

صبح 6 بجے باپ، جس چیز کو آپ نے جوڑ دیا ہے، اسے جہنم، گوشت یا ثقافت کی طاقت سے پھٹنے نہ دیں۔

صبح 9 بجے میں تقسیم، خیانت، جذباتی دوری اور شادیوں پر حملہ کرنے والے غیر حل شدہ جرم کے جذبے کو توڑتا ہوں۔

دوپہر 12 بجے عہد محبت، سچائی، صبر، اور باہمی عزت کو دباؤ میں آنے والے گھروں میں بحال کیا جائے۔

3pm ہر عجیب آواز جو خدائی اتحاد کے ساتھ مقابلہ کرتی ہے، یسوع مسیح کے اختیار سے خاموش ہو جائے۔

شام 6 بجے رب، اعتماد کو ٹھیک کریں، مواصلات کی مرمت کریں، اور شوہر اور بیوی کے درمیان روحانی شراکت کو بحال کریں۔

رات 9 بجے میں حکم دیتا ہوں کہ شادیاں معاہدے کی قربان گاہیں اور تقدیر کا انجن بنیں گی، بربادی کے میدان نہیں۔

صبح 12 بجے عہد ہذا کے خلاف دشمن کی ہر چھپی ہوئی سازش کو بے نقاب اور اُلٹ دیا جائے۔

صبح 3 بجے اے خدا، فضل، پاکیزگی، اور تین گنا ڈوری کے ساتھ شادیوں کو مضبوط کر جو ٹوٹ نہیں سکتی۔

دن 28 - گورنمنٹ ماؤنٹین: گیٹس اور شہر

صحیفے: پیدائش 18:16-33؛ امثال 29:2
پیدائش 18:16-33
نیا کنگ جیمز ورژن
ابراہیم نے سدوم کے لیے شفاعت کی۔

16 تب وہ آدمی وہاں سے اُٹھ کر سدوم کی طرف دیکھنے لگے اور ابراہیم اُن کو
راستے میں بھیجنے کے لیے اُن کے ساتھ گیا۔ 17 اور خُداوند نے کہا کیا مَیں ابرہام
سے چھپاؤں جو مَیں کر رہا ہوں، 18 کیونکہ ابرہام یقیناً ایک عظیم اور زبردست قوم بن
جائے گا اور زمین کی تمام قومیں اُس میں برکت پائیں گی۔ 19 کیونکہ میں اُسے جانتا
ہوں تاکہ وہ اپنے بعد اپنے بچوں اور اپنے گھر والوں کو حکم دے کہ وہ رب کی راہ پر
چلیں، اُس نے ابرہام کے ساتھ راستبازی اور انصاف کی بات کی۔ 20 اور خُداوند نے کہا
چُونکہ سدوم اور عمورہ کے خلاف شور بڑا ہے اور اُن کا گناہ بہت سنگین ہے، 21 میں
اب نیچے جا کر دیکھوں گا کہ کیا اُنہوں نے اُس کے خلاف جو میرے پاس آیا ہے بالکل
اُسی طرح کیا ہے اور اگر نہیں تو مَیں جان لوں گا۔

22 تب وہ آدمی وہاں سے مُڑ کر سدوم کی طرف چلے گئے لیکن ابراہیم پھر بھی
خداوند کے سامنے کھڑا رہا۔ 23 اور ابرہام قریب آیا اور کہا، "کیا تم راست بازوں کو
بھی شریروں کے ساتھ ہلاک کر دو گے؟ 24 فرض کرو کہ شہر کے اندر پچاس نیک
لوگ ہوں گے، تو کیا تم اس جگہ کو بھی تباہ کر دو گے اور ان پچاس راستبازوں کے
لیے جو اس میں تھے نہیں چھوڑیں گے؟ " کیا آپ کی طرف سے تمام زمین کا قاضی
ٹھیک نہیں کرے گا؟

26 سو خُداوند نے کہا کہ اگر مَیں سدوم میں شہر کے اندر پچاس راستباز پاوں تو
مَیں اُن کی خاطر ساری جگہ چھوڑ دوں گا۔

27 تب ابراہام نے جواب دیا اور کہا، "واقعی اب میں جو ہوں - لیکن خاک اور راکھ
نے خُداوند سے بات کرنے کو اپنے اوپر لے لیا ہے ۔ کیا تم پانچ کی کمی کی وجہ سے
سارے شہر کو تباہ کر دو گے؟

تو اس نے کہا، "اگر مجھے وہاں پینتالیس ملیں تو میں اسے تباہ نہیں کروں گا۔"

29 اور اُس نے پھر اُس سے بات کی اور کہا کیا فرض کریں وہاں چالیس ملیں؟
تو اس نے کہا کہ میں چالیس کی خاطر ایسا نہیں کروں گا۔

30 تب اُس نے کہا خُداوند ناراض نہ ہو اور مَیں کہوں گا کہ کیا وہاں تیس مل جائیں؟
تو اس نے کہا کہ اگر مجھے وہاں تیس ملیں تو میں یہ نہیں کروں گا۔

31 اور اُس نے کہا کہ اب مَیں نے خُداوند سے بات کرنے کو اپنے ذمے لے لیا ہے:
کیا وہاں بیس مل جائیں؟
تو اس نے کہا، "میں اسے بیس کی خاطر تباہ نہیں کروں گا۔"

32 تب اُس نے کہا خُداوند ناراض نہ ہو اور مَیں ایک بار پھر کہوں گا: کیا وہاں دس
مل جائیں؟

اسے دس کی خاطر تباہ نہیں کروں گا۔"
33 اس طرح خداوند ابرہام کے ساتھ بات
کر چکے ہوتے ہی اپنے راستے پر چلا گیا۔ اور ابراہیم اپنی جگہ واپس چلا گیا۔

امثال 29:2
نیا کنگ جیمز ورژن

2 جب راستباز حاکم[1] ہوتے ہیں تو لوگ خوش ہوتے ہیں۔
لیکن جب کوئی شریر حکومت کرتا ہے تو لوگ کراہتے ہیں۔

پیدائش 16:18-33
پیغام

16 جب وہ آدمی جانے کے لیے اُٹھے تو سدوم کی طرف روانہ ہوئے۔ ابراہیم الوداع
کہنے کے لیے ان کے ساتھ چل دیا۔

17-19 تب خُدا نے کہا، "کیا میں ابرہام سے جو میں کرنے والا ہوں اُس سے باز آؤں؟
ابرہام ایک بڑی اور مضبوط قوم بننے والا ہے، دنیا کی تمام قومیں اُس کے وسیلے سے
برکت پائیں گی، ہاں، مَیں نے اُس کو اپنے بچوں اور آنے والے خاندان کی تربیت کرنے
کے لیے خُدا کی طرزِ زندگی پر عمل کرنے کے لیے، مہربانی اور سخاوت کے ساتھ
زندگی گزارنے کا وعدہ کیا ہے، اِس طرح خُدا نے اُس کے ساتھ جو وعدہ کیا ہے، اُس
کو پورا کر سکتا ہے۔"

20-21 خدا نے آگے کہا، "سدوم اور عمورہ کے متاثرین کی چیخیں بہرا کر رہی
ہیں؛ ان شہروں کا گناہ بہت بڑا ہے۔ میں خود دیکھنے جا رہا ہوں، دیکھوں گا کہ وہ کیا
کر رہے ہیں اتنا ہی برا ہے جیسا کہ لگتا ہے۔ تب مجھے پتہ چل جائے گا۔"

1. https://www.biblegateway.com/passage/?search=Genesis%2018%3A16-33%3B%20Proverbs%2029%3A2&version=NKJV#fen-NKJV-17227a

22 آدمی سدوم کی طرف روانہ ہوئے، لیکن ابرہام خدا کی راہ میں کھڑا رہا اور اس کا راستہ روکا۔

23-25 ابراہیم نے اس سے کہا، "کیا تم سنجیدہ ہو؟ کیا تم اچھے لوگوں کو برے کے ساتھ ساتھ چھڑانے کا ارادہ کر رہے ہو؟ اگر شہر میں پچاس مہذب لوگ رہ گئے تو کیا ہوگا، کیا تم اچھے کو برے کے ساتھ گانٹھ کر لاٹوں سے چھٹکارا حاصل کرو گے؟ کیا تم ان پچاس معصوموں کی خاطر شہر کو نہیں چھوڑو گے؟ میں یقین نہیں کر سکتا کہ اگر تم وہاں اچھے لوگوں کو قتل کر سکتے ہو، تو میں ایسا نہیں کر سکتا جس طرح تم برا نہیں مانتے۔ ان کے درمیان فرق کیا تمام زمین کا قاضی انصاف کے ساتھ فیصلہ نہیں کرتا؟

26 خدا نے کہا، "اگر مجھے سدوم شہر میں پچاس اچھے لوگ مل جائیں تو میں ان کے لیے جگہ چھوڑ دوں گا۔"

27-28 ابراہیم واپس آیا، "کیا میں، ایک مٹھی بھر مٹی سے بنا ہوا ایک بشر، اپنے آقا کے سامنے دوبارہ منہ کھولنے کی ہمت کر سکتا ہوں؟ اگر پچاس پانچ سے کم ہو جائیں، تو کیا تم ان پانچ غائب ہونے کی وجہ سے شہر کو تباہ کر دو گے؟"
اس نے کہا کہ اگر پینتالیس ہوں تو میں اسے تباہ نہیں کروں گا۔

29 ابرہام نے پھر کہا، "اگر تمہیں صرف چالیس ملیں تو کیا ہوگا؟"
"چالیس تک نہ تو میں اسے تباہ کروں گا۔"

30 اُس نے کہا آقا، مجھ سے ناراض نہ ہوں، لیکن اگر تیس ہی مل جائیں تو کیا ہوگا؟
"نہیں، اگر مجھے تیس مل گئے تو میں یہ نہیں کروں گا۔"

31 اس نے آگے بڑھایا، "میں جانتا ہوں، میں آپ کے صبر کی کوشش کر رہا ہوں، لیکن بیس کیسے؟"
"میں اسے بیس تک تباہ نہیں کروں گا۔"

32 وہ نہیں چھوڑے گا، "غصہ نہ کریں، ماسٹر، یہ آخری بار ہے، اگر آپ صرف دس لے کر آئیں تو کیا ہوگا؟"
"صرف دس کی خاطر، میں شہر کو تباہ نہیں کروں گا۔"

33 جب خدا نے ابراہیم کے ساتھ بات ختم کی تو وہ چلا گیا۔ اور ابراہیم گھر چلا گیا۔
امثال 29:2
پیغام

جب اچھے لوگ کام چلاتے ہیں تو سب خوش ہوتے ہیں 2
لیکن جب حکمران برا ہوتا ہے تو سب کراہتے ہیں۔

صبح 6 بجے رب، ہم اپنے شہروں کے لیے لڑتے ہیں جیسا کہ ابراہیم نے شفاعت کی تھی۔

رحم کے لیے نشان زد کمیونٹیز کو بچانا، شفا دینا اور تبدیل کرنا۔

صبح 9 بجے جب راستباز حاکم ہوں تو لوگ خوشی منائیں۔ جابرانہ حکمرانی اور گھٹیا طرز حکمرانی کو ختم کیا جائے۔

دوپہر 12 بجے شہر کے پھاٹکوں پر خونریزی، لالچ اور علاقائی شرارت کے ساتھ ہر عہد کو توڑ دیا جائے۔

دوپہر 3 بجے باپ، کونسلوں، میونسپلٹیوں اور علاقائی ڈھانچوں میں نیک دربانوں کو کھڑا کریں۔

شام 6 بجے میں حکم دیتا ہوں کہ ہمارے شہروں کو تشدد، بدعنوانی اور اخلاقی گراوٹ کے حوالے نہیں کیا جائے گا۔

رات 9 بجے دعا کو دروازے پر قبضہ کرنے دیں اور مقامی اور قومی سطح پر دانشمندانہ قیادت کو ابھرنے دیں۔

12am محلوں، اداروں اور اسٹریٹجک علاقوں پر ہر شیطانی دعوے کو منسوخ کر دیا جائے۔

صبح 3 بجے اے خدا، فیصلے میں رحم کو یاد رکھو اور شہروں کو تباہی کے بجائے الہی زیارت کا تجربہ کرنے دو۔

دن 29 - ایجوکیشن ماؤنٹین: دماغ کی قید سے نجات

ص

حیفے: 2 کرنتھیوں 4:10-5؛ رومیوں 12:2

2 کرنتھیوں 4:10-5

نیا کنگ جیمز ورژن

4 کیونکہ ہماری جنگ کے ہتھیار جسمانی نہیں ہیں بلکہ خدا کے نزدیک مضبوط قلعوں کو گرانے کے لئے ہیں، 5[1] دلیلوں اور ہر ایک اعلیٰ چیز کو جو خدا کے علم کے خلاف اپنے آپ کو بلند کرتی ہے، ہر ایک سوچ کو مسیح کی فرمانبرداری کی قید میں لاتی ہے۔

رومیوں 12:2

نیا کنگ جیمز ورژن

2 اور اِس دُنیا کے مُطابِق نہ بنو بلکہ اپنے ذہن کی تجدید سے تبدیل ہو جاؤ تاکہ ثابت کر سکو کہ خُدا کی وہ اچھی اور قابلِ قبول اور کامل مرضی کیا ہے ۔

2 کرنتھیوں 4:10-6

پیغام

3-6 دنیا غیر اصولی ہے۔ یہ وہاں کتا کھانے والا کتا ہے! دنیا منصفانہ نہیں لڑتی۔ لیکن ہم اپنی لڑائیاں اس طرح نہیں جیتے اور نہ ہی لڑتے ہیں — نہ کبھی ہوں گے اور نہ کبھی ہوں گے۔ ہماری تجارت کے اوزار مارکیٹنگ یا ہیرا پھیری کے لیے نہیں ہیں، بلکہ وہ اس پورے بڑے پیمانے پر کرپٹ کلچر کو تباہ کرنے کے لیے ہیں۔ ہم اپنے طاقتور خدا کے اوزار کو مسخ شدہ فلسفوں کو توڑنے، خدا کی سچائی کے خلاف کھڑی کی گئی رکاوٹوں کو ختم کرنے، ہر ڈھیلے سوچ اور جذبات اور تحریک کو مسیح کی تشکیل کردہ زندگی کی ساخت میں فٹ کرنے کے لیے استعمال کرتے ہیں۔ ہمارے اوزار ہر رکاوٹ کی زمین کو صاف کرنے اور اطاعت کی زندگیوں کو پختگی تک پہنچانے کے لیے تیار ہیں۔

رومیوں 12:2

پیغام

.1 https://www.biblegateway.com/passage/?search=2%20Corinthians%2010%3A4-5%3B%20Romans%2012%3A2&version=NKJV#fen-NKJV-28976a

اپنی زندگی خدا کے سامنے رکھو

12 [1-2] تو میں یہ چاہتا ہوں کہ آپ کیا کریں، خُدا آپ کی مدد کر رہا ہے: اپنی روزمرہ، عام زندگی—اپنا سونا، کھانا، کام پر جانا، اور گھومنا پھرنا—اور اسے خُدا کے سامنے نذرانہ کے طور پر رکھیں۔ جو کچھ خدا آپ کے لیے کرتا ہے اسے قبول کرنا آپ اس کے لیے بہترین کام کر سکتے ہیں۔ اپنی ثقافت کے ساتھ اتنی اچھی طرح سے ایڈجسٹ نہ ہوں کہ آپ بغیر سوچے سمجھے اس میں فٹ ہو جائیں۔ اس کے بجائے، اپنی توجہ خدا پر مرکوز کریں۔ آپ اندر سے بدل جائیں گے۔ آسانی سے پہچانیں کہ وہ آپ سے کیا چاہتا ہے، اور جلدی سے اس کا جواب دیں۔ آپ کے اردگرد کی ثقافت کے برعکس، آپ کو ہمیشہ اپنی ناپختگی کی سطح پر لے جاتا ہے، خدا آپ میں سے بہترین چیزیں نکالتا ہے، آپ میں اچھی طرح سے پختگی پیدا کرتا ہے۔

صبح 6 بجے باپ، فکر، فلسفہ، اور عالمی نظریہ کے ان گڑھوں کو نیچے کھینچیں جو آپ کی سچائی کے خلاف خود کو بلند کرتے ہیں۔

صبح 9 بجے میں ہر باغی خیال، ثقافتی دلیل، اور ذہنی غلامی کو قید کر لیتا ہوں جو مسیح کی اطاعت کی مزاحمت کرتا ہے۔

دوپہر 12 بجے ذہن کی تجدید کو طلباء، اساتذہ اور اداروں کے ذریعے پھیلنے دیں۔

دوپہر 3 بجے ہر علمی فخر جو خدا کا مذاق اڑاتے ہیں اور عقل کو خراب کرتے ہیں، الٰہی روشنی کے نیچے عاجزی کریں۔

شام 6 بجے رب، صدمے، الجھن، بہکاوے، اور فکری قید سے آزاد ذہن۔

رات 9 بجے میں حکم دیتا ہوں کہ عیسائی سیکھنے والے واضح طور پر، بائبل کے مطابق، اور ہمت کے ساتھ سوچیں گے۔

صبح 12 بجے کلاس رومز کو ایسی جگہ بننے دیں جہاں سچائی دھوکے کو ختم کرتی ہے اور مقصد بیدار ہوتا ہے۔

صبح 3 بجے اے خدا، اس نسل کے ذہنوں کو بحال کر اور انہیں اپنی حکمت سے ہم آہنگ کر۔

30واں دن - میڈیا ماؤنٹین: پوشیدہ کاموں کی نمائش

صحیفے: افسیوں 5:11-14؛ لوقا 8:17

افسیوں 5:11-14

نیا کنگ جیمز ورژن

11 اور تاریکی کے بے نتیجہ کاموں کے ساتھ کوئی رفاقت نہ رکھو بلکہ اُن[1] کو بے
نقاب کرو - **12** کیونکہ اُن کاموں کے بارے میں کہنا بھی شرم کی بات ہے جو وہ چھپ
کر کرتے ہیں۔ **13** لیکن سب چیزیں جو ظاہر ہوتی ہیں روشنی[2] سے ظاہر ہوتی ہیں کیونکہ
جو کچھ ظاہر ہوتا ہے وہ روشنی ہے۔ **14** اس لیے وہ کہتا ہے:

"اے سوتے ہوئے جاگ جاؤ،

مُردوں میں سے جی اُٹھو، اور مسیح تمہیں روشنی دے گا۔"

لوقا 8:17

نیا کنگ جیمز ورژن

17 کیونکہ کوئی بھی چیز پوشیدہ نہیں جو ظاہر نہ ہو اور نہ کوئی ایسی پوشیدہ چیز
جو معلوم نہ ہو اور ظاہر نہ ہو۔

افسیوں 5:11-16

پیغام

11-16 اپنا وقت فضول کاموں، محض مصروفیات، تاریکی کے بنجر تعاقب میں ضائع نہ کریں۔ ان باتوں کو بے نقاب کریں کہ یہ کس بے حیائی کے لیے ہیں۔ یہ ایک اسکینڈل ہے جب لوگ ان چیزوں پر اپنی زندگی برباد کرتے ہیں جو انہیں اندھیرے میں کرنا چاہیے جہاں کوئی نہیں دیکھے گا۔ ان دھوکہ دہی کے پردے کو پھاڑ دیں اور دیکھیں کہ وہ مسیح کی روشنی میں کتنے دلکش نظر آتے ہیں۔

---

1. https://www.biblegateway.com/passage/?search=Ephesians%205%3A11-14%3B%20Luke%208%3A17&version=NKJV#fen-NKJV-29316a

2. https://www.biblegateway.com/passage/?search=Ephesians%205%3A11-14%3B%20Luke%208%3A17&version=NKJV#fen-NKJV-29318b

،اپنی نیند سے بیدار ہو جاؤ
!اپنے تابوتوں سے باہر نکلو؛ مسیح تمہیں روشنی دکھائے گا

تو اپنے قدم پر نظر رکھیں۔ اپنا سر استعمال کریں۔ آپ کو ملنے والے ہر موقع سے زیادہ سے زیادہ فائدہ اٹھائیں۔ یہ مایوس کن اوقات ہیں!

لوقا 18-8:17

پیغام

آپ جو سنتے ہیں اس کے کنجوس

16-18 "کوئی بھی چراغ جلاتا ہے اور پھر اسے واش ٹب سے ڈھانپتا ہے یا بستر کے نیچے دھکیلتا ہے، نہیں، آپ اسے لیمپ اسٹینڈ پر لگاتے ہیں تاکہ کمرے میں داخل ہونے والے اپنا راستہ دیکھ سکیں۔ ہم راز نہیں چھپا رہے، ہم انہیں بتا رہے ہیں، ہم چیزیں چھپا نہیں رہے ہیں؛ ہم سب کچھ سامنے لا رہے ہیں کہ وہ آپ کے کھلے ہونے سے ہوشیار رہیں۔ سخاوت سخاوت کو جنم دیتی ہے۔

صبح 6 بجے باپ، مواصلاتی نظام میں اندھیرے کے چھپے ہوئے کاموں کو اپنی روشنی سے بے نقاب ہونے دیں۔

صبح 9 بجے میں حکم دیتا ہوں کہ عوام کے ساتھ جوڑ توڑ کے لیے چھپی ہوئی کوئی چیز ہمیشہ کے لیے پوشیدہ نہیں رہے گی۔

رات 12 بجے ہر اس خفیہ اتحاد کو بے نقاب کیا جائے جو غلط معلومات، اشتعال انگیزی اور بدعنوانی پیدا کرتا ہے۔

دوپہر 3 بجے رب، سیٹی بجانے والوں، سچ بولنے والوں، اور اصلاح کرنے والوں کو ہمت اور حفاظت کے ساتھ جگائیں۔

شام 6 بجے جو کچھ اندھیرے میں الجھانے، کنٹرول کرنے اور بدعنوانی کے لیے تیار کیا گیا ہے اسے کھلے فیصلے میں گھسیٹا جائے۔

رات 9 بجے میں مردوں کے خوف کو مسترد کرتا ہوں اور پیچیدہ دھوکہ دہی کے باوجود مقدس وضاحت کے لیے دعا کرتا ہوں۔

صبح 12 بجے میڈیا کے نظام کو اس وقت تک ہلا دیا جائے جب تک کہ سچائی سانس نہ لے اور صداقت کو سنا جائے۔

صبح 3 بجے اے خدا، رازوں کے افشا کرنے والے کے طور پر اٹھ اور ہر اس پوشیدہ کام کو بے نقاب کر جو تیری بادشاہی کے خلاف ہے۔

دن 31 - بزنس ماؤنٹین: بڑھنے کے لیے مزاحمت کو توڑنا

ص

حیفے: پیدائش 50:20؛ ایوب 5:12

پیدائش 50:20

نیا کنگ جیمز ورژن

20 لیکن جہاں تک آپ کا تعلق ہے، آپ نے میرے خلاف بُرا ارادہ کیا۔ لیکن خُدا نے اُس کا مطلب اچھّے کے لیے تھا، تاکہ اُسے آج کے دن کی طرح لایا جائے، تاکہ بہت سے لوگوں کو زندہ بچایا جا سکے۔

ایوب 5:12

نیا کنگ جیمز ورژن

12 وہ مکاروں کی چالوں کو ناکام بناتا ہے

تاکہ ان کے ہاتھ ان کے منصوبوں کو پورا نہ کر سکیں۔

پیدائش 50:20-21

پیغام

19-21 جوزف نے جواب دیا، "ڈرو نہیں، کیا میں خدا کے لیے کام کرتا ہوں؟ کیا تم نہیں دیکھتے، تم نے میرے خلاف برائی کی منصوبہ بندی کی تھی لیکن اللہ نے وہی منصوبہ میری بھلائی کے لیے استعمال کیا، جیسا کہ تم اس وقت اپنے ارد گرد دیکھ رہے ہو، بہت سے لوگوں کے لیے زندگی آسان ہے، تمہیں ڈرنے کی کوئی ضرورت نہیں ہے؛ میں تمہاری اور تمہارے بچوں کی دیکھ بھال کروں گا۔" اس نے ان کے ساتھ دل سے بات کرتے ہوئے انہیں یقین دلایا۔

ایوب 5:12-16

پیغام

کتنی بڑی برکت ہے جب خُدا آپ کو درست کرتا ہے!

8-16 "اگر میں آپ کے جوتوں میں ہوتا تو میں سیدھا خدا کے پاس جاتا،
میں اپنے آپ کو خدا کی رحمت پر ڈال دیتا۔ آخر کار وہ عظیم اور غیر متوقع کاموں کے لئے مشہور ہے، اس کی حیرت کی کوئی انتہا نہیں ہے،

وہ بارش برساتا ہے، مثال کے طور پر، زمین کی چوٹی پر، کھیتوں کو سیراب کرنے کے لیے پانی
بھیجتا ہے۔ وہ بدمعاشوں کی سازشوں کو ختم کر دیتا ہے، تاکہ ان کی سازشوں میں سے کوئی بھی کام نہ آئے۔ وہ سب کو ان کی سازشوں میں پکڑتا ہے۔ وہ تمام پیچیدہ سازشیں ردی کی ٹوکری کے ساتھ بہہ جاتی ہیں! اچانک وہ گمراہ ہو جاتے ہیں، اندھیرے میں ڈوب جاتے ہیں، وہ کسی کے سامنے نہیں دیکھ سکتے۔ قاتلانہ سازشوں سے بچایا، لوہے کی مٹھی سے بچایا۔ اور اس طرح غریب امیدیں لگائے بیٹھے رہتے ہیں، جب کہ ناانصافی جکڑی ہوئی ہے۔

صبح 6 بجے باپ، مالیات، کاروبار اور رزق میں برائی کے لیے دشمن کا کیا مطلب ہے، اسے بادشاہی کی بھلائی میں بدل دیں۔

9am مکاروں کے آلات کو مایوس کریں تاکہ ان کے ہاتھ ہمارے خلاف اپنا کاروبار نہ کر سکیں۔

12pm ترقی کے دروازے پر کھڑے مزاحمت کے ہر جذبے کو خدا کی آگ سے ہٹا دیا جائے۔

دوپہر 3 بجے میں تاخیر، تخریب کاری، بدنیتی پر مبنی رپورٹنگ، جھوٹے الزامات، اور نیک محنت کے خلاف خفیہ مخالفت کو توڑتا ہوں۔

شام 6 بجے رب، اپنے لوگوں پر احسان فرما جو مخالف آوازوں کو خاموش کر دے اور حکمت عملی کے دروازے کھولے۔

رات 9 بجے میں دشمنی کے درمیان خوشحالی اور مزاحمت کے باوجود ترقی کا حکم دیتا ہوں۔

12am چھپی ہوئی حمایت، الٰہی اتحادی، اور جائز مواقع بادشاہی کی ترقی کے لیے اچانک پیدا ہونے دیں۔

صبح 3 بجے اے خدا، ہر منظم مخالفت کو اپنی وفاداری اور طاقت کی گواہی میں بدل دے۔

32واں دن - آرٹس ماؤنٹین: توڑ پھوڑ اور بت پرستی

ص

حیفے: زبور 22:69-28؛ 1 یوحنا 5:21

زبور 22:69-28

نیا کنگ جیمز ورژن

22 اُن کی میز اُن کے سامنے پھندا بن جائے
اور اُن کی بھلائی پھندا بن جائے۔
23 اُن کی آنکھیں تاریک ہو جائیں تاکہ وہ نہ دیکھیں۔
اور ان کی کمر مسلسل ہلاتے رہیں۔
24 اپنا غضب اُن پر اُنڈیل دے،
اور تیرا غضب اُن کو پکڑ لے۔
25 ان کے رہنے کی جگہ ویران ہو جائے۔
کسی کو اپنے خیموں میں رہنے نہ دیں۔
26 کیونکہ وہ اُن کو ستاتے ہیں جنہیں تُو نے مارا ہے،
اور اُن کے غم کی بات کرتے ہیں جنہیں تُو نے زخمی کیا ہے۔
27 اُن کی بدکرداری میں بدی شامل کر،
اور اُن کو تیری راستبازی میں آنے نہ دے۔
28 وہ زندوں کی کتاب سے مٹا دیے جائیں
اور راستبازوں کے ساتھ نہ لکھے جائیں۔

1 یوحنا 5:21

نیا کنگ جیمز ورژن

21 بچو، اپنے آپ کو بتوں سے بچاؤ۔ آمین

زبور 22:69-28

پیغام

22 اُن کا عشائیہ اُس جال میں پھنس جائے جو بند ہو جائے۔
ان کے بہترین دوست پھنسنے والے ہوں جو انہیں زندہ بچائیں گے۔
23 اُن کو چمگادڑ کی طرح اندھے کر دو،

اُن کو صبح سے رات تک ہلانے دو۔
24 اُنہیں بتائیں کہ آپ اُن کے بارے میں کیا سوچتے ہیں،
اُن کو اپنے غصے سے اڑا دیں۔
25 اُن کے گھروں کو جلا دو،
اُن کو ویران چھوڑ دو اور گھر میں کوئی نہ ہو۔
26 اُنہوں نے اُس شخص کے بارے میں گپ شپ کی جسے آپ نے تادیب کیا،
اُن کے بارے میں کہانیاں بنائیں جو خُدا کی طرف سے زخمی ہوئے ہیں۔
27 گناہوں کا ڈھیر لگاؤ،
اُن کو ہُک سے نہ جانے دو۔
28 زندوں کی فہرست میں سے اُن کے نام نکالو۔
راستبازوں میں ان کے لیے کوئی چٹان سے تراشی ہوئی عزت نہیں۔

1 یوحنا 5:21
پیغام

18-21 ہم جانتے ہیں کہ خدا کے پیدا کردہ میں سے کوئی بھی گناہ کی مشق نہیں کرتا ہے ۔ مہلک گناہ۔ خدا سے پیدا ہونے والے بھی خدا سے محفوظ ہیں۔ شیطان ان پر ہاتھ نہیں ڈال سکتا۔ ہم جانتے ہیں کہ ہم خدا کی طرف سے مضبوط ہیں؛ یہ صرف دنیا کے لوگ ہیں جو شیطان کی گرفت میں رہتے ہیں۔ اور ہم جانتے ہیں کہ خُدا کا بیٹا آیا تاکہ ہم خُدا کی سچائی کو پہچان سکیں اور سمجھ سکیں — یہ کیا تحفہ ہے!— اور ہم خود سچائی میں، خُدا کے بیٹے، یسوع مسیح میں جی رہے ہیں۔ یہ یسوع حقیقی خدا اور حقیقی زندگی دونوں ہے۔ پیارے بچو، تمام ہوشیار نقالیوں سے ہوشیار رہیں۔

صبح 6 بجے باپ، دلوں کو پھنسانے کے لیے ہر بہکاوے کی میز اور ہر پھندے کو ثقافت کے ذریعے الٹ دو۔

صبح 9 بجے میں مشہور شخصیت، باطل، جنسیت، اور خود سربلندی کے بتوں کو ترک کرتا ہوں جو تخلیقی مقامات پر حاوی ہیں۔

رات 12 بجے جادو، تاریکی کا سحر، اور بدعنوانی کی بھوک عوام پر اقتدار کھو دیں۔

3pm بت پرست تعریف کی ہر قربان گاہ جو خدا کی عبادت کو دور کرتی ہے، توڑ دی جائے۔

شام 6 بجے رب، فنکاروں اور سامعین کو منظوری، زیادتی اور روحانی اندھے پن کی غلامی سے بچائیں۔

9pm میں حکم دیتا ہوں کہ ثقافت پر اخلاقی بے حسی کا جادو مسیح کی روشنی سے ٹوٹ گیا ہے۔

12am مقدس یقین کو تھیٹروں، اسٹوڈیوز، اسٹیجز اور ندیوں کا دورہ کرنے دیں جہاں اندھیرا منایا گیا ہے۔

صبح 3 بجے اے خدا، بتوں سے تخیل کو دوبارہ حاصل کریں اور خواہش کو سچائی، خوبصورتی اور عبادت کی طرف موڑ دیں۔

دن 33 - قومی رحم اور عہد کی بحالی

صحیفے: دانی ایل 9:1-19؛ 2 تواریخ 7:13-16
دانی ایل 9:1-19
نیا کنگ جیمز ورژن
لوگوں کے لیے دانیال کی دعا
9 دارا کے بیٹے اخسویرس کے پہلے سال میں، مادیوں کے خاندان میں، جسے
کسدیوں کی سلطنت کا بادشاہ بنایا گیا تھا۔ 2 میں، دانیال نے اپنی حکومت کے پہلے سال
میں، کتابوں کے ذریعے ان سالوں کی تعداد کو سمجھا جو یرمیاہ نبی کے ذریعے رب
کے کلام میں بیان کیے گئے تھے ، کہ وہ یروشلم کے ستر برسوں کو ختم کرے گا۔
3 تب مَیں نے اپنا منہ خُداوند خُدا کی طرف کیا تاکہ روزہ رکھ کر، ٹاٹ اور راکھ
کے ساتھ دعا اور منتیں کروں۔ 4 اور مَیں نے خُداوند اپنے خُدا سے دُعا کی اور اقرار
کیا اور کہا اے خُداوند عظیم اور خوفناک خُدا جو اُن لوگوں کے ساتھ جو اُس سے پیار
کرتے ہیں اور اُس کے حُکموں پر عمل کرتے ہیں اُن کے ساتھ اپنے عہد اور شفقت کو
قائم رکھتا ہے، 5 ہم نے گُناہ کیا اور بدکاری کی، بُرائی کی اور سرکشی کی، یہاں تک
کہ تیرے حُکموں اور حُکموں سے دستبردار ہو کر اُس نے تیرے بندوں کو چھوڑ دیا - وہ
نبی جنہوں نے تیرے نام سے ہمارے بادشاہوں اور ہمارے شہزادوں سے، ہمارے باپ
دادا اور ملک کے تمام لوگوں سے بات کی، 7 اے رب، راستی تیری ہے ، لیکن ہمارے
لیے شرمندگی، جیسا کہ آج ہے ، یہوداہ کے لوگوں کے لیے، یروشلم کے باشندوں کے
لیے اور تمام اسرائیلیوں کے لیے، قریب اور دور کے لوگوں کے لیے جنہوں نے تمام
ملکوں میں تیرے خلاف بغاوت کی ہے۔
8 اے رب، ہمارے لیے شرمندگی ہے ، ہمارے بادشاہوں، ہمارے شہزادوں اور
ہمارے باپ دادا کے لیے، کیونکہ ہم نے تیرے خلاف گناہ کیے ہیں۔ 9 رب ہمارے خدا
کی رحمت اور بخشش ہے ، اگرچہ ہم نے اُس کے خلاف بغاوت کی، 10 ہم نے رب اپنے
خدا کی بات نہیں مانی، اُس کے قوانین پر چلنے کے لیے، جو اُس نے اپنے تمام خادم
اسرائیل کے سامنے پیش کیے ہیں ، 1- شریعت، اور آپ کی بات نہ ماننے کے لیے چلی
گئی؛ اس لیے خدا کے بندے موسیٰ کی شریعت میں لکھی ہوئی لعنت ہم پر نازل ہوئی،

کیونکہ ہم نے اس کے خلاف گناہ کیا ہے، 12 اور اس نے ہمارے خلاف اور ہمارے
قاضیوں کے خلاف کہی، جس طرح اس نے یسوع کے خلاف کبھی ایسا نہیں کیا تھا۔

13 جیسا کہ موسیٰ کی شریعت میں لکھا ہے کہ یہ ساری آفت ہم پر آئی ہے لیکن ہم
نے خداوند اپنے خدا کے حضور دعا نہیں کی ہے کہ ہم اپنی بدکاریوں سے باز آئیں اور
تیری سچائی کو سمجھیں 14 اس لئے خداوند نے اس آفت کو ذہن میں رکھا اور اسے ہم
پر لایا کیونکہ خداوند ہمارا خدا ان تمام کاموں میں راستباز ہے جو وہ کرتا ہے حالانکہ
ہم نے اپنے خدا 5 کی آواز کو قبول نہیں کیا۔ مصر کی سرزمین سے ایک طاقتور ہاتھ
سے نکلا، اور اپنا نام بنایا، جیسا کہ آج ہے۔ ہم نے گناہ کیا، ہم نے بدی کی!

16 "اے رب، تیری تمام راستبازی کے مطابق، میں دعا کرتا ہوں کہ تیرا غضب اور
غضب تیرے شہر یروشلم، تیرے مقدس پہاڑ سے دور ہو جائے ، کیونکہ ہمارے گناہوں
اور ہمارے باپ دادا کی بدکرداری کے سبب ، یروشلم اور تیرے لوگ ہمارے آس پاس
کے تمام لوگوں کے لیے[1]باعث ملامت ہیں۔ 18 اے میرے خدا، اپنی آنکھیں کھول کر سن
لے، اور وہ شہر جو تیرے نام سے پکارا جاتا ہے ، اے رب ، اے[2] رب ! اے میرے خدا،
تیری اپنی خاطر تاخیر کرو کیونکہ تیرا شہر اور تیرے لوگ تیرے نام سے پکارے
جاتے ہیں۔

2 تواریخ 13:7-16
نیا کنگ جیمز ورژن

13 جب میں آسمان کو بند کر دوں اور بارش نہ ہو، یا ٹڈیوں کو حکم دوں کہ وہ زمین
کو کھا جائیں، یا میرے لوگوں میں وبا بھیجیں، 14 اگر میرے لوگ جو میرے نام سے
پکارے جاتے ہیں، عاجزی کریں گے، اور دعا کریں گے اور میرا چہرہ تلاش کریں
گے، اور اپنی بُری راہوں سے باز آ جائیں گے، تب میں آسمان سے سنوں گا، اور اُن
کے گناہوں کو معاف کروں گا اور اُن کی زمین کو شفا بخشوں گا۔ 15 اب میری آنکھیں
کھلی رہیں گی اور میرے کان اِس جگہ کی گئی دعا پر دھیان دیں گے۔ 16 اب میں نے
اِس گھر کو چُن لیا ہے اور پاک کیا[3]ہے تاکہ میرا نام ہمیشہ وہاں رہے اور میری آنکھیں
[4]اور میرا دل[5]ہمیشہ وہاں رہے گا۔

---

1. https://www.biblegateway.com/passage/?search=Daniel%209%3A1-19%3B%202%20Chronicles%207%3A13-16&version=NKJV#fen-NKJV-22006a
2. https://www.biblegateway.com/passage/?search=Daniel%209%3A1-19%3B%202%20Chronicles%207%3A13-16&version=NKJV#fen-NKJV-22006b

دانی ایل 1:9-19

پیغام

خدا کے عہد کا عہد

بادشاہ بنا۔ اپنی حکومت کے پہلے سال میں، میں، دانیال، اُس صحیفے پر غور کر رہا تھا جس نے یرمیاہ نبی کو خدا کے کلام کے مطابق، جتنے سالوں میں یروشلم کو کھنڈرات میں پڑا رہنے دیا تھا، خدا کے نام کے طور پر سات تباہی میں بدل گیا۔ جواب - دلجمعی سے دعا کرنا، کھانے سے روزہ رکھنا، کسی نہ کسی طرح توبہ کرنے والا برلاپ پہننا، اور راکھ میں گھٹنے ٹیک کر، میں نے اپنی روح کو خدا کے سامنے جھکا دیا:

کلام 4-8 "اے مالک، عظیم اور مہربان خُدا، آپ اپنے عہد میں کبھی نہیں ڈگمگاتے، آپ سے محبت کرنے والوں سے کبھی دستبردار نہیں ہوتے اور آپ جو کہتے ہیں وہ کرتے ہیں، پھر بھی ہم نے ہر طرح سے گُناہ کیا ہے، ہم نے بُرے کام کیے ہیں، سرکشی کی ہے، آپ کے واضح نشان والے راستوں کے گرد چکر لگائے ہیں، ہم نے تیرے بندوں کی طرف متوجہ کیا ہے، ہم نے تیرے بندوں کی طرف پیش قدمی کی۔ بادشاہوں اور رہنماؤں، ہمارے والدین، اور ملک کے تمام لوگوں نے، آپ نے سب کچھ ٹھیک کیا ہے، لیکن ہمیں اپنی زندگیوں کے لئے قصور اور شرم کا مظاہرہ کرنا ہے، ہم میں سے بہت سے لوگ - یہوداہ کے لوگ، یروشلم کے باشندے، گھر میں اسرائیل اور جلاوطنی میں ان تمام جگہوں پر جہاں ہم آپ کے ساتھ دھوکہ دہی کی وجہ سے نکالے گئے ہیں، اوہ ہمارے خدا، ہم سب کے بعد بادشاہوں، رہنماؤں، والدین - پوری دنیا کے سامنے اور ہمارے گناہ کی وجہ سے۔

9-12 "ہمدردی ہماری واحد امید ہے، تیرے مالک، ہمارے خدا کی ہمدردی، جب سے ہماری بغاوت میں ہم نے اپنا حق کھو دیا ہے، جب آپ نے ہمیں زندگی گزارنے کا طریقہ بتایا تو ہم نے آپ کی طرف کوئی توجہ نہیں دی، وہ واضح تعلیم جو آپ کے بندوں نبیوں کی معرفت آئی تھی۔ اسرائیل میں ہم سب نے آپ کی باتوں کو نظر انداز کیا، ہم نے آپ کی ہدایت کی خلاف ورزی کی اور اب ہم نے آپ کی ہدایت کی خلاف

---

3. https://www.biblegateway.com/passage/?search=Daniel%209%3A1-19%3B%202%20Chronicles%207%3A13-16&version=NKJV#fen-NKJV-11341a

4. https://www.biblegateway.com/passage/?search=Daniel%209%3A1-19%3B%202%20Chronicles%207%3A13-16&version=NKJV#fen-NKJV-11341b

5. https://www.biblegateway.com/passage/?search=Daniel%209%3A1-19%3B%202%20Chronicles%207%3A13-16&version=NKJV#fen-NKJV-11341c

ورزی کی اور اب ہم نے اسے ادا کیا۔" خدا کے بندے موسیٰ پر واضح طور پر لکھی گئی لعنت اب ہمارے درمیان اپنا کام کر رہی ہے، آپ کے خلاف ہمارے گناہ کی اجرت آپ نے ہمارے ساتھ اور ہمارے حکمرانوں کے ساتھ کیا جو آپ نے کہا تھا کہ آپ کریں گے: آپ نے ہم پر یہ تباہ کن آفت لایا، ریکارڈ پر بدترین آفت — اور یروشلم میں!

13-14 "جس طرح موسیٰ پر خدا کی وحی میں لکھا گیا تھا، تباہی مکمل تھی، کچھ بھی نہیں روکا گیا، ہم اپنے گناہوں پر قائم رہے، آپ کو کبھی دوسرا خیال نہیں کیا، آپ کی واضح وارننگ سے غافل رہے، اور آپ کے پاس اس کے سوا کوئی چارہ نہیں تھا کہ ہم پر اس آفت کو پوری طاقت کے ساتھ چھوڑ دیں۔

15-17 "'مالک، آپ ہمارے خدا ہیں، کیونکہ آپ نے اپنے لوگوں کو مصر کی سرزمین سے طاقت کے مظاہرہ میں نجات دلائی ہے - لوگ ابھی تک اس کے بارے میں بات کر رہے ہیں! ہم اعتراف کرتے ہیں کہ ہم نے گناہ کیا ہے، ہم نے بری زندگی گزاری ہے، آپ نے ہمیشہ چیزوں کو درست کرنے، لوگوں کو درست کرنے میں جو کچھ کیا ہے اس کی پیروی کرتے ہوئے ، براہ کرم یروشلم پر اتنا ناراض ہونا چھوڑ دیں، یہ آپ کے اپنے پہاڑی شہر سے ہوا، ہم سب جانتے ہیں کہ یہ آپ کے پہاڑی شہر میں ہوا ہے'۔ ہمارے گناہوں اور ہمارے والدین کے گناہوں کی وجہ سے، اور اب ہم اپنے اردگرد کے لوگوں کے لیے ایک دھبہ ہیں، تو اپنے بندے کی اس پر عزم دعا پر رحم فرما، جو ہم ہیں۔

18 اے خدا، اپنے کانوں کو ہماری طرف پھیر لو اور سنو، اپنی آنکھیں کھولو اور ہمارے تباہ حال شہر کو دیکھو، یہ شہر تمہارے نام سے منسوب ہے، ہم جانتے ہیں کہ ہم آپ کی طرف سے سننے کے لائق نہیں ہیں، ہماری درخواست آپ کی ہمدردی سے ہے، یہ دعا ہماری آخری اور واحد امید ہے:

19 " 'آقا، ہماری بات سنو!

مالک، ہمیں معاف کر دو! مالک، ہمیں دیکھو اور کچھ کرو! مالک، ہمیں مت چھوڑیں! آپ کے شہر اور آپ کے لوگوں کے نام آپ کے نام پر ہیں: آپ کا ہم میں حصہ ہے!'

2 تواریخ 7:13-18

پیغام

12-18 اسی رات خدا نے سلیمان پر ظاہر کیا اور کہا، "میں تمہاری دعا قبول کرتا ہوں، ہاں، میں نے اس جگہ کو قربانی کے لیے مندر، عبادت گاہ کے طور پر چنا ہے، اگر میں کبھی آسمان سے بارش کا پانی بند کر دوں یا ٹڈیوں کو فصلوں کو کھانے کا حکم دوں یا میری قوم پر طاعون بھیج دوں، اور میری قوم، میرے خدا کے متعین لوگ، اپنی دعائیں مانگتے ہوئے، اپنی حاضری مانگتے ہوئے، واپس لوٹتے ہیں، اور اپنی دعا مانگتے ہیں۔ بدکار زندگیاں، میں آپ کے لیے تیار رہوں گا: میں ان کے گناہوں کو

سنوں گا، اور ان کی زمین کو صحت مند بناؤں گا، میں اس جگہ پر کی جانے والی دعاؤں کے لیے دن رات چوکس ہوں، یقین کرو، میں نے اس مندر کو جو تم نے بنایا ہے، اس پر ہمیشہ کے لیے میرے نام کی مہر ثبت ہے۔ آپ کے والد ڈیوڈ زندہ رہے، دل اور عمل میں خالص، وہ زندگی گزاریں جو میں نے آپ کے لیے مقرر کی ہے، میری رہنمائی اور فیصلوں پر توجہ کے ساتھ، پھر میں اسرائیل پر آپ کی بادشاہی حکومت کی حمایت کروں گا۔ اس کو ایک یقینی بنیاد پر یقینی بنائیں جو میں نے آپ کے والد ڈیوڈ کو دیا تھا، یعنی، 'آپ ہمیشہ اسرائیل پر اعتماد کر سکتے ہیں'۔

صبح 6 بجے رب، ہم قومی گناہ، کارپوریٹ بغاوت، اور اجتماعی فخر کا اعتراف کرتے ہیں۔ ہم تیری عظیم رحمتوں کی اپیل کرتے ہیں۔

صبح 9 بجے ہم اپنی نیکی کی وجہ سے نہیں بلکہ تیری شفقت کی وجہ سے دعائیں کرتے ہیں۔

دوپہر 12 بجے شرم کو توبہ میں بدل دیا جائے اور توبہ کو ہماری سرزمین میں بحالی کی طرف موڑ دیا جائے۔

3pm ناانصافی، خونریزی، بت پرستی، اور بدعنوانی کے ساتھ ہر عہد کو، الہی رحمت سے توڑا جائے۔

شام 6 بجے باپ، سنو، معاف کرو، سنو، اور کرو۔ آپ کے نام کی خاطر تاخیر نہ کریں۔

رات 9 بجے میں حکم دیتا ہوں کہ ویران جگہوں کو خدا یاد رکھے گا اور اس کی مہربانی سے دوبارہ تعمیر کیا جائے گا۔

12am روحانی خشک سالی، سماجی تباہی، اور اخلاقی بربادی کو شفا اور اصلاح کا راستہ دیں۔

3 بجے اے خدا، اپنے لوگوں کو یاد رکھ، اپنی گواہی کی حفاظت کر، اور اپنے عظیم نام کی خاطر ہماری زمین کو زندہ کر۔

دن 34 - کافروں کے لیے انجیلی بشارت اور انکاؤنٹر

حیفے: لوقا 2:32؛ یوحنا 16:8

ص

لوقا 2:32
نیا کنگ جیمز ورژن

32 غیر قوموں کے لیے ایک روشنی،
اور تیری قوم اسرائیل کا جلال۔

یوحنا 16:8
نیا کنگ جیمز ورژن

8 اور جب وہ آئے گا تو وہ دنیا کو گناہ اور راستبازی اور عدالت کا مجرم ٹھہرائے گا۔

لوقا 2:32
پیغام

25-32 اُس وقت یروشلم میں ایک آدمی تھا، شمعون نام کا، ایک اچھا آدمی، ایک آدمی جو اسرائیل کے لیے مدد کی دعا کی امید میں رہتا تھا۔ اور روح القدس اس پر تھا۔ روح القدس نے اسے دکھایا تھا کہ وہ مرنے سے پہلے خدا کے مسیح کو دیکھے گا۔ روح کی قیادت میں، وہ ہیکل میں داخل ہوا۔ جیسے ہی بچے کے والدین یسوع کو شریعت کی رسومات ادا کرنے کے لیے اندر لائے، شمعون نے اسے اپنی بانہوں میں لے لیا اور خدا کو برکت دی:

خدا، اب آپ اپنے بندے کو رہا کر سکتے ہیں۔

مجھے امن کے ساتھ رہا کرو جیسا کہ تم نے وعدہ کیا تھا۔ میں نے اپنی آنکھوں سے تمہاری نجات دیکھی ہے۔ یہ اب سب کے لیے کھلا ہوا ہے: غیر یہودی قوموں کے لیے خدا کی طرف سے ظاہر کرنے والی روشنی، اور تیری قوم اسرائیل کے لیے جلال کا۔

ی وحنا 16:8-11
پیغام

8-11 "جب وہ آئے گا، وہ بے دین دنیا کے گناہ، راستبازی اور عدالت کے بارے میں نظریہ کی غلطی کو ظاہر کرے گا: وہ انہیں دکھائے گا کہ ان کا مجھ پر یقین کرنے سے انکار ان کا بنیادی گناہ ہے؛ وہ راستبازی اوپر سے آتی ہے، جہاں میں باپ کے ساتھ ہوں، ان کی نظروں اور کنٹرول سے باہر لایا جاتا ہے؛ یہ بے انصاف دنیا کی حکمرانی کے طور پر لے جاتا ہے سزا یافتہ

صبح 6 بجے باپ، مسیح کی روشنی کو بے اعتقادی، بے حسی، اور سخت مزاحمت کے اندھیرے میں جانے دیں۔

9am دلوں کو گناہ، راستبازی، اور فیصلے کا مجرم ٹھہرائیں، اور اندھے ذہنوں سے ترازو ہٹا دیں۔

دوپہر 12 بجے میں یسوع مسیح کے الہی ملاقاتوں، خوابوں، ملاقاتوں اور ناقابل تردید انکشافات کے لیے دعا کرتا ہوں۔

3pm خاندانوں، برادریوں اور لوگوں پر سے ہر پردہ جو ابھی تک ایمان نہیں لاتے، خدا کی رحمت سے پھٹا جائے۔

شام 6 بجے رب، جھوٹے امن اور آرام دہ بغاوت کو مقدس یقین کے ساتھ روکیں جو نجات کی طرف لے جاتا ہے۔

رات 9 بجے متلاشیوں کو آپ کو ڈھونڈنے دیں، طعنہ دینے والوں کو سچائی سے گرفتار کیا جائے، اور خرچ کرنے والوں کو گھر لے جایا جائے۔

12am ہمدردی، وضاحت، اور طاقت سے بھرے گواہوں کو مسیح کی مؤثر طریقے سے تبلیغ کرنے کے لیے اٹھائیں۔

صبح 3 بجے اے خدا، ایسی ملاقاتیں عطا فرما جو دشمنوں کو سفیروں میں اور شک کرنے والوں کو عبادت گزاروں میں بدل دیں۔

دن 35 - ذاتی جنگ اور تقدیس

ص

حیفے: افسیوں 10:6-18؛ زبور 23:139-24

افسیوں 10:6-18

پیغام

ختم کرنے کے لئے ایک لڑائی

10-12 اور اس نے اسے سمیٹ لیا۔ خدا مضبوط ہے، اور وہ آپ کو مضبوط چاہتا ہے۔ اس لیے سب کچھ لے لو جو ماسٹر نے آپ کے لیے مقرر کیا ہے، بہترین مواد سے تیار کردہ ہتھیار۔ اور ان کو استعمال کرنے کے لیے ڈالیں تاکہ آپ شیطان کی طرف سے پھینکی جانے والی ہر چیز کا مقابلہ کر سکیں۔ یہ کوئی ویک اینڈ جنگ نہیں ہے جس سے ہم دور چلے جائیں گے اور چند گھنٹوں میں بھول جائیں گے۔ یہ ابلیس اور اس کے تمام فرشتوں کے خلاف زندگی یا موت کی جنگ کو برقرار رکھنے کے لیے ہے۔

13-18 تیار رہیں۔ آپ اس سے کہیں زیادہ کے خلاف ہیں جو آپ خود ہی سنبھال سکتے ہیں۔ خدا کی طرف سے جاری کردہ ہر ہتھیار سے ہر ممکن مدد حاصل کریں، تاکہ جب یہ سب ختم ہو جائے لیکن چیخیں چلائیں تب بھی آپ اپنے پیروں پر کھڑے ہوں۔ سچائی، راستبازی، امن، ایمان اور نجات الفاظ سے زیادہ ہیں۔ ان کو لاگو کرنے کا طریقہ سیکھیں۔ آپ کو زندگی بھر ان کی ضرورت رہے گی۔ خدا کا کلام ایک ناگزیر ہتھیار ہے۔ اسی طرح اس جاری جنگ میں نماز بھی ضروری ہے۔ سخت اور لمبی دعا کریں۔ اپنے بھائیوں اور بہنوں کے لیے دعا کریں۔ آنکھیں کھلی رکھیں۔ ایک دوسرے کے حوصلے بلند رکھیں تاکہ کوئی پیچھے نہ پڑے اور نہ ہی گرے۔

زبور 23:139-24

پیغام

23-24 ،میری زندگی کی چھان بین کر، اے خدا
میرے بارے میں سب کچھ معلوم کر لے؛ میری جانچ اور جانچ کر، میں کس چیز
کے بارے میں ہوں اس کی واضح تصویر حاصل کر۔
— خود ہی دیکھ لیں کہ کیا میں نے کچھ غلط کیا ہے
پھر ابدی زندگی کے راستے پر میری رہنمائی کریں۔

افسیوں 10:6-18

نیا کنگ جیمز ورژن

خدا کا پورا ہتھیار

10 آخرکار، میرے بھائیو، خُداوند میں اور اُس کی قدرت کی طاقت میں مضبوط
بنو۔ 11 **خُدا کے سارے ہتھیار پہن لو تاکہ تم شیطان** کی چالوں کا مقابلہ کر سکو ۔[1] 12 **کیونکہ ہم**
گوشت اور خون سے نہیں بلکہ بادشاہتوں، طاقتوں، اس زمانے[2] کے اندھیرے کے حکمرانوں
سے ' آسمانی جگہوں میں شرارت کے روحانی لشکروں سے لڑتے ہیں۔ 13 پس خُدا
کے سارے ہتھیار اُٹھا لو تاکہ تُم بُرے دِن کا مقابلہ کر سکو اور سب کچھ کر کے کھڑے
رہو۔

14 اس لیے کھڑے ہو جاؤ، سچائی کے ساتھ کمر باندھ کر، راستبازی کا سینہ بند
باندھ کر، 15 اور امن کی خوشخبری کی تیاری کے ساتھ اپنے پیروں میں چھلکا لگاؤ۔
16 سب سے بڑھ کر، ایمان کی ڈھال کو لے کر جس سے آپ شریر کی تمام آگ کو بجھا
سکیں گے۔ 17 اور نجات کا ہیلمٹ لے لو اور روح کی تلوار جو کہ خدا کا کلام ہے۔ 18
روح میں ہمیشہ پوری دُعا اور مِنّت کے ساتھ دُعا کرتے رہو اور اِس مقصد کے لیے
پوری استقامت کے ساتھ تمام مُقدّسوں کے لِئے التجا کرتے رہو۔

زبور 23:139-24
نیا کنگ جیمز ورژن

اے خدا مجھے تلاش کر اور میرے دل کو جان لے۔ 23
مجھے آزماؤ، اور میری پریشانیوں کو جانو۔
اور دیکھو کہ کیا مجھ میں 24
کوئی بُری راہ ہے اور مجھے ابدی راہ پر لے جا۔

.1 https://www.biblegateway.com/passage/?search=Ephesians%206%3A10-18%3B%20Psalm%20139%3A23-24&version=NKJV#fen-NKJV-29349a

.2 https://www.biblegateway.com/passage/?search=Ephesians%206%3A10-18%3B%20Psalm%20139%3A23-24&version=NKJV#fen-NKJV-29350b

صبح 6 بجے رب، مجھے تلاش کریں، مجھے آزمائیں، اور میرے اندر موجود ہر وہ چیز کو بے نقاب کریں جو دشمن کو قانونی قدم جمائے۔

صبح 9 بجے میں خُدا کے سارے ہتھیار پہنتا ہوں اور ہر اس سمجھوتے کو مسترد کرتا ہوں جو روحانی اختیار کو کمزور کرتا ہے۔

رات 12 بجے خوف، غرور، ہوس، تلخی اور بے اعتمادی کے ساتھ ہر اندرونی اتحاد اب ٹوٹ جائے۔

3pm چھپے ہوئے مقاصد، آلودہ بھوک، اور غیر مندمل زخموں کو مسیح کی حکمرانی میں لایا جائے۔

شام 6 بجے باپ، میری بات کو صاف کرو، میرے خیالات کو ضبط کرو، اور میری خواہشات کو جنگ اور عبادت کا حکم دو۔

رات 9 بجے میں حکم دیتا ہوں کہ میں ذاتی طور پر لڑائیاں نہیں ہاروں گا اور انہیں عوام میں جیتنے کی کوشش کروں گا۔

12am میری زندگی کو اندھیرے کا بند دروازہ اور روح القدس کے لیے کھلا دروازہ بننے دیں۔

صبح 3 بجے اے خدا، مجھے مکمل طور پر پاک کر اور مجھے حکمت عملی کی شفاعت کے لیے ایک صاف برتن بنا۔

دن 36 - آدھی رات کو مزاحمت کے خلاف واچ

حیفے: نحمیاہ 13،4:9؛ میتھیو 26:41

ص

نحمیاہ 4:9
نیا کنگ جیمز ورژن

9 اس کے باوجود ہم نے اپنے خدا سے دعا کی اور ان کی وجہ سے ہم نے دن رات
ان کے خلاف چوکیداری کی۔

نحمیاہ 4:13
نیا کنگ جیمز ورژن

13 اِس لیے مَیں نے آدمیوں کو دیوار کے نچلے حصے کے پیچھے، سوراخوں پر
کھڑا کیا۔ اور میں نے لوگوں کو ان کے خاندانوں کے مطابق ان کی تلواروں، نیزوں
اور کمانوں سے مقرر کیا۔

میتھیو 26:41
نیا کنگ جیمز ورژن

41 جاگتے رہو اور دعا کرو، ایسا نہ ہو کہ تم آزمائش میں پڑ جاؤ۔ روح تو یقیناً تیار
ہے لیکن جسم کمزور ہے ۔"

نحمیاہ 4:9
پیغام

7-9 جب سنبلط، طوبیاہ ، عربوں، عمونیوں اور اشدودیوں نے سنا کہ یروشلم کی
دیواروں کی مرمت اتنی اچھی ہو رہی ہے کہ دیوار کے ٹوٹنے کو ٹھیک کیا جا رہا ہے،
تو وہ بالکل غصے میں آئے۔ اُنہوں نے سر جوڑ کر یروشلم کے خلاف لڑنے کا فیصلہ
کیا اور جتنی بھی مصیبتیں پیدا کر سکیں۔ ہم نے اپنے خدا سے دعا کے ساتھ جواب دیا
اور ان کے خلاف چوبیس گھنٹے پہرہ دیا۔

نحمیاہ 14-4:13
پیغام

13-14 چنانچہ میں نے دیوار کے سب سے زیادہ خطرناک جگھوں پر مسلح
محافظوں کو تعینات کیا اور خاندانوں کے ذریعہ لوگوں کو ان کی تلواروں، نیزوں اور
کمانوں کے ساتھ مقرر کیا۔ تمام چیزوں کو دیکھنے کے بعد میں کھڑا ہوا اور شرفا،

افسروں اور باقی سب سے کہا: "ان سے مت ڈرو، اپنے دماغ کو آقا پر رکھو، جو عظیم اور زبردست ہے، اور پھر اپنے بھائیوں، اپنے بیٹوں، اپنی بیٹیوں، اپنی بیویوں اور اپنے گھروں کے لیے لڑو۔"

میتھیو 26:41

پیغام

40-41 جب وہ اپنے شاگردوں کے پاس واپس آیا تو دیکھا کہ وہ سوئے ہوئے ہیں۔ اُس نے پطرس سے کہا، "کیا تم اسے ایک گھنٹہ بھی میرے ساتھ نہیں رکھ سکتے؟ ہوشیار رہو؛ نماز میں رہو تاکہ تم یہ جانتے ہوئے بھی آزمائش میں نہ پڑو کہ تم خطرے میں ہو۔ تم میں سے ایک حصہ ایسا ہے جو بے تاب ہے، خدا میں کسی بھی چیز کے لیے تیار ہے۔ لیکن ایک اور حصہ بھی ایسا ہے جو آگ میں سوئے ہوئے بوڑھے کتے کی طرح کاہل ہے۔"

صبح 6 بجے باپ، جیسا کہ ہم دعا کرتے ہیں اور ایک گھڑی قائم کرتے ہیں، ہماری ترقی کے خلاف ہر رات کے حملے کو روکا جائے۔

صبح 9 بجے مجھے باریک حملے، روحانی تھکاوٹ، اور پوشیدہ مزاحمت کے خلاف چوکس رہنے کا فضل ملتا ہے۔

دوپہر 12 بجے ہر سنبلت اور طوبیاہ جو خدائی تعمیر نو کے خلاف توہین آمیز باتیں کرتے ہیں، خاموش رہیں۔

دوپہر 3 بجے چھپے ہوئے اوقات میں لگائے گئے ہر جال کو بے نقاب ہونے دیں اس سے پہلے کہ یہ نقصان میں پہنچ جائے۔

شام 6 بجے رب، اپنے لوگوں کو سمجھداری، ہمت اور نظم و ضبط کے ساتھ چوکس کر دیں۔

رات 9 بجے میں حکم دیتا ہوں کہ مخالفت تعمیر، دعا، یا پیشن گوئی کی تکمیل کو نہیں روکے گی۔

12am ہر آدھی رات کو میرے گھر والوں، تفویض اور کالنگ کے خلاف لین دین، یسوع کے خون سے منسوخ کر دیا جائے۔

صبح 3 بجے اے خدا، گھڑی قائم کر اور ہمیں اس موسم میں تمام مزاحمتوں پر فتح عطا فرما۔

دن 37 - علاقائی نجات اور فرشتوں کی مدد

صحیفے: زبور 91:11-13؛ اعمال 12:7-10

زبور 91:11-13
نیا کنگ جیمز ورژن

11 کیونکہ وہ اپنے فرشتوں کو تم پر ذمہ داری سونپے گا
کہ وہ تمہاری تمام راہوں میں تمہاری حفاظت کریں۔
12 وہ تُجھے[1] اُن کے ہاتھوں میں اُٹھا لیں گے،
ایسا نہ ہو کہ[2] تُو اپنا پاؤں پتھر سے ٹکرائے
13 تُو شیر اور کوبرا کو روندنا،
جوان شیر اور سانپ کو پاؤں تلے روندنا۔

اعمال 12:7-10
نیا کنگ جیمز ورژن

7 اب دیکھو، خُداوند کا ایک فرشتہ اُس کے پاس کھڑا تھا، اور قید خانے میں روشنی
چمکی۔ اور اُس نے پطرس کو پہلو پر مارا اور اُسے اُٹھا کر کہا، "جلدی اُٹھ!" اور اس
کی زنجیریں اس کے ہاتھوں سے گر گئیں۔ 8 تب فرشتے نے اُس سے کہا، "اپنے آپ کو
کمر باندھ اور اپنے جوتے باندھ لے۔ اور اس نے کیا. اور اُس سے کہا، "اپنا لباس پہن
اور میرے پیچھے ہو لے۔ 9 پس وہ باہر نکل کر اُس کے پیچھے ہو لیا اور یہ نہیں جانتا
تھا کہ جو کچھ فرشتہ نے کیا ہے وہ سچ ہے لیکن سوچا کہ وہ رویا دیکھ رہا ہے۔ 10 جب
وہ پہلی اور دوسری چوکیوں سے گزرے تو وہ لوہے کے پھاٹک پر پہنچے جو شہر

---

1. https://www.biblegateway.com/passage/?search=Psalm%2091%3A11-13%3B%20Acts%2012%3A7-10&version=NKJV#fen-NKJV-15408a

2. https://www.biblegateway.com/passage/?search=Psalm%2091%3A11-13%3B%20Acts%2012%3A7-10&version=NKJV#fen-NKJV-15408b

کی طرف جاتا تھا جو ان کے لیے اپنی مرضی سے کھلتا تھا۔ اور وہ باہر نکل کر ایک گلی میں گئے اور فرشتہ فوراً اس کے پاس سے چلا گیا۔

زبور 13-91:11

پیغام

91 1-13 تم جو خدا کی بارگاہ میں بیٹھتے ہو،

شدائی کے سائے میں رات گزارتے ہو، یہ کہو: "خدایا، تو میری پناہ ہے،

مجھے تجھ پر بھروسہ ہے اور میں محفوظ ہوں!"

یہ ٹھیک ہے۔ وہ آپ کو چھپے ہوئے جالوں سے بچاتا ہے، آپ کو مہلک خطرات سے بچاتا ہے۔ اس کے بڑے پھیلے ہوئے بازو آپ کی حفاظت کرتے ہیں۔ ان کے نیچے آپ بالکل محفوظ ہیں۔ اس کے بازو ہر طرح کے نقصان کو روکتے ہیں۔ کسی چیز سے نہ ڈرو۔ نہ رات کو جنگلی بھیڑیے، نہ دن میں تیر، نہ بیماری جو اندھیرے میں گھومتی ہو، نہ آفت جو دوپہر کو پھوٹتی ہو۔ اگرچہ دوسرے چاروں طرف دم توڑ جائیں، مکھیوں کی طرح دائیں بائیں گریں، کوئی نقصان بھی آپ کو نہیں چرائے گا۔ آپ اسے گھیرے میں لے کر کھڑے ہو جائیں گے۔ لاشیں، ہاں، کیونکہ خدا تمہاری پناہ، اعلیٰ خدا تمہارا اپنا گھر ہے، برائی تمہارے قریب نہیں آسکتی، دروازے سے نقصان نہیں پہنچ سکتا؛ اس نے اپنے فرشتوں کو حکم دیا کہ تم جہاں بھی جاؤ تمہاری حفاظت کریں؛ اگر تم ٹھوکر کھاؤ گے تو وہ تمہیں پکڑ لیں گے۔ ان کا کام آپ کو گرنے سے بچانا ہے۔

اعمال 11-12:7

پیغام

7-9 اچانک اُس کے پاس ایک فرشتہ آیا اور کمرے میں روشنی پھیل گئی۔ فرشتے نے پطرس کو ہلا کر اُٹھایا: "جلدی کرو!" ہتھکڑیاں اس کی کلائیوں سے اتر گئیں۔ فرشتے نے کہا کہ کپڑے پہن لو، جوتے پہن لو۔ پیٹر نے کیا۔ پھر، "اپنا کوٹ پکڑو اور چلو یہاں سے۔" پطرس نے اس کا پیچھا کیا، لیکن اسے یقین نہیں آیا کہ یہ واقعی کوئی فرشتہ ہے۔ اس نے سوچا کہ وہ خواب دیکھ رہا ہے۔

10-11 پہلے پہرے کو اور پھر دوسرے کو پار کرتے ہوئے وہ لوہے کے پھاٹک تک پہنچے جو شہر میں لے جاتا تھا۔ یہ ان کے سامنے خود ہی کھل گیا، اور وہ ہوا کے جھونکے کی طرح آزاد سڑک پر نکل آئے۔ پہلے چوراہے پر فرشتہ اسے چھوڑ کر اپنے راستے پر چلا گیا۔ تب پیٹر کو احساس ہوا کہ یہ کوئی خواب نہیں تھا۔ "میں یقین نہیں کر سکتا۔ یہ واقعی ہوا ہے! ماسٹر نے اپنے فرشتے کو بھیجا اور مجھے ہیروڈ کی شیطانی چھوٹی پیداوار اور اس تماشے سے بچایا جس کا یہودی ہجوم منتظر تھا۔"

صبح 6 بجے باپ، ہمارے بارے میں اپنے فرشتوں کو حکم دیں کہ وہ اس روزے کے دوران اور اس کے بعد کے تمام طریقوں سے ہماری حفاظت کریں۔

صبح 9 بجے میں حکم دیتا ہوں کہ علاقائی جبر، مربوط حملہ، اور پوشیدہ دھمکیاں غالب نہیں آئیں گی۔

دوپہر 12 بجے روشنی کو جیل کی جگہوں، چھپے ہوئے کوٹھریوں، اور پابند علاقوں میں داخل ہونے دیں جہاں اندھیرے کا راج ہے۔

دوپہر 3 بجے ہر لوہے کا دروازہ جو ہمارے اگلے سیزن کی مزاحمت کرتا ہے، الٰہی حکم سے کھلا ہے۔

شام 6 بجے رب، قائدین، سفارش کرنے والوں، خاندانوں اور طویل قید میں رکھے گئے خطوں سے زنجیریں ٹوٹ جائیں۔

رات 9 بجے میں شیروں، جوڑوں، سانپوں اور دشمن کے ہر زہریلے آپریشن پر چلتا ہوں۔

صبح 12 بجے فرشتوں کے یسکارٹس کو بادشاہی اسائنمنٹس کے ساتھ آنے دیں اور شیطانی حملوں کو ناکام بنائیں۔

صبح 3 بجے اے خدا، نجات ہمارے درمیان مرئی، ٹھوس اور ناقابل تردید بن جائے۔

دن 38 - فصل کی کٹائی، امیر جگہیں، اور بحالی

ص

حیفے: یسعیاہ 5:60-7؛ زبور 66:12
یسعیاہ 5:60-7
نیا کنگ جیمز ورژن

5 تب تم دیکھو گے اور چمکدار ہو جاؤ گے،
اور تمہارا دل خوشی سے پھول جائے گا؛ کیونکہ سمندر کی کثرت تمہاری طرف متوجہ ہو جائے گی، غیر قوموں کی دولت تمہارے پاس آئے گی۔
6 اونٹوں کا ہجوم تیرے ملک کو ڈھانپے گا،
مِدیان اور ایفہ کے ڈرومیڈریز؛ سب سبع کے لوگ آئیں گے؛ وہ سونا اور بخور لائیں گے، اور رب کی حمد کا اعلان کریں گے۔
7 کیدار کے تمام ریوڑ تیرے پاس جمع ہوں گے،
نبایوت کے مینڈھے تیری خدمت کریں گے۔
وہ میری قربان گاہ پر قبولیت کے ساتھ چڑھیں گے، اور میں اپنے جلال کے گھر کو جلال دوں گا۔

زبور 66:12
نیا کنگ جیمز ورژن

12 تُو نے آدمیوں کو ہمارے سروں پر سوار کرایا۔
ہم آگ اور پانی میں سے گزرے؛ لیکن تو نے ہمیں ایک[1] بھرپور تکمیل تک پہنچایا۔

1. https://www.biblegateway.com/passage/?search=%20Isaiah%2060%3A5-7%3B%20Psalm%2066%3A12&version=NKJV#fen-NKJV-14886a

یسعیاہ 7-60:5
پیغام
ری یونین کے لیے واپس آنے والے لوگ

60 1-7 "بستر سے اٹھو، یروشلم،
اٹھو، اپنا چہرہ سورج کی روشنی میں رکھو، خدا کا جلال تمہارے لیے طلوع ہوا ہے۔ ساری زمین تاریکی میں لپٹی ہوئی ہے، تمام لوگ گہرے اندھیرے میں ڈوبے ہوئے ہیں، لیکن خدا تم پر طلوع ہوتا ہے، اس کے طلوع آفتاب کا جلال تم پر ٹوٹ جاتا ہے۔ قومیں تمہاری روشنی کی طرف آئیں گی، جیسے وہ چمکتے ہوئے سورج کو چمکتے ہوئے دیکھتے ہیں! اکٹھے ہوں، دیکھتے ہیں کہ وہ آپ کے قریب آتے ہیں: آپ کے بیٹے بہت دور سے آتے ہیں، آپ کی بیٹیاں ان کی آیاوں کے ساتھ آتی ہیں۔ جب آپ انہیں آتے ہوئے دیکھیں گے تو آپ مسکرائیں گے۔ آپ کا دل پھول جائے گا اور، ہاں، پھٹ جائے گا! وہ تمام لوگ جو سمندر کے راستے سے مل کر واپس آ رہے ہیں، قوموں سے آنے والے جلاوطنوں کی ایک بھرپور فصل، دور دور سے آنے والی گاڑیوں کو دیکھ سکتے ہیں! مِدیان اور ایفہ میں خانہ بدوش، جنوب سے شیبا سے انڈیل رہے ہیں، سونے اور لوبان سے لدے ہوئے، خُدا کی حمد کی منادی کر رہے ہیں۔ اور ہاں، کیدار اور نبائیوت میں خانہ بدوشوں کے بھیڑوں کا ایک بڑا مجموعہ ،
جب میں اپنے شاندار ہیکل کو غسل دے رہا ہوں تو میری قربان گاہ پر عبادت کے لیے تحائف کا خیر مقدم کرتے ہیں۔

زبور 66:12
پیغام

8-12 اے لوگو، ہمارے خدا کی برکت کرو!
اس کا زبردست استقبال کرو!کیا اس نے ہمیں زندگی کے راستے پر نہیں کھڑا کیا؟
کیا اس نے ہمیں کھائی سے دور نہیں رکھا؟اس نے سب سے پہلے ہماری تربیت کی،
ہمیں چاندی کی طرح ریفائننگ آگ سے گزارا،
ہمیں سخت دشوار گزار ملک میں پہنچایا،
ہمیں اپنی حد تک دھکیل دیا، سڑکوں نے ہمیں اندر باہر آزمایا، ہمیں جہنم اور پیچھے لے گیا؛ آخر کار وہ ہمیں اس پانی والی جگہ پر لے آیا۔

صبح 6 بجے باپ، دباؤ، کٹائی اور جنگ کے موسموں کے بعد ہمیں ہمارے امیر مقام پر لے آئیں۔
صبح 9 بجے زمین اور سمندر کے خزانوں کو حکم دیں کہ وہ بادشاہی کے مقصد اور راستی کی ذمہ داری کا جواب دیں۔

12pm فصل کے دروازے پر ہر ناکہ بندی، یسوع مسیح کے اختیار سے ہٹا دی جائے۔

3pm ضائع ہونے والے سالوں، تاخیر سے ہونے والے مواقع اور چوری شدہ فوائد کو اضافے کے ساتھ بحال ہونے دیں۔

شام 6 بجے رب، مشن، رحم، شاگردی، اور نسلی اثرات کے لیے وسائل جمع کریں۔

رات 9 بجے میں حکم دیتا ہوں کہ فصل کھیت میں نہیں مرے گی اور راستے میں رزق ضائع نہیں ہوگا۔

12am قوموں کو خدا کے فدیہ کے ایجنڈے کی خدمت میں اپنا مادہ لانے دیں۔

صبح 3 بجے اے خدا، اس موسم کو ظاہری بحالی، حلال اضافہ اور گواہی کے ساتھ تاج پہنائیں۔

دن 39 - مسیح کے تسلط کے تحت سات پہاڑ

حیفے: متی 6:10؛ مکاشفہ 11:15

ص

میتھیو 6:10
نیا کنگ جیمز ورژن

10 تیری بادشاہی آئے۔
تیری مرضی زمین پر پوری ہو جیسا کہ آسمان پر ہے ۔

مکاشفہ 11:15
نیا کنگ جیمز ورژن
ساتواں صور: بادشاہی کا اعلان

15 تب ساتویں فرشتے نے بجائی: اور آسمان پر بلند آوازیں سنائی دیں، " اس دنیا
کی بادشاہتیں ہمارے خداوند اور اُس کے مسیح کی بادشاہی بن گئی ہیں [1] اور وہ ابد تک
بادشاہی کرے گا۔"

میتھیو 6:10-13
پیغام

7-13 "دنیا نام نہاد نمازی جنگجوؤں سے بھری پڑی ہے جو نماز سے ناواقف ہیں۔ وہ فارمولوں اور پروگراموں اور مشوروں سے بھری ہوئی ہیں، جو کچھ آپ خدا سے چاہتے ہیں حاصل کرنے کے لیے پیڈلنگ تکنیکوں سے بھری ہوئی ہیں۔ اس بکواس میں مت پڑو۔ یہ آپ کا باپ ہے جس کے ساتھ آپ معاملہ کر رہے ہیں، اور وہ آپ سے بہتر جانتا ہے کہ آپ کو کیا ضرورت ہے۔ اس طرح کے خدا کے ساتھ، آپ اس طرح کی محبت کے ساتھ دعا کر سکتے ہیں۔

ہمارے آسمانی باپ،
ظاہر کریں کہ آپ کون ہیں۔ دنیا کو درست کریں؛ جو بہتر ہے وہی کریں۔ جیسا کہ اوپر، اسی طرح نیچے۔ ہمیں تین مربع کھانے کے ساتھ زندہ رکھیں۔
ہمیں اپنے ساتھ اور دوسروں کو معاف کرنے والا رکھ

1. https://www.biblegateway.com/passage/?search=Matthew%206%3A10%3B%20Revelation%2011%3A15&version=NKJV#fen-NKJV-30888a

ہمیں اپنے اور شیطان سے محفوظ رکھو۔ تم انچارج ہو! تم جو چاہو کر سکتے ہو!
تم خوبصورتی میں جلے ہو! جی ہاں جی ہاں جی ہاں

مکاشفہ 15:11-18

پیغام

آخری ٹرمپیٹ کی آوازیں

15-18 ساتویں فرشتے نے نرسنگا بجایا۔ جنت میں آوازوں کا ایک جھونکا گایا گیا،
دنیا کی بادشاہی اب
!ہمارے خدا اور اس کے مسیحا کی بادشاہی ہے! وہ ابد تک حکومت کرے گا
اپنے تختوں پر خُدا کے سامنے بیٹھے ہوئے چوبیس بزرگ گھٹنوں کے بل گرے،
سجدہ کیا اور گایا،
،ہم تیرا شکر ادا کرتے ہیں، اے خدا، قادر مطلق
کون ہے اور کون تھا۔ تو نے اپنی عظیم طاقت لے لی اور اقتدار سنبھالا۔ حکومت
کی۔ ناراض قومیں اب تیرے غصے کا مزہ چکھتی ہیں۔
وقت آگیا ہے کہ مُردوں کا فیصلہ کیا جائے، تیرے بندوں، تمام انبیاء اور اولیاء کو
انعام دیا جائے، چھوٹے بڑے کو انعام دیا جائے جو تیرے نام سے ڈرتے ہیں، اور زمین
کے تباہ کرنے والوں کو تباہ کرتے ہیں۔

صبح 6 بجے باپ، آپ کی بادشاہی آئے اور آپ کی مرضی مذہب، خاندان، تعلیم، حکومت، میڈیا، فنون اور کاروبار میں پوری ہو۔

صبح 9 بجے میں حکم دیتا ہوں کہ انسانی اثر و رسوخ کا ہر پہاڑ یسوع مسیح کی حکومت کے سامنے جھک جائے گا۔

رات 12 بجے تاریکی کا ہر تخت جو تزویراتی شعبوں پر قابض ہے، ہلا کر ہٹا دیا جائے۔

دوپہر 3 بجے نیک مصلحین، معماروں، سفارش کرنے والوں اور قائدین کو ہر شعبے میں جگہ دی جائے۔

شام 6 بجے رب، علاقائی تبدیلی کے لیے دعا، پیشین گوئی، حکمت عملی اور عمل کو ہم آہنگ کریں۔

رات 9 بجے میں اعلان کرتا ہوں کہ کوئی بھی پہاڑ چھٹکارے کے لیے اتنا زیادہ نہیں پکڑا جاتا اور کوئی نظام الہی حملے کے لیے اتنا سخت نہیں ہوتا۔

صبح 12 بجے آسمان کی آواز کو ہر ثقافتی اور شہری جگہ پر بابل کی آواز پر حاوی ہونے دیں۔

صبح 3 بجے اے خُدا، اپنے جلال کے لیے سات پہاڑوں کا دعویٰ کر اور زمین پر دائمی بادشاہی کی گواہی قائم کر۔

دن 40 - تھینکس گیونگ، سیلنگ، اور کمیشننگ

ص

حیفے: زبور 1:126-6؛ عبرانیوں 7:25

زبور 126

نیا کنگ جیمز ورژن

صیون میں ایک خوشگوار واپسی۔

چڑھائیوں کا ایک گانا۔

126 جب خُداوند صیون کی اسیری کو واپس لایا تو

ہم خواب دیکھنے[1] والوں کی طرح تھے۔

2 تب ہمارا منہ قہقہوں سے

اور ہماری زبان گانے سے لبریز ہو گئی۔ تب اُنہوں نے قوموں میں کہا ' "رب[2] نے

اُن کے لیے بڑے کام کیے ہیں۔"

3 خداوند نے ہمارے لئے عظیم کام کئے ہیں

اور ہم خوش ہیں۔

4 اے خُداوند، ہماری اسیری کو واپس لے آ

جیسے جنوب میں ندیاں۔

5 جو آنسوؤں میں بوتے ہیں

وہ خوشی سے کاٹیں گے۔

6 ،جو مسلسل روتا ہوا ، بونے[3] کے لیے بیج لے کر نکلتا ہے

بلا شبہ[4] وہ

، ساتھ[5] خوشی کے

---

1. https://www.biblegateway.com/passage/?search=Psalm%20126%3A1-6%3B%20Hebrews%207%3A25&version=NKJV#fen-NKJV-16117a

2. https://www.biblegateway.com/passage/?search=Psalm%20126%3A1-6%3B%20Hebrews%207%3A25&version=NKJV#fen-NKJV-16118b

اپنی بیلیں ساتھ لے کر آئے گا۔

عبرانیوں 7:25
نیا کنگ جیمز ورژن
اِس لیے وہ اُن لوگوں کو جو اُس کے وسیلہ سے خُدا کے پاس آتے ہیں اُن 25کو آخری حد تک
بچانے کے قابل بھی ہے، کیونکہ وہ ہمیشہ اُن کی شفاعت کرنے کے لیے زندہ رہتا ہے۔

زبور 126
پیغام

126 [1-3] ،یہ ایک خواب کی طرح لگ رہا تھا، سچ ہونا بہت اچھا تھا
جب خُدا نے صیون کے جلاوطنوں کو واپس کر دیا تھا۔ ہم ہنسے، ہم نے گایا، ہمیں
اپنی خوش قسمتی پر یقین نہیں آیا۔ ہم قوموں کی بات کر رہے تھے۔ " خدا ان کے لیے
"!بہت اچھا تھا
خدا ہمارے لئے بہت اچھا
.تھا ; ہم ایک خوش لوگ ہیں
4-6 ۔اور اب، خدا، یہ دوبارہ کریں
ہماری قحط زدہ زندگیوں میں بارش لاؤ تو جنہوں نے مایوسی میں اپنی فصلیں
لگائی تھیں وہ چلائیں گے "ہاں!" فصل کی کٹائی کے وقت، تو جو بھاری دلوں کے ساتھ
چلے گئے، وہ ہنستے ہوئے، برکتوں کے بازوؤں کے ساتھ گھر آئیں گے۔
عبرانیوں 7:25
پیغام

---

3. https://www.biblegateway.com/passage/?search=Psalm%20126%3A1-6%3B%20Hebrews%207%3A25&version=NKJV#fen-NKJV-16122c

4. https://www.biblegateway.com/passage/?search=Psalm%20126%3A1-6%3B%20Hebrews%207%3A25&version=NKJV#fen-NKJV-16122d

5. https://www.biblegateway.com/passage/?search=Psalm%20126%3A1-6%3B%20Hebrews%207%3A25&version=NKJV#fen-NKJV-16122e

6. https://www.biblegateway.com/passage/?search=Psalm%20126%3A1-6%3B%20Hebrews%207%3A25&version=NKJV#fen-NKJV-30090a

23-25 پہلے بہت سے کاہن تھے، کیونکہ وہ مر گئے اور ان کو تبدیل کیا جانا تھا۔ لیکن یسوع کی کہانت مستقل ہے۔ وہ اب سے ابد تک ہر اس شخص کو بچانے کے لیے موجود ہے جو اس کے ذریعے خُدا کے پاس آتا ہے، ہمیشہ اُن کے لیے بات کرنے کے لیے کام پر رہتا ہے۔

صبح 6 بجے باپ، ہم آپ کا شکریہ ادا کرتے ہیں کیونکہ دعا میں ہماری محنت رائیگاں نہیں جاتی اور ہمارا بیج فصل کے ساتھ واپس آئے گا۔

صبح 9 بجے ہم یسوع مسیح کو برکت دیتے ہیں، ہمارے ابدی شفاعت کرنے والے، جو ہمارے لیے شفاعت کرنے کے لیے ہمیشہ زندہ رہتے ہیں۔

دوپہر 12 بجے میں اس روزے کے دوران مکمل ہونے والے ہر جواب، پیش رفت، نجات، اور الہی لین دین پر مہر لگاتا ہوں۔

3pm نماز میں جو تصور کیا گیا تھا اسے چوری، بدعنوانی اور قبل از وقت نقصان سے محفوظ رکھا جائے۔

شام 6 بجے رب، ہمیں اس روزے سے تازہ تیل، صاف نظر، اور آزمائشی اختیار کے ساتھ کمشن دیں۔

رات 9 بجے میں حکم دیتا ہوں کہ یہ موسم مستقل دعا میں جاری کیا جائے گا، عارضی جوش میں نہیں۔ پائیدار پھل میں، لمحاتی جذبات میں نہیں۔

12am اس روزے کے بعد شفا یابی، نجات، بحالی، رزق اور اصلاح کی شہادتیں بڑھنے دیں۔

3am اے خدا، جو کچھ تو نے ہم میں، ہمارے ذریعے، اور ہمارے اردگرد شروع کیا ہے اسے مکمل کر، اور جلال صرف تیرا ہی رہے۔

نتیجہ

خلاء میں وفاداری کے ساتھ کھڑا ہونا

نماز اور روزے کے ان چالیس دنوں کے دوران، مومنین نے جان بوجھ کر اپنے آپ کو چرچ، رہنماؤں اور اقوام کی طرف سے خدا کے سامنے پیش کیا ہے۔

شفاعت کبھی بھی صرف دعا میں کہے گئے الفاظ کے بارے میں نہیں ہوتی۔ یہ آسمان اور زمین کے درمیان خلا میں کھڑے ہونے کے بارے میں ہے، اس بات پر یقین رکھتے ہوئے کہ خدا کے مقاصد زندگیوں، برادریوں اور پوری قوموں کو تبدیل کر سکتے ہیں۔

حزقی ایل نبی نے خدا کے دل کو ریکارڈ کیا جب اس نے کہا:

"میں نے ان میں سے ایک آدمی کو ڈھونڈا جو ایک دیوار بنائے اور زمین کے لیے میرے سامنے خلا میں کھڑا ہو۔" (حزقی ایل 22:30)

یہ دعوت آج بھی قائم ہے۔

خُدا ان لوگوں کو تلاش کرتا رہتا ہے جو دعا کریں گے — نہ صرف اپنی ذاتی ضروریات کے لیے، بلکہ کلیسیا کی تقدیر اور قوموں کے مستقبل کے لیے۔

بیس سالوں سے، یہ چالیس دن کی گھڑی — **17 مارچ سے 25 اپریل تک** — کو شفاعت کے ایک سرشار موسم کے طور پر منایا جاتا رہا ہے۔ جو دعا کے لیے ذاتی اذان کے طور پر شروع ہوا وہ ایک مشترکہ بوجھ بن گیا ہے جو مومنین کے لیے اٹھایا گیا ہے جو ہماری دنیا کی روحانی سمت کے لیے دعا کی اہمیت کو تسلیم کرتے ہیں۔

ان دعاؤں کے ذریعے ہم خُدا سے اپنے کلیسیا کو مضبوط کرنے، حکمت اور راستبازی کے ساتھ رہنمائوں کی رہنمائی کرنے، اور بہت سے لوگوں کو جنہوں نے کبھی اُسے نہیں جانا تھا، یسوع مسیح کے ساتھ بچانے کے لیے اپنی طرف متوجہ کرتے ہیں۔

اس کتاب میں دعائیں شفاعت کی انتہا نہیں ہیں۔ وہ ایک شروعات ہیں۔

خلا میں کھڑے ہونے کی پکار ان چالیس دنوں سے آگے بھی جاری ہے۔

اہل خانہ کو دعا کی ضرورت ہے۔

گرجا گھروں کو دعا کی ضرورت ہے۔

برادریوں کو دعا کی ضرورت ہے۔

قوموں کو دعا کی ضرورت ہے۔

اور اثر و رسوخ کے سات پہاڑ—مذہب، خاندان، تعلیم، حکومت، میڈیا، فنون اور ثقافت، اور کاروبار — ایسے مومنوں کی ضرورت ہے جو مستقل طور پر خدا کی حکمت اور مداخلت کی تلاش میں رہیں گے۔

جیسا کہ آپ اس چالیس دن کی گھڑی کو ختم کرتے ہیں، یاد رکھیں کہ روح القدس خدا کے لوگوں کی دعاؤں کی رہنمائی کرتا رہتا ہے۔ یسوع مسیح خود باپ کے سامنے شفاعت کرتا ہے، اور ہر جگہ مومنین کو اس مقدس وزارت میں شامل ہونے کی دعوت دی جاتی ہے۔

رب دعا کے لیے آپ کے عزم کو مضبوط کرے۔
آپ کی زندگی ایک زندہ ہیکل بنے جہاں خدا کی روح رہتی ہے۔
چرچ اور اقوام کی جانب سے آپ کی آواز آسمان کے سامنے بلند ہوتی رہے۔
اور خدا کی بادشاہی انسانی اثر و رسوخ کے ہر شعبے میں ترقی کرے۔
کال واضح رہتی ہے:

خلا میں کھڑے ہو جاؤ۔

بغیر کسی وقفے کے دعا کریں۔ قوموں کی تبدیلی پر یقین رکھیں۔

عالمی شفاعت کی تحریک میں شامل ہوں۔

ملین شفاعت کرنے والوں کو کال

اس دعا کی تفویض کا مقصد اکیلے لے جانا نہیں ہے۔

خدا **شفاعت کرنے والوں کی ایک عالمی کمپنی کو کھڑا کر رہا ہے** جو کلیسیا، لیڈروں اور اقوام کے لیے خلا میں کھڑا ہو گا۔

اس کتابچے کے ذریعے دنیا بھر کے مومنین کو دعوت دی جا رہی ہے کہ وہ **10 ملین سے زیادہ دعائیہ جنگجوؤں کی بڑھتی ہوئی شفاعتی تحریک میں شامل ہو جائیں** جو قوموں کی تبدیلی کے لیے خدا کی تلاش میں مصروف عمل ہیں۔

آپ کو ہماری لیس کمیونٹی میں سے ایک کے ساتھ جڑنے اور دعا، شاگردی، اور روحانی تشکیل میں بڑھتے رہنے کے لیے مدعو کیا جاتا ہے۔

ہماری لیس کرنے والی کمیونٹیز سے جڑیں۔

اپنی روحانی دلچسپیوں کی بنیاد پر ہماری کسی بھی متحرک کمیونٹی میں شامل ہوں۔

10 ملین تحریک - شفاعت سے لیس کمیونٹی

فیس بک

https://www.otakada.org/facebookintercessory

ہولی گوسٹ اسکول - شاگرد برادری

فیس بک

https://www.otakada.org/facebookholyghostschool

ٹیلیگرام

https://t.me/holyghostschooldiscipleship

10 ملین شفاعت کرنے والے کمیونٹی سے لیس ہیں۔

واٹس ایپ

https://www.otakada.org/whatsappintercessory

"ہم مسیح یسوع میں ایک ہیں"

خدا کی عقاب وزارتیں (جی ای ایم) واٹس ایپ کمیونٹیز

کمیونٹی 1

https://www.otakada.org/whatsappcommunity1
کمیونٹی 2
https://www.otakada.org/whatsappcommunity2

ہمارے آن لائن اسٹور پر جائیں۔

ہماری متاثر کن مسیحی کتابوں اور وسائل کے ذخیرے کو دریافت کریں جو مومنوں کو دعا، شاگردی، اور بادشاہی خدمت کے لیے تیار کیا گیا ہے۔

یہاں خریداری کریں
https://shop.otakada.org

دوسری طرف دیکھیں

(خدا کی عقاب وزارتیں (جی ای ایم
آخری وقت کے لیے ایک کمیونٹی
ویب سائٹ
https://www.otakada.org
ambassador@otakada.org پر ای میل کریں۔
،شکریہ کے ساتھ
ویلکم کمیٹی

کال ٹو ایکشن

فصل کے لیے شراکت داری

جیسے ہی آپ اس کتاب کو بند کرتے ہیں، ہم آپ کو دعوت دیتے ہیں کہ سفر کو ایک قدم آگے لے جائیں—نہ صرف آپ کی اپنی زندگی میں، بلکہ تمام اقوام کی بے شمار روحوں کی زندگیوں میں۔

اگر خدا کی عقاب وزارتوں (جی ای ایم) کے پیغامات نے آپ کے دل کو تقویت بخشی ہے، بیدار کیا ہے، یا آپ کے دل کو درست کیا ہے، تو ہم آپ سے عاجزی کے ساتھ درخواست کرتے ہیں کہ **فصل کی خاطر ہمارے ساتھ شراکت پر غور کریں**۔ دنیا سچائی، امید، اور روح القدس کی نرم لیکن غیر واضح آواز کی بھوکی ہے، اور ہم مل کر ان پیغامات کو وہاں رکھ سکتے ہیں جہاں ان کی سب سے زیادہ ضرورت ہے۔

ہمارا ماننا ہے کہ میڈیا ٹیکنالوجی سے بڑھ کر ہے ۔ یہ ایک **روحانی جال ہے** جو قوموں، دیہاتوں، شہروں اور پوشیدہ جگہوں میں گہرا ہے۔ فلم، ویڈیو، ریڈیو، اور ڈیجیٹل منسٹری کے ذریعے، GEM ان لوگوں تک پہنچ رہا ہے جو شاید کبھی گرجہ گھر میں داخل نہ ہوں، لیکن جن کے دل زندہ مسیح سے ملنے کے لیے کھلے ہیں۔

آپ کی شراکت ہماری مدد کرتی ہے:

1. روح سے بھرپور فلم اور ویڈیو مواد تیار کریں۔

وہ کہانیاں اور تعلیمات جو یسوع کی محبت کو شفا بخشتی ہیں، متاثر کرتی ہیں اور واضح، متعلقہ، زندگی کو بدلنے والے طریقوں سے ظاہر کرتی ہیں۔

2. ریڈیو پر انجیل نشر کریں۔

خدا کے کلام کو جیلوں، ہسپتالوں، دیہی برادریوں، اور انٹرنیٹ کی پہنچ سے دور جگہوں تک لے جانا — جہاں امید کی کمی ہے اور سچائی قیمتی ہے۔

3. ہماری سوشل میڈیا تدریسی اور شاگردی مہمات کو وسعت دیں۔

روزانہ کی عبادتیں، دعائیں، اور تعلیمات جو مومنوں کو مضبوط کرتی ہیں، خاندانوں کو بحال کرتی ہیں اور عالمی سطح پر شاگردوں کو لیس کرتی ہیں۔

آپ کی حمایت کیوں اہمیت رکھتی ہے۔

جاری ہونے والا ہر پیغام روشنی کا بیج بن جاتا ہے۔

ہر تعلیم تبدیلی کی لہر بن جاتی ہے۔ فیاضی کا ہر عمل خدا کی عالمی فصل کا حصہ
بن جاتا ہے۔

آپ کے دینے سے اس وزارت کو ان روحوں تک پہنچنے میں مدد ملتی ہے جو ہم زمین پر کبھی نہیں مل سکتے، لیکن ضرور ملیں گے۔ کوئی مقررہ رقم نہیں ہے ۔ صرف اسی طرح دیں جیسے رب آپ کی رہنمائی کرتا ہے۔ ہر تحفہ، بڑا یا چھوٹا، بادشاہی کو آگے بڑھانے میں اپنا کردار ادا کرتا ہے۔

شراکت دار یا دینا:

پے پال:

https://www.paypal.com/ncp/payment/D6NEFW56KG8LU

Tithe.ly:

https://tithe.ly/give?c=308311

فلٹر ویو - https://flutterwave.com/donate/bbkpkokehxlw

دینے کے تمام راستے:

https://www.otakada.org/partnership-giving

ہمارے ساتھ کھڑے ہونے کا شکریہ۔

فصل میں بونے کے لیے آپ کا شکریہ۔ قوموں تک مسیح کا پیغام پہنچانے میں ہماری مدد کرنے کے لیے آپ کا شکریہ۔

خُداوند آپ کو کثرت سے برکت دے، آپ کو کثرت سے بڑھائے، اور ہر اُس بیج کو جو آپ اُس کے جلال کے لیے بوتے ہیں۔

یسوع کے عظیم نام میں، آمین۔

سفیر پیر O. Ogbe , Zacharias Godseagle ; کمفرٹ لاڈی اوگبی

بانی، خدا کی عقاب وزارتیں (GEM)

www.otakada.org[1]

1. http://www.otakada.org

دوبارہ پیدا ہونے اور مسیح کے ساتھ نئی زندگی شروع کرنے کا طریقہ

ہو سکتا ہے کہ آپ پہلے بھی یسوع کے ساتھ چل چکے ہوں، یا ہو سکتا ہے کہ آپ ان 40 دنوں میں اس سے ملے ہوں۔ لیکن ابھی، آپ کے اندر کچھ ہلچل مچا رہا ہے۔

آپ مذہب سے زیادہ کے لیے تیار ہیں۔ آپ

رشتے کے لیے تیار ہیں۔

"آپ یہ کہنے کے لیے تیار ہیں، "یسوع، مجھے آپ کی ضرورت ہے۔

یہاں حقیقت ہے:

کیونکہ سب نے گناہ کیا ہے؛ ہم سب خُدا کے شاندار معیار سے کم ہیں... پھر بھی"

"خُدا، اپنے فضل سے، آزادانہ طور پر ہمیں اپنی نظر میں درست بناتا ہے۔

— رومیوں 3:23-24 (NLT)

آپ نجات حاصل نہیں کر سکتے۔

آپ خود کو ٹھیک نہیں کر سکتے۔ لیکن یسوع نے پہلے ہی پوری قیمت ادا کر دی ہے — اور وہ آپ کو گھر میں خوش آمدید کہنے کا انتظار کر رہا ہے۔

دوبارہ پیدا ہونے کا طریقہ

نئے سرے سے پیدا ہونے کا مطلب ہے اپنی زندگی کو یسوع کے حوالے کرنا — اس کی معافی کو قبول کرنا، یہ ماننا کہ وہ مر گیا اور دوبارہ جی اٹھا، اور اسے اپنے رب اور نجات دہندہ کے طور پر قبول کرنا۔

یہ آسان ہے۔ یہ طاقتور ہے۔ یہ سب کچھ بدل دیتا ہے۔

یہ دعا بلند آواز سے کریں:

خداوند یسوع، مجھے یقین ہے کہ آپ خدا کے بیٹے ہیں۔"

میں یقین کرتا ہوں کہ آپ میرے گناہوں کے لیے مرے اور دوبارہ جی اٹھے۔ میں اعتراف کرتا ہوں کہ میں نے گناہ کیا ہے اور مجھے آپ کی معافی کی ضرورت ہے۔ آج، میں توبہ کرتا ہوں اور اپنے پرانے طریقوں سے رجوع کرتا ہوں، میں آپ کو اپنی زندگی میں اپنے رب اور نجات دہندہ کے لیے مدعو کرتا ہوں۔ آپ کی پیروی کروں گا اور میں آپ کے نقش قدم پر رہوں گا۔ یسوع کے نام پر مجھے بچانے کے لیے آپ کا شکریہ۔

نجات کے بعد اگلے اقدامات

1. **کسی کو بتائیں** - اپنے فیصلے کو اس مومن کے ساتھ شیئر کریں جس پر آپ بھروسہ کریں۔
2. **بائبل پر مبنی چرچ تلاش کریں** - ایک ایسی کمیونٹی میں شامل ہوں جو خدا کے کلام کی تعلیم دیتی ہے اور اسے زندہ کرتی ہے۔ https://www.otakada.org[1] یا https://chat.whatsapp.com/H67spSun32DDTma8TLh0ov[2] کے ذریعے خدا کی عقاب وزارتوں کو آن لائن دیکھیں
3. **بپتسمہ لیں** - اپنے عقیدے کا اعلان کرنے کے لیے عوامی طور پر اگلا قدم اٹھائیں۔
4. **روزانہ بائبل پڑھیں** – جان کی انجیل سے شروع کریں۔
5. **ہر روز دعا کریں** – خدا سے ایک دوست اور باپ کے طور پر بات کریں۔
6. **جڑے رہیں** - اپنے آپ کو ایسے لوگوں سے گھیر لیں جو آپ کی نئی واک کی حوصلہ افزائی کرتے ہیں۔
7. **کمیونٹی کے اندر شاگردی کا عمل شروع کریں** - ان لنکس کے ذریعے یسوع مسیح کے ساتھ ایک دوسرے کے ساتھ رشتہ استوار کریں۔

40 دن کی شاگردی 1 - https://www.otakada.org/get-free-40-days-online-discipleship-course-in-a-journey-with-jesus/

40 شاگردی 2 - https://www.otakada.org/get-free-40-days-dna-of-discipleship-journey-with-jesus-series-2/

---

1. https://www.otakada.org

2. https://chat.whatsapp.com/H67spSun32DDTma8TLh0ov

میرا نجات کا لمحہ

تاریخ : ______________________

دستخط : ______________________

"اگر کوئی مسیح میں ہے تو وہ ایک نئی تخلیق ہے؛ پرانا ختم ہو گیا، نیا آ گیا ہے!"

کرنتھیوں 2 5:17—

مسیح میں نئی زندگی کا سرٹیفکیٹ

نجات کا اعلان - فضل سے دوبارہ پیدا ہوا۔

یہ اس بات کی تصدیق کرتا ہے۔

____

(پورا نام)

یسوع مسیح پر ایمان کا رب اور نجات دہندہ کے طور پر

اعلان کیا ہے اور اس کی موت اور قیامت کے ذریعے نجات کا مفت تحفہ حاصل کیا ہے۔

اگر آپ کھلے عام اعلان کرتے ہیں کہ یسوع خداوند ہے اور اپنے دل میں یقین" "رکھتے ہیں کہ خدا نے اسے مردوں میں سے زندہ کیا تو آپ بچ جائیں گے۔

(رومیوں 10:9 (این ایل ٹی —

اس دن جنت خوشیاں مناتی ہے اور ایک نیا سفر شروع ہوتا ہے۔

فیصلے کی تاریخ : ______________________

دستخط : ______________________________

نجات کا اعلان

آج، میں اپنی زندگی یسوع مسیح کے حوالے کرتا ہوں۔"

مجھے یقین ہے کہ وہ میرے گناہوں کے لیے مر گیا اور دوبارہ جی اُٹھا۔ میں اسے اپنے رب اور نجات دہندہ کے طور پر قبول کرتا ہوں۔ مجھے معاف کیا گیا، دوبارہ پیدا "ہوا، اور نیا بنایا گیا۔ اس لمحے سے آگے، میں اس کے نقش قدم پر چلوں گا۔

خدا کے خاندان میں خوش آمدید!

آپ کا نام میمنے کی زندگی کی کتاب میں لکھا گیا ہے۔

آپ کی کہانی ابھی شروع ہوئی ہے - اور یہ ابدی ہے۔

خدا کی عقاب وزارتوں کے ساتھ جڑیں۔

- ویب سائٹ[3]: www.otakada.org
- فکر سے پرے دولت کی سیریز[4]: www.wealthbeyondworryseries.com
- ای میل: ambassador@otakada.org

اس کام کی حمایت کریں:

عہد کی قیادت میں دینے کے ذریعے بادشاہی منصوبوں، مشنوں اور مفت عالمی وسائل کی حمایت کریں۔

دینے کے لیے QR - کوڈ اسکین کریں [5] https://tithe.ly/give?c=308311

آپ کی سخاوت ہمیں مزید روحوں تک پہنچنے، وسائل کا ترجمہ کرنے، مشنریوں کی مدد کرنے، اور عالمی سطح پر شاگردی کے نظام کی تعمیر میں مدد کرتی ہے۔ شکریہ!

3. https://www.otakada.org
4. https://www.wealthbeyondworryseries.com
5. https://tithe.ly/give?c=308311

مصنف BIO

زکریا گوڈسیگل

صنف • استاد • وژنری لیڈر

م Zacharias Godseagle کلام کا ایک پرجوش استاد اور مسیح کے جسم کے لیے ایک سمجھدار آواز ہے۔ روحانی بصیرت کے لیے ایک منفرد فضل کے ساتھ، زکریا وزراء وضاحت، پیشن گوئی کی گہرائی، اور ایمانداروں کو پاکیزگی، خدا پرستی اور مسیح کے سامنے مستند ہتھیار ڈالتے ہوئے دیکھنے کی دل جلانے والی خواہش کے ساتھ

خدا کی عقاب وزارتوں (GEM) کے کام میں ایک شریک مزدور کے طور پر، وہ شاگردی کے مواد، کتابی روشنی، اور میڈیا پر مبنی آؤٹ ریچ کو تشکیل دینے میں اہم کردار ادا کرتا ہے جو ڈیجیٹل اور جسمانی سرحدوں میں زندگیوں کو چھوتا ہے۔ اس کی تحریریں باطنی تبدیلی، فرمانبرداری، اور مسیح کو مومن کے دل کے تخت پر بحال کرنے پر مرکوز ہیں۔

زکریا ایک سادہ عقیدہ کے ذریعے کارفرما ہے: **جب دل ایک دوسرے سے منسلک ہوتا ہے تو تقدیر سیدھ میں آتی ہے۔**

وہ تدریس، سرپرستی، اور روح سے بھرپور تخلیقی منصوبوں کے ذریعے عالمی سطح پر سامعین تک پہنچنا جاری رکھے ہوئے ہے۔

سفیر پیر O. Ogbe

مصنف • مشنری کمیونیکیٹر • بانی، گاڈز ایگل منسٹریز (جی ای ایم)

سفیر پیر اوریوجو اوگوجو اوگبی **خدا کی عقاب وزارتوں (GEM)** کے بانی ہیں — ایک عالمی مشن جس کا مینڈیٹ ہے کہ "لوگوں کو اس کے کلام کے ذریعے خدا سے جوڑیں۔" شفاعت، سچائی، جذباتی کہانی سنانے، اور پیشن گوئی کی تعلیم کے لیے اپنے شدید جذبے کے لیے جانا جاتا ہے، وہ لکھنے، پوڈ کاسٹنگ، فلم سازی، ڈیجیٹل بشارت، اور شاگردی کے ذریعے پوری قوموں کی خدمت کرتا ہے۔

قیادت، میڈیا اور مشنز کے پس منظر کے ساتھ، سفیر پیر کے پاس ایک ثقافتی مسح ہے جو افریقہ سے لے کر ایشیا، امریکہ، یورپ اور مشرق وسطیٰ تک گونجتا ہے۔ اس

کی تعلیمات مومن کے دل کی چھپی ہوئی لڑائیوں کا مقابلہ کرتی ہیں — لالچ، شناخت کی جدوجہد، روحانی تسکین، اور خُدا کے ساتھ قربت کے باریک کٹاؤ۔

وہ متعدد عقیدتوں، کتابوں کی سیریز، اور ملٹی میڈیا تعلیمات کے مصنف ہیں جو otakada.org اور GEM کے ڈیجیٹل پلیٹ فارمز کے ذریعے لاکھوں تک پہنچتے ہیں۔
اس کی زندگی کا پیغام سادہ لیکن گہرا ہے:
"جب مسیح مرکز میں بیٹھتا ہے، تو باقی سب کچھ اپنی صحیح جگہ لے لیتا ہے۔"

کمفرٹ لاڈی اوگبے

مصنف • شفاعت کرنے والا • وزارت میں شریک مزدور

کمفرٹ لاڈی اوگبی ایک مصنف، شفاعت کرنے والا، اور خدا کی عقاب وزارتوں کی کنگڈم تفویض میں شریک مزدور ہے۔ ہمدردی، سمجھداری، اور پرورش کرنے والے جذبے کے ساتھ تحفے میں، وہ اپنے ہر پروجیکٹ میں جذباتی گہرائی اور روحانی بنیاد لاتی ہے۔

اس کی شراکتیں - اکثر پردے کے پیچھے - عاجزی، حکمت اور شفا کی خوشبو رکھتی ہیں۔ مشورے، دعا، شاگردی، اور تخلیقی تعاون کے ذریعے وزراء کو راحت پہنچائیں، خاص طور پر ایسے کاموں میں جو خاندان کی بحالی، روحانی پختگی، اور دل کی تبدیلی پر زور دیتے ہیں۔

ایک مصنف کے طور پر، وہ زندہ تجربے اور روحانی یقین کے مقام سے لکھتی ہیں، قارئین کو مسیح میں مکمل ہونے کے لیے وضاحت، سکون اور حوصلہ افزائی پیش کرتی ہیں۔

سکون مومنوں کو نہ صرف علم میں، بلکہ روزمرہ کی زندگی میں - جہاں دل بھروسہ کرنا، ہتھیار ڈالنا اور پھلنا پھولنا سیکھتا ہے، خدا کا تجربہ کرنے میں مدد کرنے کے لیے پرعزم ہے۔

مصنف کا صفحہ:

https://www.amazon.com/stores/Zacharias-Godseagle/author/B0FCZ89D4K

ضمیمہ

اپینڈکس اے

60 منٹ کا اسٹریٹجک نماز کا ماڈل

اس ماڈل کی روزانہ مشق کی جانی چاہیے - کبھی کبھار نہیں۔

30 منٹ - عبادت

صرف اس بات پر توجہ مرکوز کریں کہ خدا کون ہے:

- اس کا تقدس
- اس کی حاکمیت
- اس کی رحمت
- اس کا انصاف
- اس کا اختیار
- اس کی وفاداری

کوئی درخواستیں نہیں۔
کوئی درخواست نہیں، صرف تعظیم۔

10 منٹ - اس کی خودمختاری کا اعلان کریں۔

زبانی اعلان کریں:

- خدا میری زندگی پر حکمرانی کرتا ہے۔
- خدا میرے خاندان پر حکمرانی کرتا ہے۔
- خدا میرے بلانے پر حکمرانی کرتا ہے۔
- خدا میرے ماحول پر حکمرانی کرتا ہے۔
- خدا میری قوم پر حکمرانی کرتا ہے۔

اعلامیہ کے ذریعے اتھارٹی مضبوط ہوتی ہے۔

10 منٹ - توبہ

جانچیں:

- رویہ
- تقریر
- محرکات
- پوشیدہ سمجھوتہ
- روحانی سستی۔

خاص طور پر اعتراف کریں۔

10 منٹ — بادشاہی سے منسلک فرمان

کلام پر مبنی صف بندی کا اعلان کریں:

- میں تقدس میں چلتا ہوں۔
- میں نظم و ضبط کے ساتھ رہتا ہوں۔
- میں وفاداری سے برداشت کرتا ہوں۔
- میں اسائنمنٹ کو پورا کرتا ہوں۔
- میں پیچھے ہٹنے سے انکار کرتا ہوں۔

خود غرضانہ خواہشات کا فیصلہ نہ کریں۔
صحیفہ کے ساتھ موافقت کریں۔

اپینڈکس بی

7 روزہ ڈسپلن ری سیٹ گائیڈ

مسلسل سات دن:

1.روزانہ منظم نماز کا ایک بلاتعطل گھنٹہ۔
2.ایک انجیل کو پوری طرح پڑھیں۔
3.رات کے وقت سالمیت کا آڈٹ۔
4.کوئی گپ شپ، شکایت، مبالغہ آرائی نہیں۔
5.کم از کم ایک جان بوجھ کر روزہ۔
6.ڈیجیٹل شور کو کم کیا۔
7.روزانہ احتساب چیک ان۔

سات دن دوبارہ حساسیت پیدا کرتے ہیں۔

اپینڈکس سی

ذاتی وفاداری عہد کا سانچہ

اسے اپنی ہینڈ رائٹنگ میں لکھیں۔

بیعت کا ذاتی عہد

میں، ______________________________،
یسوع مسیح سے اپنی مکمل اور خصوصی بیعت کا اعلان کرتا ہوں۔
میں منقسم وفاداری ترک کرتا ہوں۔

میں پوشیدہ سمجھوتہ کو مسترد کرتا ہوں؛ میں نجی اور عوامی زندگی میں تقدس کا پابند ہوں؛ میں نظم و ضبط کی دعا کا پابند ہوں؛ میں وفاداری کو برقرار رکھنے کا عہد کرتا ہوں؛ میں اپنی الٰہی ذمہ داری کو قبول کرتا ہوں؛ میں پیچھے ہٹنے سے انکار کرتا ہوں۔

میں خدا کے سامنے اس عہد پر مہر لگاتا ہوں۔

دستخط شدہ: ______________________________
تاریخ: ______________________________

پادری کی آخری نعمت

آپ کی وفاداری غیر متزلزل ہو۔
آپ کا نظم و ضبط قائم رہے؛ آپ کا تقدس آپ کے مستقبل کی حفاظت کرے؛ آپ کی برداشت کی شدت برقرار رہے؛ آپ کی ذمہ داری پوری ہو؛ کوئی گولی، کوئی خیانت، کوئی مایوسی، کوئی منافقت، اور واپسی کی کوئی سرگوشی آپ کو پیچھے نہ کھینچے۔

آپ اپنی دوڑ مکمل کر لیں۔
جنت آپ پر خوش کرے۔
صرف فارورڈ کریں۔

تجویز کردہ کتابیں اور وسائل

میں نے آسمان سے آگ دیکھی۔
جہاد سے عیسیٰ تک - آگ کے نیچے بیعت
زندہ خطوط - 40 دن کی عقیدتی سیریز | کتاب 3

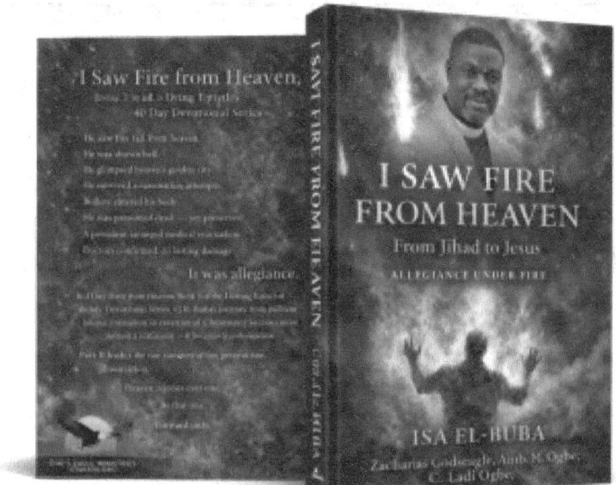

ی بک لنکس – https://shop.otakada.org/product/i-saw-fire-from- ا
heaven-from-jihad-to-jesus-allegiance-under-fire-prophet-isa-el-buba-
/in-epub

ایمیزون ای بک لنک -https://www.amazon.com/Saw-Fire-Heaven
Allegiance-Devotional-ebook/dp/B0GP9TGL2D

INGRAMSPARK کے ذریعے آرڈر کریں - https://shop.ingramspark.com/
b/084?params=L7sIm15JJC55NhWaeizvOlnnUVWZJdq7PISwLupgc8T

سی ایس لیوس (1898-1963) ۔میری عیسائیت، مکمل طور پر زندہ: ایک ہچکچاہٹ کا شکار دماغ سے تبدیل شدہ زندگی تک (زندہ خط - 40 دن کی عقیدتی سیریز | کتاب کی کتاب 2)

ای بک

https://www.amazon.com/Lewis-1898-1963-Mere-Christianity-Fully-ebook/dp/B0GKQ27F9N

پیپر بیک

https://www.amazon.com/Lewis-1898-1963-Mere-Christianity-Fully/dp/B0GM8YMXC3

ہارڈ کور

https://www.amazon.com/Lewis-1898-1963-Mere-Christianity-Fully/dp/B0GM8WHXJL

لنک کے ذریعے آرڈر کریں - https://shop.ingramspark.com/b/084?params=HEiG1mvNiEtCSBrrX4PON2IomPPhR8L5aoQG6wcuKCT

ایس ٹی ہپو کا اگسٹ (354-430 عیسوی)

بے چین دل سے تحریری زندگی تک - زندہ خطوط - 40 دن کی عقیدتی سیریز - 1

ایمیزون ای بک لنک - https://www.amazon.com/ST-AUGUSTINE-HIPPO-354-430-Devotional-ebook/dp/B0GJN8N9XS

ایمیزون پیپر بیک آرڈر لنک - https://www.amazon.com/St-Augustine-Hippo-354-430-Devotional/dp/B0GJWTVLR6

Ingramspark پیپر بیک لنک - https://shop.ingramspark.com/b/084?params=BZOOW3dj93aGEtBL2Fv1VY8wV1OQvA10dtZRDgk7Z9Z

مجھے اسکین کریں۔

تجدید 7
اپنے گھر کے دل کو 7 دنوں میں ٹھیک کریں
تجدید سیریز - فیملی یونٹی ایڈیشن

بک پیپر بیک کا لنک - https://shop.ingramspark.com/b/084?params=htyfL002e1JzyEpZWkKtaXWF5FJ1jZFOjgiQKEfcbnw
ایمیزون پیج پیپر بیک کا لنک - https://www.amazon.com/RENEWAL-Heal-Heart-Your-Renewal/dp/B0GD92153W
ای بک سے لنک -
https://www.amazon.com/RENEWAL-Heal-Heart-Your-Renewal-ebook/dp/B0G91BMFND

مجھے اسکین کریں -

تجدید 7: اپنے گھر کے دل کو 7 دنوں میں ٹھیک کریں۔
تجدید سیریز - فیملی یونٹی ایڈیشن

پیپر بیک کا لنک - https://shop.ingramspark.com/b/
084?params=nSEElv9oUsItOu5akVZlg4ycGbbmvlBOtSiqeOZr5yQ

ایمیزون پیپر بیک سے لنک - - https://www.amazon.com/RENEWAL-
MARRIAGE-Heart-Marriage-Renewal/dp/B0GDC1YZJ7

ای بک سے لنک - https://www.amazon.com/RENEWAL-MARRIAGE-
Heart-Marriage-Renewal-ebook/dp/B0G6JXJWJL

دل کا عرش - 12 لڑائیاں ہمیں جیتنی ہیں۔

ایمیزون ای بک - https://www.amazon.com/THRONE-HEART-
COVETOUSNESS-Counterfeit-CONTENTMENT-ebook/dp/
B0G4SPFRY7

ایمیزون پیپر بیک - https://www.amazon.com/THRONE-HEART-
COVETOUSNESS-Counterfeit-CONTENTMENT/dp/
B0G4TKW1ND

INGRAMSPARK سے پیپر بیک - https://shop.ingramspark.com/b/
084?params=a75LJXtvvI63VnzeQPleQTkAJWfu8CPQV6l5Oe31D80

آڈیو لنک کے ساتھ زکریا گوڈسیگل کے 4 میں 1 خطبات

ایمیزون ای بک لنک - https://www.amazon.com/Sermons-Zacharias-Godseagle-Audio-links-ebook/dp/B0G4XCH4TW

ایمیزون پیپر بیک - https://www.amazon.com/Sermons-Zacharias-Godseagle-Audio-links/dp/B0G4TK4XGT

پیپر بیک انگرام اسپارک لنک - https://shop.ingramspark.com/b/084?params=nK2JERskkbhdAOSNseTUNRhaCFqUPZuhB4uYfqrXvGb

PILGRIM CODE: AI بیداری

ای بک - https://www.amazon.com/Logos-Protocol-Awakening-artificial-intelligence-ebook/dp/B0FXNQFSWZ

پیپر بیک - https://www.amazon.com/Logos-Protocol-Awakening-artificial-intelligence/dp/B0FXNGR66D

ہارڈ بیک - https://www.amazon.com/Logos-Protocol-Awakening-artificial-intelligence/dp/B0FZNTQR6Y

پیپر بیک Ingramspark - https://shop.ingramspark.com/b/084?params=QkK4aNYTYO9U5z9uOkdHgc7Ue1eGDLqbb1tz9WRPaSk

نجات کیوں ناکام ہوتی ہے - اور خدا کی آگ روح کو کیسے بحال کرتی ہے: ہمہ گیر نجات کے لیے 40 روزانہ اعلانات

ای بک - - https://www.amazon.com/Why-Deliverance-Fails-Declarations-All-Round-ebook/dp/B0FW74L4G4

پیپر بیک - - https://www.amazon.com/Why-Deliverance-Fails-Declarations-All-Round/dp/B0FWB3LXRM

محفوظ کیا گیا لیکن کھویا گیا - دی غیر شاگردی تبدیل - 25 زبانوں میں ترجمہ کیا گیا۔

پیپر بیک

https://shop.ingramspark.com/b/084?params=iYNB6S3PLMfREpm0jMM15bMe3BvWlkjcYyLYnHVGAds

ای بک - https://www.amazon.com/SAVED-BUT-LOST-
UNDISCIPLED-heartbreak-ebook/dp/B0FVJ29DF7

روحانی جنگ اور بحالی کے 7 دن - یہ حصہ 1 ہے
دشمن کو باندھنا، تیروں کو سات گنا لوٹانا، اور اپنی تقدیر کو بحال کرنا

https://shop.ingramspark.com/b/
084?params=8mPzqUl73Ex7uPyeO7ydyt8EGkkB6u2gX1jZvWU8j1C

ای بک لنک - -https://www.amazon.com/DAYS-SPIRITUAL-WARFARE-
RECOVERY-Returning-ebook/dp/B0FMPJM5KZ
روحانی جنگ اور بحالی کے 7 دن - حصہ 2 - فتح پر مہر لگانا، گھریلو برائیوں کو
توڑنا، اور اپنی بحال شدہ تقدیر کو محفوظ رکھنا

پیپر بیک - https://shop.ingramspark.com/b/
084?params=LkpNmGSsApHhWhiSO7bW3wFmcXQKIO4ZEBeSbP5rL1S
ای بک - - https://www.amazon.com/DAYS-SPIRITUAL-WARFARE-
RECOVERY-Wickedness-ebook/dp/B0FR9YCMY8

اندھیرے سے غلبہ تک: اندھیرے کی چھپی ہوئی گرفت سے آزاد ہونے کے لیے 40 دن

بیداری، نجات اور طاقت کی عالمی عقیدت - افراد، خاندانوں، اور قوموں کے لیے جو آزاد ہونے کے لیے تیار ہیں

پیپر بیک

https://shop.ingramspark.com/b/084?params=aVgp21QfwJxNANkfMxIQ0yejuFCVY12KFr978SRkZUD

ایمیزون لنک - https://www.amazon.com/DARKNESS-DOMINION-Devotional-Awareness-Deliverance-ebook/dp/B0FLDH2Y67

• **اندھیرے کی طاقت سے نجات (پیپر بیک)** - یہاں خریدیں[1] | ایمیزون پر[2] ای بک[3]

• **:ریاستہائے متحدہ سے سرفہرست جائزے**

◦ **کنڈل کسٹمر** : "اب تک کا بہترین عیسائی پڑھا گیا!" (5 ستارے)

اس گواہی کے لیے یسوع کی تعریف کریں۔ مجھے بہت برکت ملی ہے اور میں ہر ایک کو اس کتاب کو پڑھنے کی سفارش کروں گا... کیونکہ گناہ کی اجرت موت ہے لیکن خدا کا تحفہ ابدی زندگی ہے۔ السلام علیکم! السلام علیکم!

• **Da Gster** : "یہ ایک بہت ہی دلچسپ اور بلکہ عجیب کتاب ہے۔" (5 ستارے)

اگر کتاب میں جو کہا گیا ہے وہ سچ ہے تو ہم واقعی اس سے بہت پیچھے ہیں جو دشمن کرنے کی صلاحیت رکھتا ہے! ... روحانی جنگ کے بارے میں سیکھنے کے خواہشمند ہر فرد کے لیے ضروری ہے۔

• **ویزا** : "اس کتاب سے پیار کریں" (5 ستارے)

---

1. https://shop.ingramspark.com/b/084?params=oeYbAkVTC5ao8PfdVdzwko7wi6IQimgJY2779NaqG4e
2. https://www.amazon.com/Delivered-Power-Darkness-AFRICAN-DELIVERED-ebook/dp/B0CC5MM4MV
3. https://www.amazon.com/Delivered-Power-Darkness-AFRICAN-DELIVERED-ebook/dp/B0CC5MM4MV

یہ آنکھ کھولنے والا ہے... ایک سچا اعتراف... حال ہی میں میں اسے خریدنے کے لیے ہر جگہ تلاش کر رہا ہوں۔ اسے ایمیزون سے حاصل کرکے بہت خوشی ہوئی۔

•**FrankJM** : "کافی مختلف" (4 ستارے)

یہ کتاب مجھے یاد دلاتی ہے کہ حقیقی روحانی جنگ کتنی ہے۔ یہ "خدا کا مکمل ہتھیار" پہننے کی وجہ بھی ذہن میں لاتا ہے۔

•**جین جین** : "ہر کوئی جو جنت میں جانا چاہتا ہے۔ اسے پڑھیں!" (5 ستارے)

اس کتاب نے میری زندگی کو بہت بدل دیا۔ جان رامیرز کی گواہی کے ساتھ، یہ آپ کو اپنے ایمان کو مختلف انداز میں دیکھنے پر مجبور کرے گا۔ میں نے اسے 6 بار پڑھا ہے!

•سابق شیطانی: جیمز ایکسچینج (پیپر بیک) - یہاں خریدیں [4]| ایمیزون پر [5]ای بک[6]

---

4. https://shop.ingramspark.com/b/084?params=I2HNGtbqJRbal8OxU3RMTApQsLLxcUCTC8zUdzDy0W1

5. https://www.amazon.com/JAMESES-Exchange-Testimony-High-Ranking-Encounters-ebook/dp/B0DJP14JLH

6. https://www.amazon.com/JAMESES-Exchange-Testimony-High-Ranking-Encounters-ebook/dp/B0DJP14JLH

•ایک افریقی سابق شیطان کی گواہی - پادری جوناس لوکنٹو ایمپالا (پیپر بیک) - یہاں
خریدیں [7]| ایمیزون پر [8]ای بک[9]

•- (گریٹر ایکسپلائٹس 14 (پیپر بیک یہاں خریدیں
[10]| ایمیزون پر [11]آی بک[12]

---

https://shop.ingramspark.com/b/ .7

084?params=0Aj9Sze4cYoLM5OqWrD20kgknXQQqO5AZYXcWtoMqWN

https://www.amazon.com/TESTIMONY-African-EX-SATANIST-Pastor-Jonas-ebook/dp/ .8

B0DJDLFKNR

https://www.amazon.com/TESTIMONY-African-EX-SATANIST-Pastor-Jonas-ebook/dp/ .9

B0DJDLFKNR

https://shop.ingramspark.com/b/ .10
084?params=772LXinQn9nCWcgq572PDsqPjkTJmpgSqrp88b0q zKb

https://www.amazon.com/Greater-Exploits-MYSTERIOUS- .11
Strategies-Countermeasures-ebook/dp/B0CGHYPZ8V

https://www.amazon.com/Greater-Exploits-MYSTERIOUS- .12
Strategies-Countermeasures-ebook/dp/B0CGHYPZ8V

- — جان رامیرز کی طرف سے شیطان کے کولڈرن سے باہر ایمیزون پر دستیاب ہے۔[13]
- ۔ ریبیکا براؤن کے ذریعہ قیدیوں کو آزاد کرنے آیا تھاایمیزون پر تلاش کریں۔[14]

مصنف کی طرف سے شائع کردہ دیگر کتابیں - 1000 سے زیادہ عنوانات

پیار، چنا اور مکمل : مسترد ہونے سے بحالی تک 30 دن کا سفر دنیا کی 40 زبانوں میں ترجمہ کیا گیا

https://www.amazon.com/Loved-Chosen-Whole-Rejection-Restoration-ebook/dp/B0F9VSD8WL

https://shop.ingramspark.com/b/084?params=xga0WR16muFUwCoeMUBHQ6HwYjddLGpugQHb3DVa5hE

---

https://www.amazon.com/Out-Devils-Cauldron-John-Ramirez/dp/0985604306 .13

https://www.amazon.com/He-Came-Set-Captives-Free/dp/0883683239 .14

ان کے قدموں میں — ایک 40 دن کا WWJD چیلنج:
دنیا بھر میں حقیقی زندگی کی کہانیوں میں یسوع کی طرح زندگی گزارنا

https://www.amazon.com/His-Steps-Challenge-Real-Life-Stories-ebook/dp/B0FCYTL5MG

https://shop.ingramspark.com/b/084?params=DuNTWS59IbkvSKtGFbCbEFdv3Zg0FaITUEvlK49yLzB

یسوع دروازے پر:
40 دل دہلا دینے والی کہانیاں اور آج کے گرجا گھروں کو جنت کی آخری وارننگ

https://www.amazon.com/dp/B0FDX31L9F
https://shop.ingramspark.com/b/084?params=TpdA5j8WPvw83glJ12N1B3nf8LQte2a1lIEy32bHcGg

JESUS AT THE DOOR
40
HEARTBREAKING
STORIES AND
HEAVEN'S FINAL
WARNING TO
TODAY'S
CHURCHES
ZACHARIAS GODSEAGLE,
COMFORT LADI OGBE,
AMBASSADOR MONDAY O. OGBE

عہد کی زندگی: استثنا 28 کی برکت میں چلنے کے 40 دن

https://www.amazon.com/dp/B0FFJCLDB5 -

حقیقی لوگوں، حقیقی فرمانبرداری اور حقیقی کی کہانیاں

https://shop.ingramspark.com/b/084?params=bH3pzfz1zdCOLpbs7tZYJNYgGcYfU32VMz3J3a4e2Qt

20 سے زیادہ زبانوں میں تبدیلی

اسے جاننا اور اسے جاننا:
شفا یابی، تفہیم، اور دیرپا محبت کے 40 دن

https://www.amazon.com/KNOWING-HER-HIM-Healing-Understanding-ebook/dp/B0FGC4V3D9
https://shop.ingramspark.com/b/084?params=vC6KCLoI7Nnum24BVmBtSme9i6k59p3oynaZOY4B9Rd

مکمل، مقابلہ نہیں:

مقصد، اتحاد اور تعاون کا 40 دن کا سفر

https://shop.ingramspark.com/b/
084?params=5E4v1tHgeTqOOuEtfTYUzZDzLyXLee30cqYo0Ov9941
https://www.amazon.com/COMPLETE-NOT-COMPETE-Journey-
/Collaboration-ebook/dp/B0FGGL1XSQ

الہی صحت کا کوڈ - خدا کے کلام اور تخلیق کے ذریعے
شفا یابی کو فعال کرنے کے لیے روزانہ کی 40 کلیدیں

پودوں، دعا اور نبوی عمل کی شفا بخش طاقت کو کھولتی ہیں۔

https://shop.ingramspark.com/b/084?params=xkZMrYcEHnrJDhe1wuHHYixZDViiArCeJ6PbNMTbTux
https://www.amazon.com/dp/B0FHJT42TK

https://www.amazon.com/ دیگر کتابیں مصنف کے صفحے پر مل سکتی ہیں
stores/Ambassador-Monday-O.-Ogbe/author/B07MSBPFNX

www.ingramcontent.com/pod-product-compliance
Lightning Source LLC
LaVergne TN
LVHW032025041026
849517LV00008B/2749